Tout sur les tablettes Samsung Galaxy pour LES NULS

Dan Gookin

FIRST
Interactive

Tout sur les tablettes Samsung Galaxy pour les Nuls

Éditions First, un département d'Édi8, 2015
12, avenue d'Italie
75013 Paris - France
Tél. 01 44 16 09 00
Fax 01 44 16 09 01
Courriel : firstinfo@efirst.com
Internet : www.editionsfirst.fr

ISBN : 978-2-7540-7435-3
Dépôt légal : mai 2015
Adaptation : Anne Le Boterf
Mise en page : Pierre Brandeis
Imprimé en France

Table des matières

Chapitre 6 : Vous avez un message ! ... 117

Chapitre 7 : En route pour le Web ! ... 139

Chapitre 8 : Une vie de réseaux sociaux ... 161

Présentation

Tablette … Autrefois, les Romains écrivaient sur des tablettes recouvertes de cire en se servant d'un stylet. Ils avaient déjà tout compris de la modernité ! Bien sûr, ils n'avaient pas encore découvert l'électricité et l'électronique, donc pas encore l'informatique et toutes ses applications. Et Samsung était totalement inconnu à Rome. Vous, vous avez la grande chance d'avoir une tablette *tactile*, et peut-être même un stylet. Il ne vous manque plus que la toge et les lauriers !

Android… L'*autre* système d'exploitation qui domine aujourd'hui très largement le marché des appareils mobiles, qu'il s'agisse de tablettes ou de smartphones. Et, comme il se doit, c'est le système que contient votre tablette Galaxy. Avec en prime une interface maison, appelée Touchwiz, à la fois superbe et extrêmement fonctionnelle.

Tactile … L'écran de votre tablette Galaxy est tactile. Vous le touchez, et il réagit. En plus, cet écran met parfaitement en valeur les photos et les vidéos que vous prenez avec son capteur.

En fait, votre tablette Galaxy est comme un petit ordinateur de poche, bourré de composants électroniques haut de gamme, communicant en diable, qui, en prime, vous permet de jouer et de faire bien d'autres choses encore.

En tant que nouveau possesseur d'une tablette Galaxy, à moins que vous ne soyez simplement intéressé par son achat, vous avez évidemment envie de tirer le maximum de ses possibilités. Cela peut être intimidant, voire même frustrant. Mais rien n'est insurmontable, et votre expérience sera certainement encore meilleure à la lecture du livre que vous tenez entre les mains. C'est du moins ce que j'espère…

À propos de ce livre

Ce livre a été écrit pour vous aider à tirer le meilleur parti des possibilités offertes par votre tablette Galaxy. C'est un ouvrage de référence. Chaque chapitre couvre un sujet spécifique, et les sections de ces chapitres s'intéressent à un point particulier de ce sujet. Inutile donc de lire ce livre dans l'ordre, de la première à la dernière page.

Au fil des pages, vous allez par exemple découvrir comment :

- Mettre en service et découvrir le maniement de votre tablette Galaxy.
- Gérer votre carnet d'adresses, échanger des messages ou bien encore accéder à votre compte Facebook, et même téléphoner !
- Photographier, filmer et partager vos magnifiques prises de vue.
- Regarder des films et écouter de la musique.
- Ajouter des tas d'applications passionnantes.
- Vous localiser et même trouver des itinéraires.
- Gérer votre emploi du temps et vos documents de travail.
- Partager le contenu de votre tablette tout en vous protégeant contre les risques inhérents aux communications modernes.

Et tant d'autres choses encore… Vous n'avez rien de particulier à mémoriser, pas de formules magiques à prononcer, pas de sacrifices d'animaux à faire, et, définitivement, pas de présentations PowerPoint à ingurgiter. Au lieu de tout cela, chaque section explique un point particulier en supposant que vous venez d'ouvrir le livre au hasard à cette page-là. Il n'y a aucun présupposé à remplir. Et si certains termes un peu techniques doivent tout de même être expliqués, vous en êtes immédiatement prévenu. Ignorez-les si vous voulez. L'idée de ce livre, ce n'est pas de faire un cours de Galaxy Niveau Tab, Note ou Pro, mais tout simplement de vous aider à vous y retrouver tout seul ou toute seule, comprendre, en vous exerçant, la philosophie générale qui sous-tend tout le fonctionnement de votre tablette, et ensuite de vous laisser vivre votre vie.

À propos de votre tablette

D'accord, chez Samsung il n'y a pas une, mais des tablettes Galaxy. Je ne sais pas quel est le modèle de la vôtre, mais elle est concernée par pratiquement tout ce qui est expliqué dans ce livre.

Sans entrer dans les détails techniques sur les différents processeurs dont Samsung équipe ses tablettes, ou encore sur la quantité de mémoire qui est installée, les deux principales différences tiennent d'une part à l'écran tactile et d'autre part à la présence ou non d'un stylet (gamme Note). Ce dernier fera l'objet d'un chapitre qui lui est exclusivement consacré. Désolé pour les autres… Mais, au moins, cela vous aidera à mieux vous repérer.

D'autre part, la qualité de l'écran, sa *résolution*, est très différente entre les modèles classifiés Pro et les autres :

- La Tab 4, disponible uniquement au format 10,1 pouces, a une résolution d'affichage de 1280 x 800 pixels (dite WXGA).
- La Tab S, disponible aux formats 8,4 pouces et 10,5 pouces, multiplie cette densité de points par quatre, soit 2560 x 1600 pixels (dite WQXGA).
- La Tab Pro, disponible en trois dimensions (8,4 pouces, 10,1 pouces et 12,2 pouces), est également proposée dans une résolution de 2560 x 1600 pixels (ou WQXGA, inutile d'apprendre ce sigle par cœur).
- Les Galaxy Note Édition 2014 (10,1 pouces) et Note Pro (12,2 pouces) possèdent également une résolution WQXVGA, c'est-à-dire 2560 x 1600 pixels, plus un stylet.

Le point commun de toutes ces tablettes, c'est qu'elles utilisent le même système d'exploitation, Android, dans sa dernière version en date, la 4.4, également appelée KitKat. Et, finalement, c'est lui qui est au centre de ce livre, puisque c'est lui qui permet à votre tablette de fonctionner.

Vous l'avez bien compris : hors KitKat, point de salut. Amis possesseurs de tablettes plus anciennes, désolé. Au moment où ce livre est écrit, aucune mise à jour d'Android ne semble être d'actualité chez Samsung… Attendez, espérez ou changez de tablette !

Comment utiliser ce livre ?

Si aucune connaissance préalable particulière n'est requise pour lire ce livre, et surtout tirer le meilleur parti de votre tablette, il y a quand même quelques conventions sur lesquelles nous devons nous mettre d'accord.

Tout d'abord, vous devez comprendre ce qu'est un écran tactile (d'accord, il y a aussi quelques boutons « physiques » autour de lui), et comment s'en servir. Vous allez devoir aussi vous habituer à son clavier virtuel (et sans doute aussi à son micro, si vous avez envie de lui parler).

Quand vous aurez compris les notions de base sur ces éléments, le reste devrait suivre sans trop de douleur.

D'autre part, ce livre vous invite aussi à faire telle ou telle chose en suivant des étapes numérotées, chacune correspondant à une activité spécifique, comme toucher un élément affiché sur l'écran. Par exemple :

❸ Touchez Partager.

Cela signifie que vous devez trouver un texte, un lien ou encore un bouton qui indique Partager, et toucher l'écran à cet endroit pour déclencher une certaine action.

Mais je pourrais tout aussi bien écrire :

❸ Choisissez Partager.

ou encore :

❸ Tapez sur Partagez.

Toucher, taper, cela revient au même. En fait, c'est comme *cliquer* sur un ordinateur traditionnel.

Certaines options peuvent être activées ou désactivées, ce qui est indiqué par une marque colorée dans une case, comme le dessin placé en marge. En touchant cette case sur votre écran, vous pouvez faire apparaître ou au contraire disparaître la marque (ou la coche, si vous préférez). Si la case est cochée, l'option est active. Sinon, elle est inactive.

Dans d'autres cas, une option peut aussi être inversée en touchant un gros bouton gris (désactivé) ou vert (activé, comme placé en marge en en bas). On les appelle aussi des *bascules* (ou interrupteurs).

Au fil du livre, vous découvrirez également des paragraphes de ce type :

Ce type de paragraphe signale un conseil utile ou un raccourci commode.

Quelques suppositions un peu folles

Même si ce livre est écrit à l'intention de toutes celles et de tous ceux qui débutent, ou qui se sentent intimidé(e)s par cette petite merveille technologique qu'est une tablette Galaxy, quelques suppositions sont tout de même nécessaires.

La première, et la plus importante, c'est que vous avez une tablette Galaxy à portée de main. Sinon, vous devrez vous contenter de me croire sur parole.

La seconde, c'est que vous avez un ordinateur, qu'il soit de bureau ou portable. Que ce soit un PC ou un Macintosh n'est pas très important. Bon nombre de communications entre tablette (ou smartphone) et ordinateur peuvent se faire par l'intermédiaire du navigateur Web qui est installé sur celui-ci. Et le navigateur, lui, se moque de savoir sur quel genre de machine il est installé.

Les programmes qui s'exécutent sur une tablette Galaxy sont appelés des *applications*, et les membres du clan Google (eh oui, Android, c'est lui !) disent même entre eux *apps*. Ce qui sonne comme un cri de ralliement. Donc, un certain programme est une *app*, ou une *application*, ou encore une *appli*. C'est vous qui voyez.

Enfin, ce livre ne suppose pas que vous ayez un compte de messagerie Google. Mais en posséder déjà un ne saurait nuire, bien au contraire. En fait, vous ne pourrez pas vous en passer. Vous comprendrez pourquoi en lisant le Chapitre 1. Sachez par avance que c'est *très* important pour profiter au mieux de votre tablette Galaxy, car c'est ce qui vous permet d'accéder à certaines fonctionnalités, informations et applications qui vous aideront à rendre votre tablette encore plus efficace et productive.

Comment ce livre est organisé

Le livre est divisé en 18 chapitres, chacun traitant d'un certain aspect de la tablette Galaxy ou de son utilisation.

Dans les chapitres 1 à 4, vous allez faire connaissance avec la tablette Galaxy, ses boutons, son écran d'accueil, son clavier virtuel, ou encore son stylet. Vous y apprendrez aussi à la mettre en bon ordre de marche. C'est un bon point de départ si vous découvrez totalement le monde des tablettes, de l'électronique mobile et communicante en général, ou encore le système d'exploitation Android en particulier.

Et comme chacun aime bien personnaliser les objets du quotidien, je vous expliquerai aussi comment vous fabriquer une tablette Galaxy qui vous ressemble et qui s'adapte à ce que vous faites avec elle.

Dans les chapitres 5 à 9, vous allez découvrir comment votre tablette peut communiquer électroniquement avec vos contacts. Il y a les e-mails, Internet, les réseaux sociaux, et même l'astuce réclamée à cor et à cri grâce à laquelle il est possible d'utiliser une tablette Galaxy pour lancer des discussions avec vidéo, et même des appels téléphoniques !

Votre tablette Galaxy ne connaît pratiquement pas de limites dans son domaine. Pour le prouver, les chapitres 10 à 16 vont vous montrer comment vous en servir pour faire des tas de choses étonnantes : installer plein de nouvelles applications, prendre des photos ou vidéos et les partager, mais aussi jouer de la musique, regarder des films, et ainsi de suite. Et ce n'est pas tout… Avec votre tablette Galaxy, vous pouvez voyager virtuellement (ou pour de vrai), gérer tous vos rendez-vous, et même travailler ! Avec elle, on ne s'ennuie jamais…

Votre tablette communique avec le monde extérieur sans fil ou avec fil. Dans les chapitres 17 et 18, vous apprendrez tout ce qu'il convient de savoir sur les liaisons Wi-Fi, Bluetooth ou encore USB.

Et maintenant, que faire ?

Commencez votre lecture ! Regardez la table des matières et trouvez-y un sujet qui vous intéresse. Ou feuilletez tranquillement les pages jusqu'à ce que vous repériez un mot qui vous accroche. Ou commencez tout simplement par le Chapitre 1 !

Bonne lecture, bon amusement et bonnes communications avec le monde entier avec votre tablette Galaxy !

Chapitre 1

Explorer ce que vous pouvez faire avec votre tablette Galaxy

Dans ce chapitre :

- Les fonctionnalités d'une tablette traditionnelle
- Comprendre ce qui rend les tablettes si particulières
- Ce qui rend votre tablette Galaxy si *cool*

Vous pouvez utiliser une tablette aussi sophistiquée que votre Galaxy pour exécuter des tâches aussi basiques que surfer sur Internet, personnaliser la sonnerie, photographier, et peut-être même utiliser une oreillette Bluetooth. Ainsi, aussi étonnant que cela puisse paraître, votre tablette Galaxy est capable d'accomplir ces tâches rudimentaires. Nous allons bien entendu les explorer, mais je sais que ce n'est pas forcément la raison de votre achat. Par exemple, vous voudriez partager vos photos en famille sur votre téléviseur, ou bien encore naviguer dans le monde entier. Et tout cela est possible.

Dans tout ce livre, vous découvrirez pas à pas tout ce qui rend votre tablette Galaxy si attrayante et si utile, et comment en tirer le meilleur parti.

Les fonctions élémentaires de votre tablette

Toutes les tablettes du marché proposent des fonctions de base que vous retrouvez sur des appareils d'entrée de gamme. Il n'y a donc aucune raison pour que votre tablette Galaxy échappe à cette règle (même si elle la gère d'une manière plus sophistiquée). Ainsi, vous pourrez accomplir des tâches aussi simples que vous connecter à Internet, à votre messagerie ou à vos réseaux sociaux préférés (voyez les Chapitres 6, 7 et 8), naviguer autour de vous ou dans le monde entier (reportez-vous au Chapitre 10), et bien entendu photographier ou encore écouter de la musique (c'est expliqué dans les chapitres 11 à 13).

Voici une petite liste des fonctions de base de votre tablette Galaxy :

- **Appareil photo numérique :** il permet d'obtenir des photographies d'une dimension maximale de 3 ou 8 mégapixels selon le modèle. De quoi réaliser en tout cas de beaux tirages ! Sans oublier la caméra frontale pour réussir de superbes *selfies*…
- **Sonneries :** vous pouvez ajouter des sonneries que vous téléchargerez dans la mémoire de votre tablette pour les associer à chaque contact de votre carnet d'adresses.
- **Bluetooth :** votre tablette Galaxy est compatible avec les périphériques Bluetooth standard et stéréo.
- **Wi-Fi :** évidemment, l'accès aux réseaux sans fil Wi-Fi, à commencer par celui de votre box Internet, est une fonctionnalité de base sans laquelle votre tablette ne vous servirait pas à grand-chose. Mais elle va encore plus loin en vous permettant de mettre vos appareils en réseau (voyez en particulier les Chapitres 18, 19 et 21 à ce sujet).
- **USB :** la connexion de votre tablette Galaxy à son chargeur ou à un ordinateur se fait en USB. C'est simple, rapide et efficace.
- **Écran haute résolution :** votre tablette Galaxy est équipée d'un écran dont la résolution varie selon les modèles, mais qui est toujours d'excellente qualité. En particulier, les modèles Pro profitent d'une extraordinaire résolution de 2560 x 1600 pixels, très supérieure à celle de votre téléviseur Full HD, qui procure une magnifique qualité d'affichage.
- **Écran tactile capacitif :** l'écran de votre tablette Galaxy est très sensible au toucher. Il permet donc une utilisation précise, souple et rapide de l'ensemble de ses fonctionnalités.

Fonctionnalités d'une tablette

Bien entendu, un appareil de la qualité de votre tablette Galaxy, qui est basé à la fois sur le populaire système Android et sur l'interface maison de Samsung, TouchWiz, propose des fonctionnalités très avancées :

- **Accès Internet :** il suffit pour cela de lancer un navigateur Web sur la tablette.
- **Photos :** la tablette est équipée d'un appareil photo et d'un programme qui en assure la gestion.
- **Courrier électronique sans fil :** vous pouvez envoyer et recevoir des e-mails avec votre tablette Galaxy.
- **Multimédia :** écoutez de la musique et regardez des vidéos sur votre tablette.
- **Gestionnaire de contacts :** fini le temps où vous deviez apprendre par cœur les dix chiffres des numéros de téléphone de vos correspondants. Votre tablette Galaxy vous permet d'organiser vos contacts sous la forme d'un carnet d'adresses. Vous pouvez ajouter un certain nombre de données, comme des adresses de messagerie électronique et une photographie. Et il est même possible de synchroniser les informations du gestionnaire de contacts avec les données personnelles de votre ordinateur !
- **Caméscope numérique :** vous pouvez utiliser votre tablette Galaxy comme un caméscope numérique Full HD.
- **Organiser votre vie quotidienne :** votre tablette Galaxy permet de surveiller la météo locale, les informations nationales, votre agenda, de programmer des alarmes, de consulter des informations boursières, et de vous accompagner dans vos activités quotidiennes.
- **Plans et itinéraires :** votre tablette Galaxy utilise une puce GPS pour vous localiser où que vous vous trouviez, vous proposer des services locaux ou encore vous aider dans vos déplacements.
- **Applications bureautiques et commerciales :** votre tablette Galaxy vous permet de rester productif loin de votre bureau ou de chez vous.

Les prochaines sections détaillent l'ensemble de ces fonctionnalités.

Accès Internet

Autrefois, seul un ordinateur portable permettait d'accéder à Internet loin de chez vous ou de votre lieu de travail. Aujourd'hui, les tablettes, comme les smartphones, sont des alternatives très intéressantes puisque, malgré leur taille plus restreinte, elles disposent d'un navigateur Web. Grâce à ses fonctionnalités Wi-Fi, votre tablette Galaxy est capable de se connecter à n'importe quel réseau sans fil disponible, et donc d'accéder non seulement au Web, mais aussi à n'importe quelle autre source Internet.

Certes, l'écran de votre tablette est sensiblement plus petit que celui qui équipe un ordinateur de bureau ou portable. De plus, les sites contenant des images de grande taille peuvent mettre du temps à se télécharger. C'est pourquoi de nombreux sites Web proposent des versions spécialement conçues pour les appareils dits mobiles. En règle générale, le nom de ces sites commence par le mot *mobile* ou par la lettre *m* comme `m.yahoo.com`. Pour autant, cela ne devrait pas poser de problème, et en particulier si votre tablette dispose d'un écran de 10 pouces ou plus.

Pour en savoir plus sur les rapports entre votre tablette Galaxy et Internet, reportez-vous au Chapitre 7.

Photos

Votre tablette Galaxy est aussi équipée d'une application graphique qui permet d'utiliser tout le potentiel de son appareil photo numérique. Des études ont montré que les propriétaires d'un appareil mobile ont tendance à prendre beaucoup de photographies le premier mois de son utilisation. Ensuite, les photos restent stockées sur la machine et sont donc très rarement transférées sur un ordinateur. Au fil des mois, la prise de photos chute dramatiquement.

Mais, grâce à l'application de gestion des images de votre tablette Galaxy, vous pourrez directement et facilement intégrer vos clichés dans votre photothèque personnelle, les partager sur un site spécialisé comme Picasa ou Flickr, ou encore les diffuser sur votre réseau social préféré.

Pour plus d'informations sur l'utilisation de l'appareil photo de votre tablette Galaxy et des applications dédiées à cette activité, consultez les Chapitres 11 et 12.

Messagerie électronique sans fil

Votre tablette Galaxy peut accéder à vos comptes de messagerie professionnels et personnels. Elle vous permet également d'envoyer et de recevoir des e-mails. En fonction de votre système de messagerie, vous pourrez synchroniser vos messages avec ceux de votre ordinateur de manière à garder une cohérence entre tous vos courriers électroniques.

Pour en savoir plus à ce sujet, reportez-vous au Chapitre 6.

Multimédia

Votre tablette Galaxy permet aussi d'écouter de la musique et de regarder des vidéos avec les applications installées par défaut avec Android. Toutefois, vous pouvez enrichir cette expérience multimédia en téléchargeant des lecteurs plus performants sur Play Store.

L'utilisation des services multimédias est traitée notamment au Chapitre 13.

Personnaliser votre tablette avec des jeux et des applications

Les développeurs d'applications (petits et gros) travaillent dur sur la plateforme Android pour vous proposer des applications et des jeux performants. Contrairement à d'autres plateformes dédiées à des tablettes et à des smartphones, celle de Google impose peu de restrictions aux développeurs, ce qui se traduit par l'apparition régulière de quantités de nouvelles applications.

Au moment où j'écris ce livre, le nombre d'applications disponibles sur Play Store dépasse allègrement le million. Le téléchargement d'applications (parmi lesquelles des myriades de jeux) est traité au Chapitre 15.

Votre tablette est livrée avec de belles applications qui, c'est évident, ne correspondront pas obligatoirement à toutes les tâches que vous souhaitez accomplir. En effet, vous pouvez avoir un intérêt particulier pour la philatélie ou l'observation des étoiles que Samsung n'a pas eu la présence d'esprit d'inclure dans votre tablette sous la forme d'une application dédiée. (Mais à quoi pensent-ils ?)

Celle-ci est aussi livrée avec des *widgets* préinstallés. Il s'agit de petites applications spécialisées. Par exemple, un widget spécifique vous permet de suivre les cotations boursières, tandis qu'un autre vous rappellera l'heure de votre prochain rendez-vous. Ils résident généralement sur l'écran d'accueil étendu afin de pouvoir être immédiatement disponibles.

Les applications permettent d'augmenter facilement et rapidement les fonctionnalités de votre tablette sans vous ruiner. Ainsi, ces petits (ou moins petits) programmes permettent de la personnaliser pour qu'elle réponde à vos besoins particuliers et personnels, comme sur un véritable ordinateur.

Respirez profondément

Ne vous précipitez pas pour explorer toutes les fonctions de votre tablette Galaxy dès sa première utilisation. Il est plus judicieux d'en découvrir les possibilités au fur et à mesure que vous vous familiariserez avec elle. Commencez par utiliser une fonction particulière, et, dès que vous la maîtrisez, passez à la suivante. Par exemple, vous pourriez commencer par configurer vos comptes de messagerie électronique et de réseaux sociaux. Mais ce n'est qu'un avis personnel.

La découverte progressive d'une tablette comme la Galaxy, quel qu'en soit le modèle, demande un peu de temps. Mais c'est indispensable pour ne pas transformer votre expérience de communication moderne en un véritable cauchemar.

Heureusement, vous avez entre les mains le livre qui vous permet de progresser à votre rythme dans l'utilisation de ce formidable instrument. Laissez-vous tranquillement guider à raison d'un ou deux chapitres à la fois.

Quoi de neuf sur la planète Android ?

Votre tablette Galaxy est le *nec plus ultra* des appareils tournant sous le système Android dans une des dernières versions en date, numérotée 4.4 et plus, et joliment dénommée KitKat. Par conséquent, toute application développée pour ce type de système fonctionnera sur votre tablette au mieux de sa forme. C'est d'autant plus utile que l'objectif de la plate-forme Android est de créer un environnement permettant aux développeurs de proposer des applications payantes ou gratuites qui augmentent les fonctionnalités des dispositifs (tablettes comme smartphones) basés sur ce système. Le mode de gestion plutôt souple défini par Google (dans le respect des lois, bien entendu) aide les programmeurs à être plus créatifs, ce qui attire les meilleurs sur la planète Android. Pour votre plus grand plaisir.

NOTE

Il existe une version plus récente d'Android, portant le numéro 5.0 (et plus) et le doux nom de Lollipop (sucette), mais elle n'était pas encore disponible pour les tablettes Samsung Galaxy au moment de la publication de ce livre.

Cerise sur le gâteau, Android est conçu pour exécuter plusieurs applications simultanément. Il permet ainsi de passer rapidement d'un programme à un autre, ce qui rend votre expérience encore plus agréable.

Survivre un jour de grand déballage

Lorsque vous allez allumer votre tablette Galaxy pour la toute première fois, elle va vous poser toute une série de questions afin de la configurer et de la personnaliser. Franchement, ils font tout pour rendre ce livre inutile et me mettre au chômage… C'est énervant !

Les gens de chez Samsung sont pleins de bonnes intentions, mais tous les nouveaux et heureux possesseurs d'une tablette Galaxy ne savent pas forcément à l'avance s'ils ont besoin d'un compte Samsung, quel nom donner à leur appareil, à quoi sert Dropbox et ainsi de suite.

Relax. Je suis là pour vous aider à répondre à ces questions. Et, si c'est nécessaire, je vous indiquerai le numéro du chapitre de ce livre qui pourra vous aider à faire ce que vous voulez.

D'un autre côté, si votre tablette a déjà été configurée par un pro de l'informatique, vous avez probablement sauté quelques questions, et vous voudriez peut-être revenir sur certains choix. Aucun problème. Il est toujours possible de changer d'avis et de modifier les options de configuration de manière à ce que votre tablette se comporte exactement comme vous le voulez.

> NOTE — Bien entendu, vous n'avez pas pu patienter plus longtemps. Vous avez déjà installé une carte mémoire MicroSD et appuyé sur le bouton d'allumage… Non ? Lisez la suite de ce chapitre. Oui ? Passez directement au Chapitre 2. Mais, comme la vraie vie n'est jamais écrite comme dans les manuels, je vous donne rendez-vous peut-être un autre jour pour lire ce qui suit…

Lors d'une première configuration de votre tablette Galaxy, vous êtes normalement confronté à toute une série de questions :

- **Écran 1 : Langue/Accessibilité.** Cette option vous permet de sélectionner votre langue. Dans notre cas, il devrait s'agir par défaut du français. De plus, la tablette dispose d'options spéciales pour les personnes ayant certains handicaps. Dans ce cas, servez-vous du bouton Accessibilité pour juger de celles qui pourraient vous être utiles, ou faites-vous aider pour les configurer. Sinon, touchez simplement le bouton Suivant.
- **Écran 2 : Wi-Fi.** Votre tablette commence automatiquement à rechercher les connexions Wi-Fi disponibles autour de vous. Bien entendu, vous allez choisir votre propre box Wi-Fi et entrer le mot de passe qui lui est associé (voir la Figure 1.1).

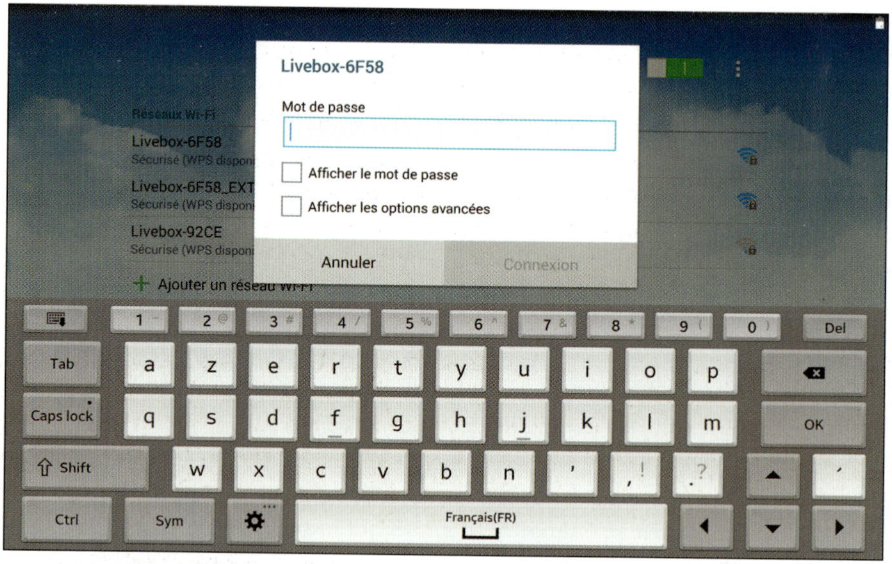

Figure 1.1 : Entrez le mode de passe de votre box pour accéder à sa connexion Wi-Fi.

Si vous ne trouvez pas la bonne connexion Wi-Fi, ou si vous ne vous souvenez pas du mot de passe voulu, passez à la suite. Vous pourrez toujours reprendre cette étape plus tard.

- **Écran 3 : Date et heure.** Comme par magie, votre tablette devrait déjà connaître la date et l'heure courantes. Sinon, touchez les lignes correspondantes pour corriger ces informations.
- **Écran 4 : Compte Google.** Avoir un compte Google signifie posséder une adresse de messagerie qui se termine par `@gmail.com`. Si c'est déjà le cas, touchez le bouton Oui et saisissez votre adresse ainsi que votre mot de passe. Dans le cas contraire, je vous conseille de toucher le bouton Non, puis de vous rendre au Chapitre 6 pour voir comment vous y prendre. En fait, vous *devez* disposer d'un compte Google pour exploiter au mieux votre tablette Galaxy, mais rien ne vous oblige à le configurer tout de suite.
- **Écran 5 : Google, ses services et la localisation.** Le fait que votre tablette sache où vous vous trouvez et qu'elle transmette cette information à des applications peut évidemment poser des problèmes délicats.

  Si les notions de sécurité et de confidentialité sont essentielles pour vous, touchez ls coches bleues pour les faire disparaître, puis touchez le gros triangle grisé qui se trouve en bas et à droite de l'écran. Ceci évitera que des applications puissent vous localiser. En contrepartie, vous ne disposerez pas des aides à la navigation et de beaucoup de fonctionnalités très utiles. Évidemment, votre opérateur Internet sait, lui, où vous vous trouvez, la Défense nationale aussi, et certainement d'autres moins aimables plaisantins. Vous savez que vous n'êtes pas un terroriste. Eux, non.

Si ces questions vous concernent moins (quoique la sécurité doive être en permanence une préoccupation), contentez-vous de laisser les options cochées et touchez simplement le gros triangle gris pour passer à la suite. Vous pourrez toujours décider plus tard au cas par cas si vous acceptez ou non de partager votre position.

> NOTE
>
> Si ce n'est pas votre premier appareil Android, et si vous possédez déjà un compte Google, votre tablette Galaxy va récupérer via le Wi-Fi toutes les informations qui vous concernent. Il s'agit aussi bien de vos contacts, de votre agenda que de vos messages, etc. Si vous préférez voyager en terres inconnues, décochez la ligne Sauvegarde et restauration (voir la Figure 1.2). Mais ce n'est pas une bonne idée.

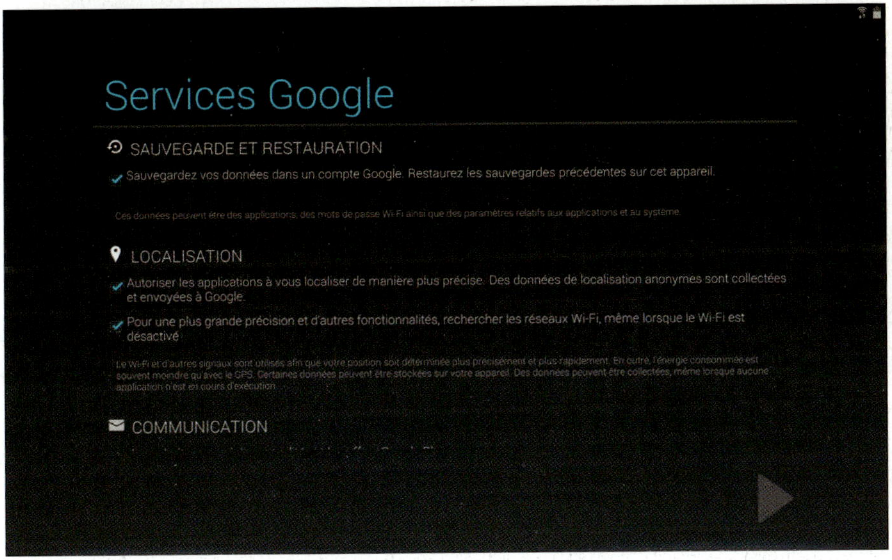

Figure 1.2 : Google veut tout savoir sur vous.

- **Écran 6 : Nom de l'appareil.** Cet écran vous demande d'entrer votre nom et votre prénom. Vous vous demandez peut-être pourquoi c'est important. En fait, ça ne l'est pas. Vous entrez ce que vous voulez ou rien, à votre convenance.

- **Écran 7 : Compte Samsung.** Mon conseil est de passer cet écran pour l'instant. Un compte Samsung vous permet de sauvegarder automatiquement les principales données de votre tablette ainsi que d'accéder à une sorte de Play Store version Samsung. Comme vous n'êtes pas encore décidé et qu'il vous reste encore pas mal de choses à configurer, autant continuer à avancer en touchant le bouton Ignorer. Sinon, touchez le bouton Connexion et entrez votre nom d'utilisateur ainsi que votre mot de passe, puis validez toutes les conditions extrêmement contraignantes du géant sud-coréen, et touchez le bouton Accepter.

Il ne vous reste plus qu'à toucher le bouton Terminer, et votre écran d'accueil va apparaître au bout de quelques instants (voir la Figure 1.3). Bravo !

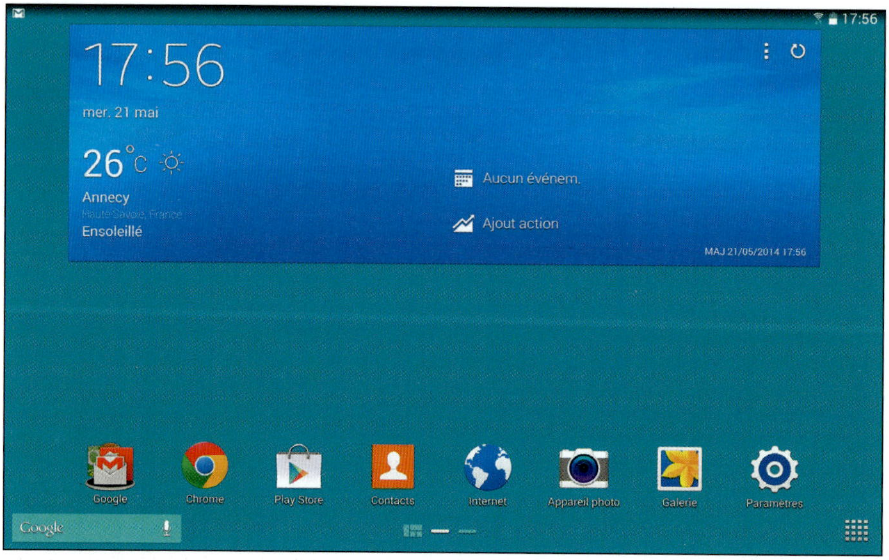

Figure 1.3 : L'écran d'accueil par défaut de la tablette Galaxy.

> Si votre tablette vous propose de se mettre elle-même à jour, et donc de redémarrer, acceptez tout. Pourquoi se priver des dernières nouveautés ?

Chapitre 2

Commencer par le commencement

Dans ce chapitre :

- Allumer votre tablette
- Charger et gérer la batterie
- Naviguer dans votre tablette
- Extinction et mise en veille de la tablette

Ce chapitre explique les bases de l'utilisation de votre nouvelle tablette Samsung Galaxy Tab ou Note. Le bon ordre des choses commençant par le commencement, vous devez apprendre à allumer l'appareil. Ensuite, pour assurer la pérennité de son fonctionnement, il vous faut comprendre les notions de chargement et d'autonomie de la batterie. Vous apprendrez également à utiliser les boutons et les autres fonctions de la tablette Galaxy. Il sera également indispensable de comprendre ces gestes qui sauvent, c'est-à-dire qui permettent de naviguer facilement dans ce type d'appareil. Enfin, vous verrez comment éteindre la tablette et gérer sa mise en veille.

NOTE

Si les tablettes vous sont déjà familières, vous pouvez peut-être vous dispenser de la lecture de ce chapitre. En revanche, si vous découvrez ce nouvel univers électronique et communicant, je vous conseille de le suivre jusqu'au bout.

Première chose : Allumer la tablette Galaxy

Lorsque vous déballez votre tablette, et surtout si vous débutez dans ce domaine, vous ne savez pas forcément par quel bout la prendre. Commencez par la retirer de son emballage, et enlevez les films protecteurs de l'écran et du dos du petit bijou.

Ensuite, appuyez sur le bouton de mise en marche situé sur la gauche de la tranche supérieure de l'appareil, comme le montre la Figure 2.1. Appuyez environ une seconde sur ce bouton pour voir l'écran s'allumer. Heureusement, la charge d'origine de la batterie est suffisante pour commencer à explorer votre tablette Galaxy. Vous n'avez pas à ronger votre frein à attendre plusieurs heures le chargement de cette batterie.

Figure 2.1 : Le bouton Marche/Arrêt de votre tablette.

> Si l'écran ne s'allume pas, c'est que vous avez probablement appuyé trop longtemps sur le bouton Marche/Arrêt, ce qui a eu pour conséquence de l'éteindre.

Si, malgré vos précautions, la tablette ne s'allume toujours pas, rechargez sa batterie. Vous devez pour cela respecter un certain rite : mettez la batterie en charge pendant 24 heures, ou au moins toute la nuit. Cela signifie que vous devrez patienter avant d'utiliser votre nouveau jouet. Désolé.

Charger la tablette Galaxy et gérer son autonomie

Recharger la batterie est une opération essentielle pour utiliser correctement votre tablette Galaxy.

La première fois que vous lancez le chargement de votre batterie, laissez-le s'effectuer toute la nuit. Par la suite, vous n'aurez pas à attendre que la batterie soit complètement à plat pour la mettre en charge. En effet, votre tablette Galaxy utilise une batterie de type Li-ion (lithium-ion, rien à voir avec une barre de céréales) qui n'a pas de « mémoire » de charge, ce qui permet de profiter de sa pleine autonomie même si vous la rechargez alors qu'elle n'est qu'à moitié vide.

> La batterie de votre tablette Galaxy a une énergie personnelle suffisante pour résister assez longtemps entre deux chargements.

Votre tablette est livrée avec deux éléments essentiels : un câble et une fiche servant à se brancher sur une prise de courant quelconque (c'est en fait un petit transformateur). Le câble se compose de deux extrémités : l'une se connecte à la tablette et l'autre est une prise USB standard. Notez également que la prise USB permet aussi de brancher l'appareil sur un ordinateur (de préférence sur un connecteur USB 3.0 pour certains modèles).

Pour recharger votre tablette Samsung Galaxy :

- Branchez le transformateur à une prise de courant murale, puis insérez la fiche du câble dans la prise USB du transfo.
- Ou bien, insérez directement la prise USB au port idoine de votre PC.

Le chargement de tout type d'appareil via un ordinateur est moins efficace que le passage par une prise de courant standard. En fait, il n'est même pas certain que la puissance délivrée par les ports USB de votre ordinateur soit assez puissante pour pouvoir rechercher la batterie de la tablette !

Quelle que soit la méthode utilisée, vous devez insérer la petite extrémité du câble dans la prise située dans la partie inférieure ou latérale droite de votre tablette Galaxy (voir la Figure 2.2).

Figure 2.2 : Le connecteur USB d'une tablette Galaxy.

L'ordre de connexion des prises importe peu. Vous devez évidemment allumer votre PC pour tenter de recharger la tablette sur un port USB.

Si votre tablette est éteinte lorsque vous rechargez la batterie, une image représentant celle-ci apparaît pendant quelques instants sur l'écran de l'appareil. Il s'agit d'une espèce de barre de progression qui permet de suivre l'évolution du chargement. La portion colorée de l'image indique le niveau de chargement actuel de votre batterie. Vous pouvez afficher cette barre de progression en appuyant brièvement sur le bouton Marche/Arrêt de l'appareil.

Si votre tablette est allumée, une petite icône de batterie est affichée dans la partie supérieure de l'écran pour vous indiquer la progression de la charge. Lorsque la batterie est totalement chargée, la tablette vous le signale. Vous pouvez alors débrancher l'appareil.

Le chargement complet de la batterie ne demande que quelques heures. Contrairement au premier chargement, vous n'avez pas besoin d'attendre que la batterie soit complètement pleine pour pouvoir utiliser votre tablette. Je rappelle que la batterie qui équipe votre tablette Galaxy n'a pas de mémoire de charge.

Si vous avez l'intention d'utiliser votre tablette en voyage, il serait sans doute judicieux d'investir dans un chargeur optionnel :

- **Chargeur de voyage USB :** cet accessoire permet d'utiliser votre tablette Galaxy en voyage sans être obligé d'emporter le transformateur avec vous. En revanche, n'oubliez pas votre câble USB/Micro USB.

- **Chargeur de voiture :** vous pouvez acheter un chargeur qui se branche sur l'allume-cigare de votre voiture. Bien entendu, il doit être équipé d'un port USB. Cet accessoire est très pratique lorsque vous passez beaucoup de temps au volant de votre automobile. Ce type de chargeur est disponible auprès de nombreux magasins en ligne. Et il sera très apprécié de vos enfants (des parents aussi, d'ailleurs) pour qu'ils puissent regarder des vidéos pendant que vous roulez.
- **Chargeur solaire :** l'avantage de ce type de chargeur est qu'il peut recharger votre tablette quand vous n'avez pas de prise de courant murale à portée de main. La plupart de ces chargeurs utilisent des cellules photovoltaïques qui transforment la lumière en électricité. Cette fois encore, n'oubliez pas votre câble USB. Et, surtout, vérifiez la capacité d'un tel chargeur à tenir le choc face à votre batterie !
- **Chargeur sans fil :** vous pouvez charger l'appareil sur un accessoire particulier, et le chargement se fait sans avoir à brancher la tablette. Tentant, mais pas très bon marché. D'autant que l'accessoire, lui, doit évidemment être relié à une prise de courant, et qu'une partie de l'énergie produite est gaspillée sous forme de chaleur, ce qui n'est pas forcément bon pour la batterie…

NOTE

Autant que faire se peut, utilisez des accessoires de la marque Samsung. Lorsque cela est impossible, vérifiez que le fabricant de l'accessoire en question dispose d'une renommée suffisante pour lui faire confiance. En cas de doute, consultez des forums d'utilisateurs qui vous donneront toutes les informations nécessaires à l'appréciation de votre achat. Vérifiez toujours la compatibilité du chargeur vendu avec votre tablette. Un chargeur de mauvaise qualité, ou d'une puissance inadaptée, peut altérer l'autonomie de votre batterie. N'oubliez pas que les batteries Li-ion sont efficaces, mais sensibles à la tension électrique qu'elles reçoivent.

NOTE

Une chaleur excessive peut réduire la durée de vie de votre batterie. Par conséquent, n'oubliez jamais votre tablette sur la plage arrière de votre voiture sous un soleil de plomb. Si vous supportez la température ambiante et que votre tablette Galaxy est avec vous, elle devrait également résister à la chaleur.

Si vous prenez toutes ces précautions, l'autonomie de votre batterie sera totale pendant environ deux ans. Ensuite, et en fonction des conditions d'utilisation de votre tablette, de rechargement et de maintenance, les performances de la batterie pourront rapidement être réduites de 25 %. Lorsque l'autonomie de la batterie n'est plus aussi longue qu'au début de votre achat, ou bien qu'elle ne tient plus la charge, remplacez-la (ou achetez une nouvelle tablette Samsung Galaxy).

Naviguer dans la tablette Galaxy

Fidèle à la série des Galaxy, votre tablette présente aussi peu de boutons physiques que ses congénères. En effet, la grande majorité des fonctionnalités de n'importe quelle tablette Galaxy s'exécutent en touchant des icônes sur un écran tactile.

Cette section vous présente les boutons et l'écran tactile de votre tablette Galaxy.

Les boutons physiques de la tablette

Les boutons physiques de votre tablette Galaxy sont au nombre de trois : le bouton Marche/Arrêt, le bouton Volume et le bouton Accueil (reportez-vous à la Figure 2.1). Avant d'aller plus loin, repérez-vous en plaçant l'écran de la tablette face à vous et en tenant l'appareil verticalement. C'est fait ? Comparez ce que vous voyez avec la Figure 2.1.

Parmi les autres éléments importants de votre tablette, il y a aussi l'emplacement dévolu à la carte MicroSD (voir la Figure 2.3).

Figure 2.3 : Une tablette Galaxy, vue de son profil droit.

Le bouton Marche/Arrêt

Le bouton Marche/Arrêt est situé sur le côté droit de la tranche supérieure de la tablette quand vous mettez l'écran verticalement face à vous.

Appuyez également sur ce bouton pour basculer l'appareil en veille. Ce mode éteint l'écran et suspend la plupart des applications en cours d'utilisation.

Sinon, la tablette se met automatiquement en veille après 10 minutes d'inactivité (par défaut) pour économiser la batterie (mais nous verrons plus tard comment modifier cette durée). Bien que l'affichage de votre tablette Samsung se situe dans une fourchette allant de grande à remarquable qualité, il consomme beaucoup d'énergie.

NOTE

Ne confondez pas le mode Veille avec l'extinction de l'appareil. En veille, seul l'écran est éteint, mais l'appareil reste en état d'alerte. En effet, dès que quelqu'un vous envoie un message ou qu'une application émet une notification, l'écran peut se rallumer automatiquement.

Le bouton Volume

En fait, techniquement parlant, votre tablette Galaxy est équipée d'un double bouton de contrôle du volume. Un appui sur la gauche permet de baisser le son, et vers la droite de le monter. Son emplacement est illustré sur la Figure 2.1.

Ce bouton contrôle également le volume de toutes les autres sources audio, c'est-à-dire :

- La sonnerie des (éventuels) appels entrants.
- Celle des notifications.
- Le volume des lecteurs audio et vidéo.

Le bouton Volume intervient uniquement dans le contexte de son utilisation. Ainsi, lorsque vous réglez le volume de la musique, vous n'altérez pas celui des sonneries. Tous ces réglages sont indépendants les uns des autres.

Ce bouton est également complémentaire aux commandes purement logicielles. Par exemple, si vous montez le volume du lecteur audio via sa commande logicielle, vous pourrez le baisser en appuyant sur le bouton physique de la tablette (et réciproquement).

> NOTE : Ce même bouton peut encore jouer d'autres rôles, comme servir de zoom pour une prise de vue.

Le bouton Accueil

De forme rectangulaire avec des formes arrondies, il est situé en bas de la façade de la tablette Galaxy, juste sous l'écran (reportez-vous à la Figure 2.1).

Ce bouton permet de revenir à l'écran d'accueil de votre tablette. Lorsque vous travaillez ou que vous vous divertissez dans une application, il vous fait revenir instantanément sur le bureau Android. L'application, quant à elle, reste ouverte, donc opérationnelle.

Les boutons sensitifs

Le bouton Accueil est entouré de deux compagnons invisibles à l'œil nu, car sensitifs. Mais ce n'est pas de la timidité : ils s'illuminent quand vous les touchez

- **Dernière touche utilisée** (autrefois Menu) se trouve à gauche. Il sert à retrouver rapidement les applications qui ont été ouvertes ou à accéder à la liste des applications actives.
- **Retour** est situé en bas et à droite de l'écran. Il permet de revenir en arrière dans une application ou de quitter un programme en cours d'exécution.

L'écran tactile

Pour permettre de consulter les informations affichées sur un écran tactile, Samsung a mis au point plusieurs méthodes qui sollicitent vos doigts différemment dans le but d'accomplir une tâche particulière.

Avant d'en détailler la technique, voici quelques termes avec lesquels vous devez vous familiariser :

- **Icône :** petite image sur laquelle vous appuyez (ou tapez, ou tapotez) pour lancer une application ou exécuter certaines fonctions comme envoyer un message.
- **Bouton :** sur un écran tactile, un bouton apparaît sous une forme bi ou tridimensionnelle. Il porte une légende qui permet d'en déduire la fonction.

Ainsi, en fonction des actions que vous réaliserez sur votre tablette, vous verrez parfois des boutons libellés Enregistrer ou Envoyer.

- **Lien hypertexte :** on parle plus généralement de *lien* pour identifier un texte qui exécute une certaine tâche lorsque vous appuyez dessus. Donc, si vous touchez un texte et que rien ne se passe, cela signifie que vous n'êtes pas en présence d'un lien hypertexte. En revanche, si le navigateur Web se met en route pour afficher une page spéciale, vous êtes bien en présence d'un lien hypertexte.
- **Vignette :** image basse résolution qui identifie une image en haute résolution stockée sur votre tablette.

Maintenant que vous connaissez ce vocabulaire, voyons comment utiliser l'écran tactile.

> NOTE
>
> Vous devez nettoyer l'écran de temps en temps. Bien que votre tablette Samsung Galaxy soit équipée d'un verre de grande qualité et de dernière génération, le fait de le toucher sans cesse finit par le salir même si vous avez les doigts propres. Utilisez un tissu doux ou à base de microfibres pour ne pas le rayer. Votre tee-shirt fera également l'affaire s'il n'est pas corrosif. En revanche, évitez tout papier de type essuie-mains, car il est légèrement abrasif.

Toucher

Bien souvent, il suffit de toucher (ou taper, ou tapoter, au choix) l'écran pour qu'il se passe quelque chose, comme le lancement d'une application ou la sélection d'options. C'est l'équivalent du clic de la souris. La Figure 2.4 montre le mouvement d'un index correspondant au tapotement.

Figure 2.4 : Toucher, taper ou tapoter, c'est pareil.

> NOTE
>
> Une différence à retenir entre un clic de souris et l'action de toucher tient au fait que, sur une tablette Galaxy, il suffit d'un seul « clic » pour lancer une application. Toucher diffère d'« appuyer et maintenir enfoncé », fonctionnalité étudiée à la prochaine section. Lorsque vous laissez votre doigt appuyé quelques instants sur un élément, la tablette en déduit que vous souhaitez faire autre chose que, par exemple, lancer une application.

Appui long

Comme son nom l'indique, cette action consiste à placer votre doigt sur une icône de l'écran et à le laisser appuyé plus d'une seconde (voir Figure 2.5). L'action qui en découle dépend de l'élément sur lequel vous avez laissé le doigt appuyé.

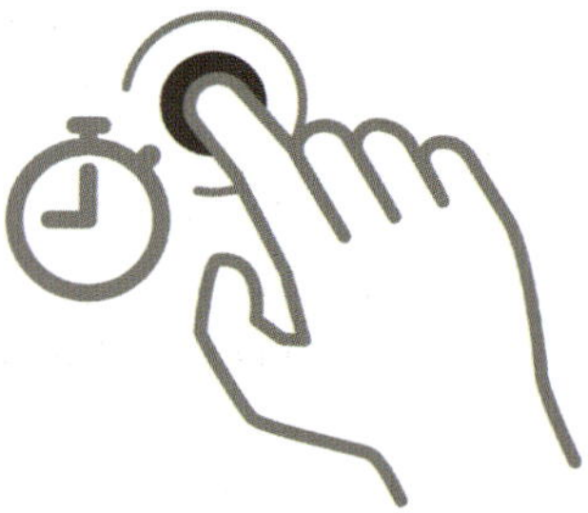

Figure 2.5 : Effectuer un appui long.

Par exemple, lorsque vous maintenez le doigt appuyé sur une application de l'écran d'accueil (celui qui apparaît lorsque la tablette sort de son sommeil), une corbeille apparaît en haut de l'écran. Elle permet de retirer cette icône du bureau. (Bien entendu, le programme en lui-même est toujours présent sur votre tablette.) Lorsque vous maintenez le doigt appuyé sur une icône dans la liste des applications, la tablette Galaxy suppose que vous souhaitez la copier vers l'écran Accueil. Si ces notions vous semblent pour l'heure un peu ésotériques, ne vous inquiétez pas. Vous comprendrez à l'usage, et de manière très instinctive, la différence entre *toucher* et *faire un appui long*.

NOTE

Ces deux techniques doivent s'appliquer en douceur. Toutefois, sachez que même en appuyant très fort, vous ne risquez absolument pas de casser l'écran de votre tablette Galaxy du moment que vous la tenez dans une main, et que vous appuyez sur l'écran avec les doigts de l'autre (vous pouvez bien sûr la poser tout simplement sur une table ou un bureau). Bien entendu, vous pourriez d'abord jeter la tablette sur le carrelage, puis appuyer très fort sur l'écran, rien que pour voir si vous êtes plus fort que lui. Si vous y arrivez, postez la vidéo sur YouTube. Vous allez avoir du succès…

Se déplacer entre les écrans

D'autres mouvements de vos doigts vous permettront de naviguer parmi les écrans de votre tablette Galaxy. Vous devez les maîtriser pour profiter de toutes les fonctionnalités de votre tablette.

La première étape consiste à naviguer jusqu'à une page qui n'est pas visible sur votre écran. C'est un peu comme afficher un contenu en faisant glisser vers la gauche ou la droite la barre de défilement horizontale, ou vers le haut et le bas la barre de défilement verticale d'une application informatique.

Le même principe s'applique à votre tablette Galaxy. Elle est équipée d'un programme de gestion des écrans qui permet de faire défiler les pages comme s'il s'agissait d'une grande image panoramique. Il suffit pour cela de les faire glisser horizontalement vers la gauche ou la droite.

Pour faire court, imaginez que votre tablette a un seul et même écran *virtuel* de très grande taille. Mais seule la partie délimitée par la partie *physique* de cet écran est visible à un instant donné. Pour accéder à une autre partie, faites simplement défiler le panorama.

En fonction des actions que vous souhaitez réaliser sur un écran, vos doigts seront obligés de glisser, de tapoter, de feuilleter, de dilater et de contracter. Ces différentes actions sont décrites dans les sections suivantes.

Glisser

Le mouvement le plus simple que vous puissiez réaliser sur votre tablette Galaxy consiste à faire glisser un doigt sur l'écran. Attention, ce n'est qu'une illusion ! L'écran restera bien en place sur la tablette. Seuls vos doigts appuieront légèrement à sa surface, et vous les glisserez dans le sens du déplacement voulu, comme l'illustre la Figure 2.6. En d'autres termes, vous faites lentement et doucement glisser l'image panoramique visible sur l'écran de votre tablette.

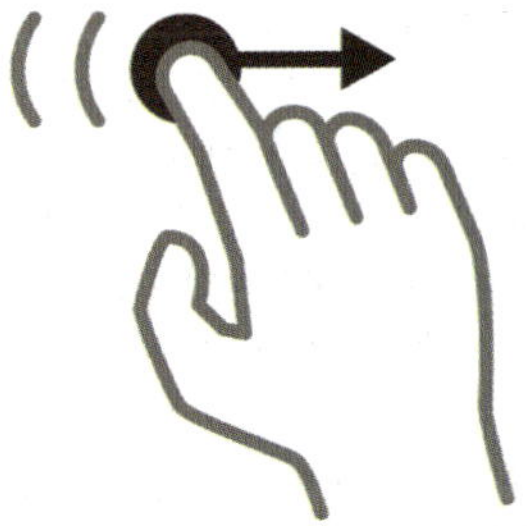

Figure 2.6 : Un glissement du doigt suffit pour parcourir les écrans de la tablette.

Pour naviguer plus rapidement, vous pouvez feuilleter tablette Galaxy, comme sur la Figure 2.7.

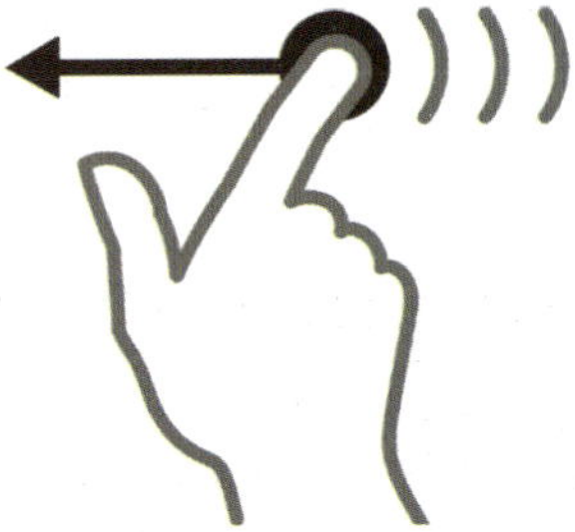

Figure 2.7 : Feuilletez par des mouvements plus rapides.

Une certaine pratique est nécessaire pour bien contrôler ce geste. En général, plus l'action de feuilleter est vive, plus le panorama défilera rapidement, avec comme conséquence de « sauter » des pages. Toutefois, certains écrans comme l'écran Accueil passeront systématiquement d'une page à une autre, quelle que soit la rapidité avec laquelle vous effectuerez le feuilletage.

Pincer et écarter

Certains écrans permettent de changer la résolution de l'affichage. Il en va ainsi de quelques applications qui utilisent des options de zoom servant à grossir une partie de l'image. Bien entendu, tout zoom avant peut être suivi d'un zoom arrière. Ainsi, vous pouvez apprécier les détails d'une partie d'une image, puis revenir à sa taille normale.

Pour effectuer un zoom arrière, posez le pouce et l'index sur l'écran puis rapprochez-les, comme sur la partie gauche de la Figure 2.8. On appelle ce geste *pincer*.

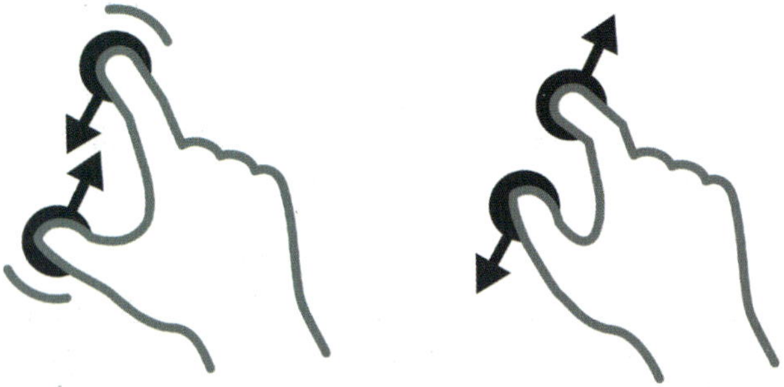

Figure 2.8 : Rapprochez les doigts pour effectuer un zoom arrière, et écartez-les pour effectuer un zoom avant.

Pour effectuer un zoom avant, effectuez l'opération inverse, c'est-à-dire écartez les doigts, comme l'illustre la partie droite de la Figure 2.8.

Double tapotement

Le double tapotement signifie que vous tapotez deux fois de suite et assez rapidement sur un élément affiché sur l'écran. Le double tapotement peut également permettre de passer d'un niveau de zoom à un autre, c'est-à-dire de restaurer le précédent niveau d'affichage d'une image.

> NOTE — Tapotez en rythme pour que la tablette n'interprète pas votre action comme deux tapotements bien distincts. À l'instar du double-clic informatique, le double tapotement demande un peu de pratique.

Galaxy, c'est Smart !

Tout ce que nous venons de voir est plutôt classique. Mais votre tablette Galaxy possède de surcroît quelques fonctionnalités qui démontrent combien elle est intelligente ! Même si, en réalité, la véritable intelligence est en vous, puisque vous avez à la fois acheté une tablette Galaxy *et* ce livre…

Une de ces fonctions s'appelle Smart Pause. Si vous regardez une vidéo et que vous détournez les yeux (le mieux, c'est de poser l'appareil à plat, écran vers le bas), la tablette va automatiquement mettre la diffusion en pause ! Retournez à nouveau l'écran, regardez-le droit dans les capteurs, et la vidéo redémarre. Votre tablette est plus intelligente que la télécommande de votre téléviseur Full HD !

Vous disposez également du mode Smart Rotation, qui fait pivoter l'écran en fonction de l'orientation de votre visage. D'accord, c'est peut-être un peu acrobatique…

Cerise sur le gâteau, la tablette Galaxy propose une fonctionnalité supplémentaire, appelée Smart Stay. Elle demande à l'écran de rester actif tant que vous le regardez. Non, je ne baisserai pas les yeux le premier !

Vous aimez ou vous n'aimez pas ces gestuelles plus ou moins sophistiquées. Comme pour pratiquement toutes les fonctions de votre tablette Galaxy, ces options peuvent être désactivées si vous les trouvez plus ennuyeuses que pratiques. Pour cela, touchez l'icône Paramètres puis l'onglet qui indique Contrôle. Touchez à gauche de l'écran la ligne qui indique Smart Screen. Vous pouvez maintenant activer ou désactiver les options qui vous sont proposées en touchant les lignes correspondantes (actif, c'est coché, inactif, c'est décoché).

Il vous suffit ensuite d'appuyer sur le bouton Accueil ou Retour de la tablette pour revenir à vos occupations habituelles.

L'écran d'accueil étendu

L'écran d'accueil étendu (ou tout simplement Accueil pour faire court) est le premier écran qui apparaît lorsque vous avez fini de configurer votre tablette. En fait, il est partagé par défaut en plusieurs pages que vous pouvez faire défiler horizontalement.

La Figure 2.9 vous montre une représentation des pages de l'écran d'accueil par défaut, du moins telles qu'elles apparaissent sur mon propre appareil. Bien entendu, vous ne pouvez voir qu'une seule de ces pages à un moment donné.

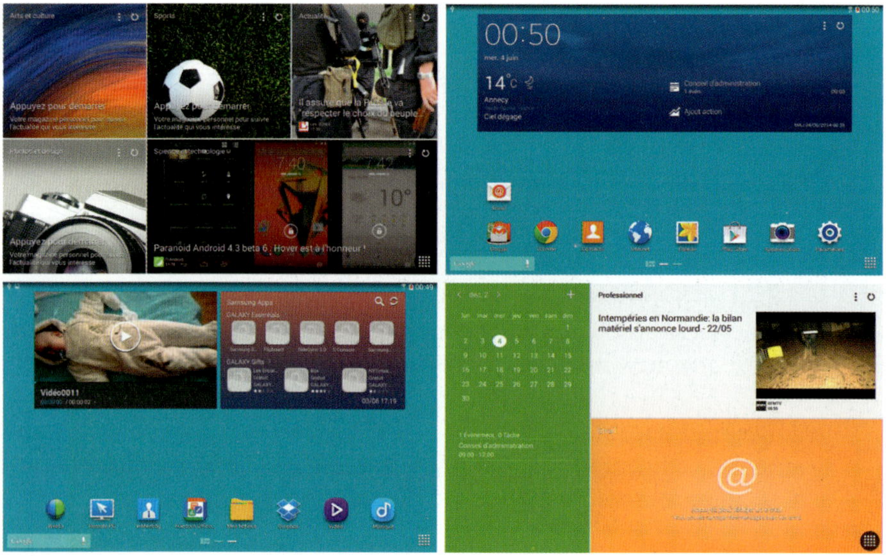

Figure 2.9 : Affichage panoramique des pages de l'écran d'accueil de la tablette Galaxy.

> Vous remarquez qu'il y a deux types de pages d'accueil : celles qui jouent un rôle disons standard, et celles qui servent à afficher des informations aussi variées que personnalisables. Nous y reviendrons un peu plus loin.

L'écran d'accueil standard est celui sur lequel vous organisez les icônes et autres fonctions afin de tirer le meilleur parti de votre tablette Galaxy. En d'autres termes, vous allez personnaliser la configuration proposée par défaut par Samsung (et, le cas très échéant, par votre opérateur de téléphonie). Ainsi, vous disposerez d'un environnement qui répondra à vos besoins personnels. La majeure partie de ce livre traite de tout ce que vous pouvez exécuter avec votre tablette Galaxy, dont notamment tout ce qui vous permet de créer votre propre écran d'accueil.

Commencez par vérifier la structure de l'écran d'accueil pour comprendre son interaction avec les autres sections de la tablette. La connaissance de ces zones est essentielle pour bien appréhender le système de navigation de votre appareil.

La Figure 2.10 présente un écran d'accueil typique montrant les trois zones les plus importantes de l'écran de la tablette.

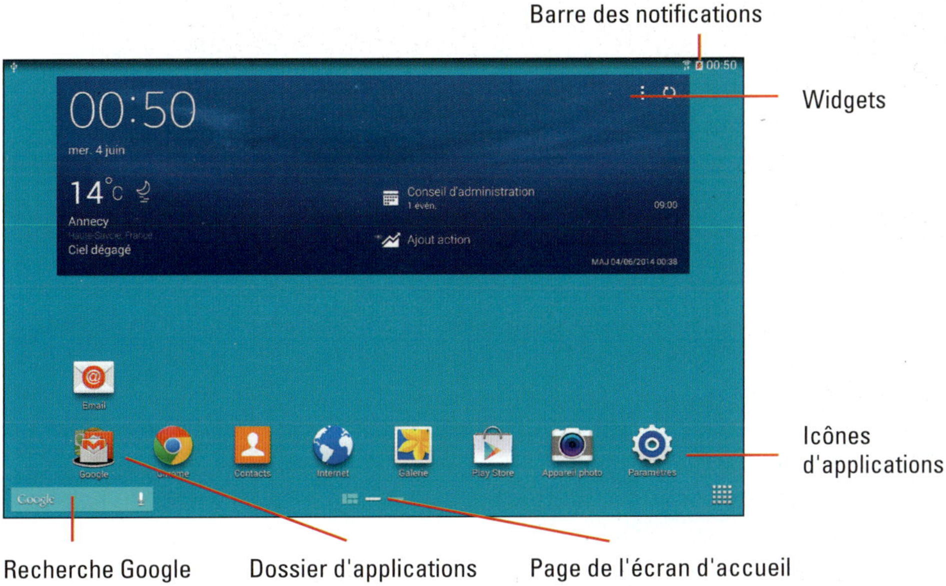

Figure 2.10 : L'écran d'accueil et les plus importantes zones de votre tablette Galaxy.

Normalement, votre tablette s'ouvre sur la page principale, c'est-à-dire la seconde sur les quatre proposées par défaut.

- **Barre des notifications :** cette zone, tout en haut de l'écran, présente de petites icônes qui identifient des éléments importants comme la qualité de la connexion Wi-Fi ou l'autonomie de la batterie, mais aussi tous les événements qui se produisent, par exemple l'arrivée d'un message.
- **Partie principale de l'écran :** c'est là où vous accédez aux icônes de raccourcis de vos applications ou de vos widgets (qui sont aussi des raccourcis, mais plus grands afin d'afficher davantage d'informations).

> NOTE
>
> Les tirets situés en bas de l'écran permettent d'accéder instantanément à une des pages de l'écran d'accueil étendu. Remarquez en passant qu'un de ces tirets n'en est pas un, mais qu'il est remplacé par un petit dessin représentant une sorte de quadrillage. C'est l'accueil de l'accueil (« *Home, sweet home* »). Un tiret mis en gras signale la page courante. Vous pouvez naviguer entre toutes ces pages en faisant glisser l'écran vers la gauche ou vers la droite pour vous déplacer d'une fenêtre à la fois. Il est aussi possible d'accéder directement à une page en touchant le tiret correspondant. Autre possibilité : toucher et maintenir enfoncé, puis faire glisser le doigt vers la gauche ou vers la droite. La page suivante ou précédente apparaît.

Ajouter des raccourcis à l'écran d'accueil

Plusieurs techniques permettent d'ajouter un raccourci à votre écran Accueil, en particulier :

- Faire un appui long sur une zone vide de l'écran d'accueil. Un menu local va apparaître. Choisissez alors l'option Applications et widgets (voir la Figure 2.11).

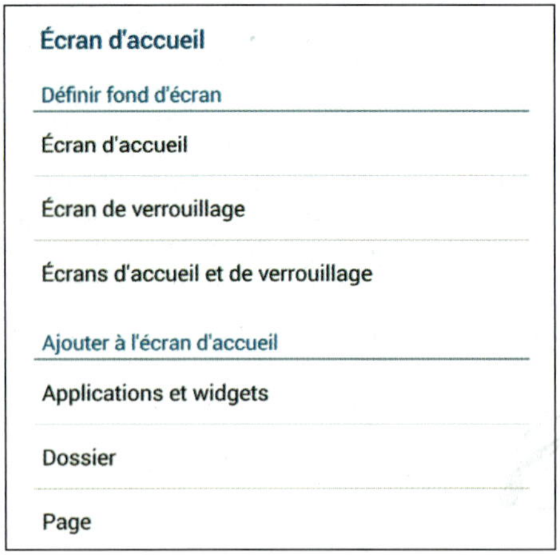

Figure 2.11 : Un menu pour personnaliser l'écran d'accueil.

- Maintenir enfoncée une icône dans la liste Applis (ceci vaut également pour les widgets, qui sont une autre manière de représenter visuellement une application).
- Maintenir enfoncé le signet d'un site Web.

- Choisir la commande Ajouter raccourci à l'écran d'accueil dans la fiche d'un contact (les contacts sont étudiés dans le Chapitre 5).

Suivez par exemple ces étapes :

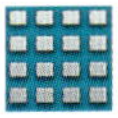

1. Depuis l'écran Accueil, touchez l'icône Applications (ou Applis, au choix). C'est le quadrillage qui se trouve en bas et à droite de l'écran.

   La liste des applications déjà installées, que ce soit par défaut ou ajoutées par vos soins, va apparaître (voir la Figure 2.12). Effleurez l'écran vers la gauche ou vers la droite pour révéler toutes les applications disponibles.

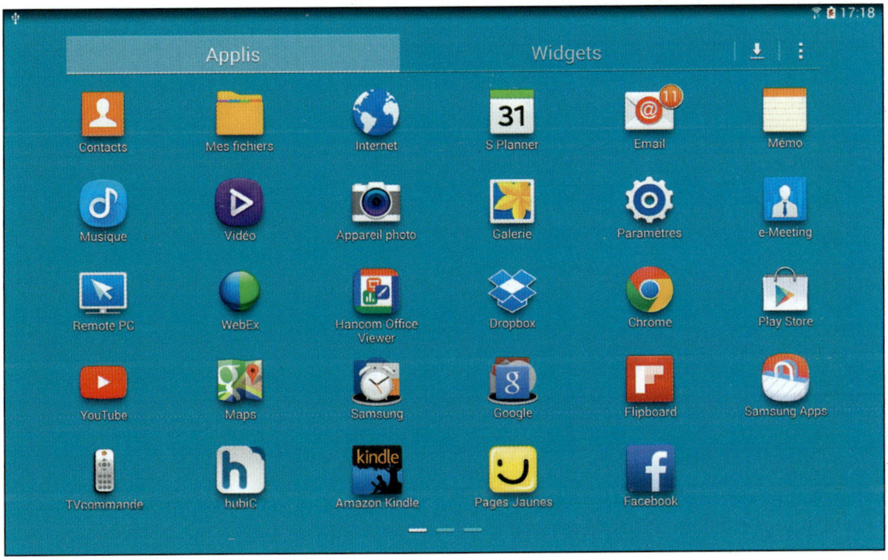

Figure 2.12 : Accéder aux applications que vous pouvez ajouter à votre écran d'accueil.

2. Appuyez sur l'icône qui vous intéresse et maintenez-la enfoncée.

   Quand l'icône apparaît sur la page affichée en dernier, relâchez la pression (voir la Figure 2.13).

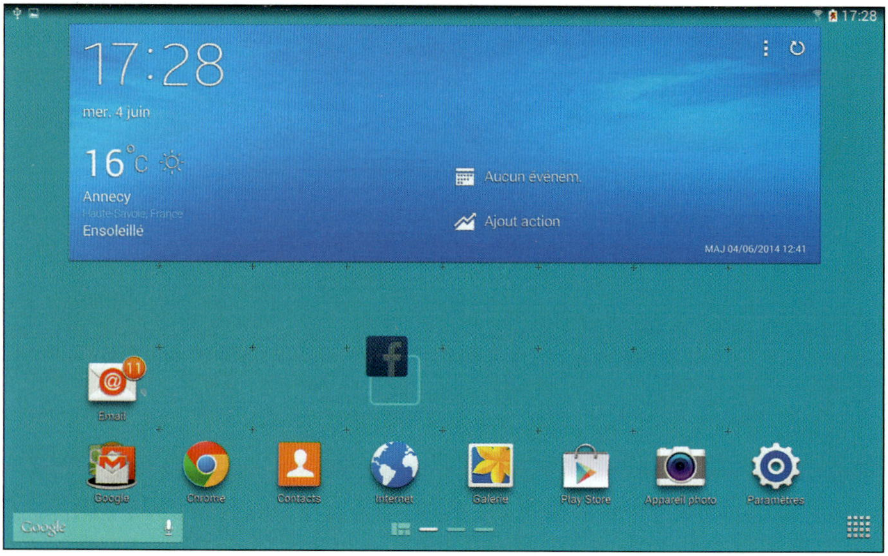

Figure 2.13 : Ajouter un raccourci sur l'écran d'accueil.

C'est tout. Sauf à manquer de place sur l'écran d'accueil, auquel cas rien ne se passera. C'est le plus souvent le cas avec les widgets, qui ont tendance à occuper l'espace de plusieurs applications à la fois.

Vous avez pu consulter la liste de vos applications, mais où sont ces fameux widgets ? Pour le savoir, suivez ces étapes :

1. Reprenez l'Étape 1 ci-dessus, mais touchez cette fois l'onglet Widgets, en haut de l'écran.

   La liste des widgets disponibles apparaît (voir la Figure 2.14).

2. Effleurez l'écran vers la gauche ou vers la droite afin de localiser le widget qui vous intéresse. Faites un appui long dessus.

   Quand l'icône apparaît sur la page affichée en dernier, relâchez la pression.

> NOTE : Certains widgets sont si grands que l'espace disponible sur la page de destination ne suffit pas. Dans ce cas, ils refuseront tout simplement de s'installer. Vous pouvez cependant toujours essayer de leur trouver une place libre en maintenant la pression et en effleurant l'écran vers la gauche ou vers la droite jusqu'à ce que vous trouviez une page plus accueillante.

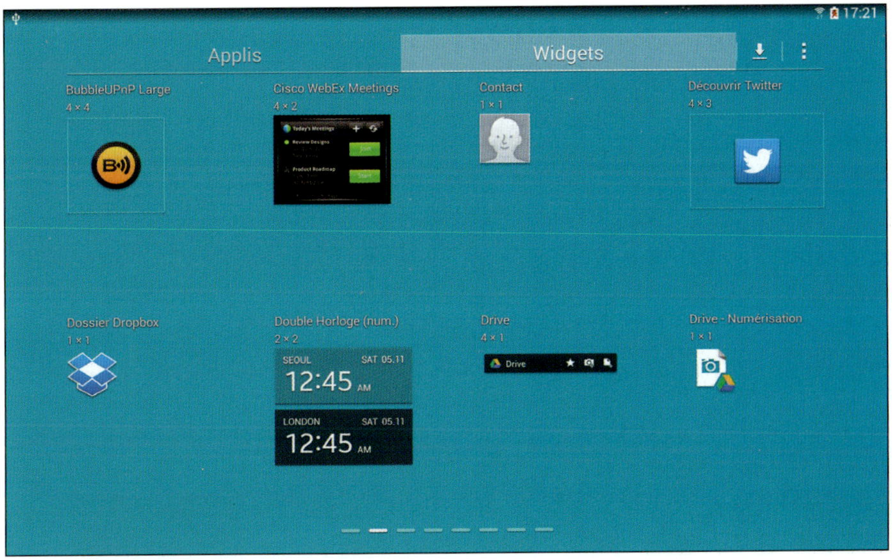

Figure 2.14 : Ajouter un widget à l'écran d'accueil.

Déplacer ou supprimer des raccourcis

Il est très possible qu'un raccourci ne se trouve pas sur la page qui vous convient le mieux. Aucun problème. Touchez son icône et maintenez-la enfoncée. Faites-la ensuite glisser vers la gauche ou vers la droite jusqu'à la page voulue. Relâchez, et c'est gagné.

Supprimer un raccourci de l'écran d'accueil est tout aussi simple. Maintenez enfoncée l'icône de trop jusqu'à l'apparition de l'icône d'une corbeille en haut de l'écran. Faites-y glisser le raccourci à supprimer, et c'est tout.

NOTE En cas de suppression accidentelle, recréez purement et simplement le raccourci à partir de la liste des applications. Maintenez le doigt enfoncé sur l'icône du programme supprimé pour le voir réapparaître sur l'écran d'accueil, comme expliqué ci-dessus.

NOTE Un raccourci est un raccourci, rien de plus. En supprimer un ne fait en rien disparaître l'application correspondante.

L'écran et la barre des notifications

La barre (ou zone) des notifications est localisée tout en haut de l'écran. Elle contient différentes icônes de statuts. Par exemple, elle vous prévient de la réception d'un courrier électronique, vous rappelle que votre tablette est connectée à un ordinateur, vous prévient de l'arrivée d'une information envoyée par un site Internet sur lequel vous vous êtes abonné, etc.

Pour faire simple, cette barre vous avertit de tout ce qui se passe dans votre tablette Galaxy. Vous pouvez notamment savoir quelle heure il est, si vous êtes connecté en Wi-Fi, et plein d'autres choses encore.

Plutôt que d'apprendre par cœur le sens et la signification de toutes ces icônes, il vous suffit d'appuyer légèrement sur le haut de l'écran puis d'effleurer celui-ci vers le bas pour révéler la totalité de la barre des notifications (voir la Figure 2.15).

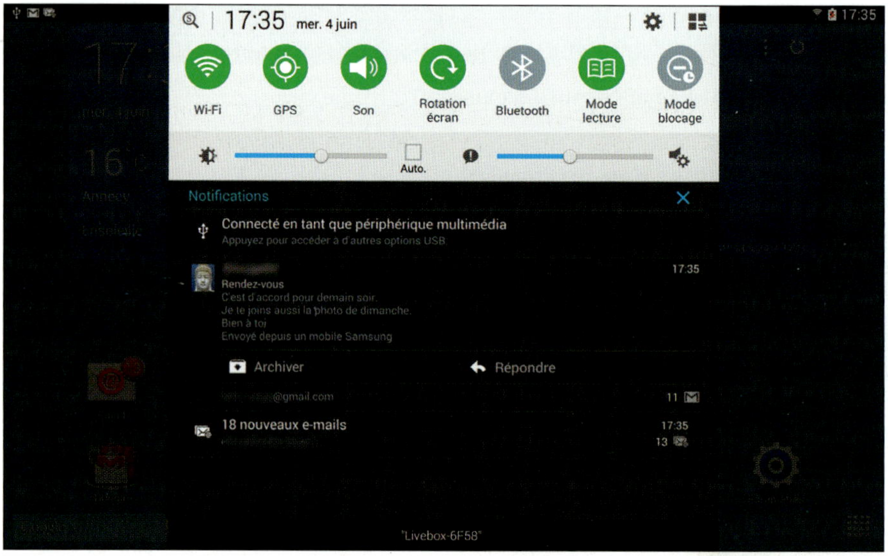

Figure 2.15 : La barre des notifications vous renseigne sur des informations et des événements importants.

La barre des notifications vous permet aussi d'activer et de désactiver directement certaines fonctions, ou encore de modifier l'éclairage de l'écran ainsi que le volume sonore en faisant glisser les curseurs correspondants.

Le contenu de la barre des notifications vous permet de comprendre les informations affichées et d'agir en conséquence. Par exemple, si la tablette Galaxy vous notifie de l'arrivée d'un courrier électronique, touchez simplement la barre de ce lien pour prendre connaissance de cet e-mail.

> NOTE
>
> Pour en savoir plus sur une notification, effleurez-la et faites-la glisser vers le bas. Vous pouvez vous servir des boutons éventuellement affichés pour exécuter une action immédiate, par exemple répondre à un message, partager une information, et ainsi de suite.

Une fois que vous avez lu les notifications, masquez-les en faisant glisser un doigt vers le haut. Vous pouvez aussi en supprimer certaines en touchant le bouton Effacer (la croix), ou les effacer une par une en faisant glisser la ligne correspondante vers la gauche ou vers la droite.

Le clavier

Par défaut, votre tablette est configurée pour afficher le clavier Samsung, dont les touches sont organisées comme sur le clavier de votre ordinateur.

Le clavier logiciel surgit automatiquement en bas de l'écran chaque fois qu'une application réclame une saisie de votre part. Supposons par exemple que vous avez touché le bouton Internet, entré l'adresse du moteur de recherche Google (`www.google.fr`) pour localiser quelque chose, puis touché le champ de saisie de la page Web. Immédiatement, le clavier logiciel apparaît sur l'écran (voir la Figure 2.16).

Votre tablette est assez intelligente pour savoir quand il doit afficher le clavier, y compris en vous proposant une liste de réponses qu'elle pense appropriées. Et si vous ne voyez pas s'afficher le clavier, touchez simplement le champ de texte voulu pour le réveiller.

> NOTE
>
> Nous reviendrons plus longuement sur le clavier dans le Chapitre 3.

Figure 2.16 : Utilisez le clavier logiciel pour entrer des données.

Utiliser la reconnaissance vocale

Il y a une autre option ; *pas de clavier du tout*. Votre tablette Galaxy est équipée de tout ce qu'il faut pour assurer une reconnaissance vocale dans d'aussi bonnes conditions que possible. C'est facile, et bien souvent étonnamment efficace (ou au contraire déroutant).

Dans nombre d'applications où du texte vous est demandé, vous pouvez voir apparaître le symbole d'un microphone (sinon, maintenez enfoncé le bouton qui se trouve juste à gauche de la barre d'espace, en bas du clavier virtuel, et sélectionnez le petit bouton illustré d'un micro).

Dictez ensuite votre texte. La tablette va réfléchir une toute petite seconde, puis vous proposer une réponse comme celle illustrée sur la Figure 2.17 (en l'occurrence, il s'agit d'une requête dans le moteur de recherche Google).

Quand vous avez terminé, touchez le message de la zone de reconnaissance qui indique Appuyez pour interrompre, ou attendez simplement quelques secondes. Vous pourrez alors toucher le dessin du clavier pour reprendre le cours usuel des choses.

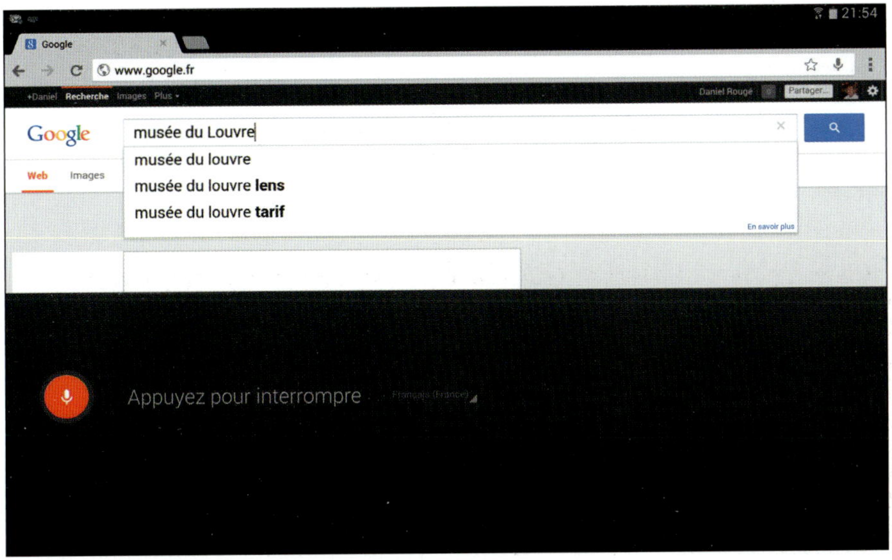

Figure 2.17 : Lancer une reconnaissance vocale.

> Le clavier virtuel offre une autre option : écrire avec un doigt, ou mieux encore avec le stylet de la Galaxy Note. Nous y reviendrons dans le Chapitre 4.

L'orientation de la tablette

Votre tablette Galaxy est capable de savoir si vous la tenez verticalement ou horizontalement, et elle bascule alors l'écran du mode Portrait au mode Paysage et réciproquement. En fonction de l'activité que vous réalisez, il peut être plus judicieux d'utiliser l'appareil horizontalement, par exemple pour visionner une vidéo, pour afficher des photos, voire même une page Web ou verticalement, par exemple pour lire un livre électronique.

> La tablette Galaxy informe chaque application de l'orientation courante de l'écran, mais toutes les applications ne sont pas conçues pour s'adapter au mode Portrait ou Paysage. En particulier, de nombreux jeux sont conçus exclusivement pour utiliser la largeur de l'écran et non sa hauteur. Dans bien des cas, c'est logique, et même indispensable (songez à une course automobile : en mode Portrait, votre champ de vision serait tout de même bien étriqué, non ?).

Ouvrir plusieurs fenêtres à la fois

La règle de base, c'est qu'une application occupe toujours la totalité de l'écran, que ce soit verticalement (le mode Portrait) ou horizontalement (le mode Paysage) selon l'orientation de l'appareil ou le choix de conception d'une application.

> NOTE : Par défaut, la rotation de l'écran est automatique. Cependant, vous pouvez bloquer celui-ci dans sa position courante. Pour cela, ouvrez la barre des notifications et touchez le bouton Rotation écran.

Mais il y a une seconde règle, valable uniquement avec certaines applications : le multifenêtrage (en fait, c'est plutôt du double, voire du quadruple vitrage).

Suivez ces étapes :

1. Effleurez doucement l'écran d'accueil de la droite vers la gauche en partant de son bord extérieur.

> NOTE : Vous pouvez aussi faire un appui long sur le bouton Retour de la tablette, puis relâcher.

   Un bandeau plein d'icônes d'applications apparaît sur le bord droit de l'écran.

> NOTE : Un nouvel appui sur la touche Retour ou sur l'écran tactile fait disparaître la barre d'icônes.

2. Faites glisser la barre d'icônes vers le haut ou vers le bas pour révéler tout son contenu. Vous constatez qu'elle propose des applications prédéfinies, ainsi que certaines de celles que vous installez. Bref, tout le monde n'a pas droit de cité, mais les outils les plus courants sont là.

3. Touchez une icône, et l'application correspondante s'ouvre dans une fenêtre de taille réduite, également appelée fenêtre flottante. Vous pouvez ainsi cumuler plusieurs applications entre lesquelles vous circulez en les touchant (voir la Figure 2.18).

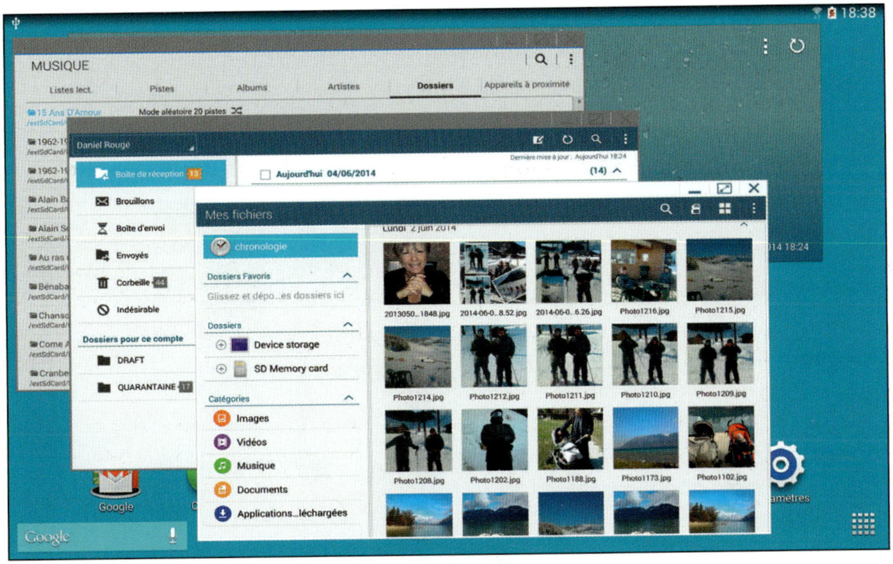

Figure 2.18 : Un vrai multifenêtrage, façon Galaxy.

Chaque application possède sa propre barre comportant trois boutons servant respectivement à la réduire à l'état d'une icône entourée d'un cercle qu'il suffit de toucher pour restaurer la fenêtre, à la repasser en mode plein écran, et enfin à la refermer.

> NOTE
>
> Chaque fenêtre flottante peut être redimensionnée, de même d'ailleurs que son contenu. Pour cela, touchez un de ses bords jusqu'à ce qu'un cadre jaune apparaisse. Faites-le glisser dans la direction voulue pour réduire ou agrandir la taille de la fenêtre.

> NOTE
>
> Lorsqu'une fenêtre a atteint sa taille minimale, le cadre devient rouge.

Cette possibilité est à connaître. Mais elle est d'évidence moins intuitive et pratique qu'avec un ordinateur. Revenons-en donc à notre barre d'icônes.

4. Repartant de l'Étape 1, touchez l'icône d'une des applications que vous voulez ouvrir et faites-la cette fois glisser sur l'écran d'accueil.

L'application s'ouvre normalement

5. Repérez une seconde application dans la barre d'icônes. Maintenez fermement enfoncée cette icône, et faites-la glisser au-dessus de l'autre application. Miracle ! Elle vient occuper une moitié de l'écran.

   Vous avez donc deux applications affichées et actives en même temps, comme l'illustre la Figure 2.19.

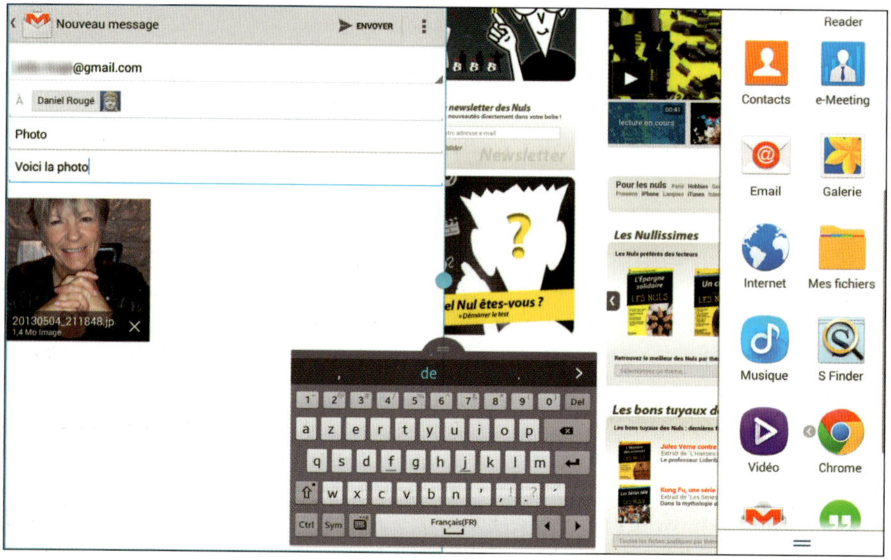

Figure 2.19 : Internet et messagerie, pourquoi choisir ?

Vous pouvez de cette manière afficher en même temps des photos tout en surfant sur Internet, en envoyant un message ou bien en prenant une note. Et personne ne vous interdit de regarder deux vidéos en même temps !

> NOTE
>
> Avec les tablettes au format 12,2 pouces, il est possible d'ouvrir jusqu'à quatre fenêtres simultanément.

Une fois vos fenêtres en place, vous pouvez :

- Changer la fenêtre qui a le focus, comme on dit, c'est-à-dire celle qui reçoit les commandes. Touchez simplement la fenêtre que vous voulez activer (elle est entourée d'un cadre bleu).

> **NOTE** Pour revenir au multifenêtrage, touchez à nouveau l'onglet bleuté.

- Changer la taille relative des fenêtres en faisant glisser le gros point bleu qui se trouve au centre de la ligne de séparation.
- Remplacer une application par une autre. Ouvrez à nouveau la barre d'icônes, et faites glisser une nouvelle application sur l'une des fenêtres.
- Exécuter différentes actions en touchant le point bleu placé sur la ligne de séparation :
- **Mettre au premier plan :** vous avez fait glisser non pas une, mais deux ou trois applications sur une même fenêtre. Aucune d'entre elles n'est perdue. Touchez l'icône placée en marge, puis l'aperçu de l'application que vous voulez placer au premier plan (voir la Figure 2.20). Cette méthode vous permet donc d'amplifier l'effet du multifenêtrage en accédant à toutes les applications récemment ouvertes.

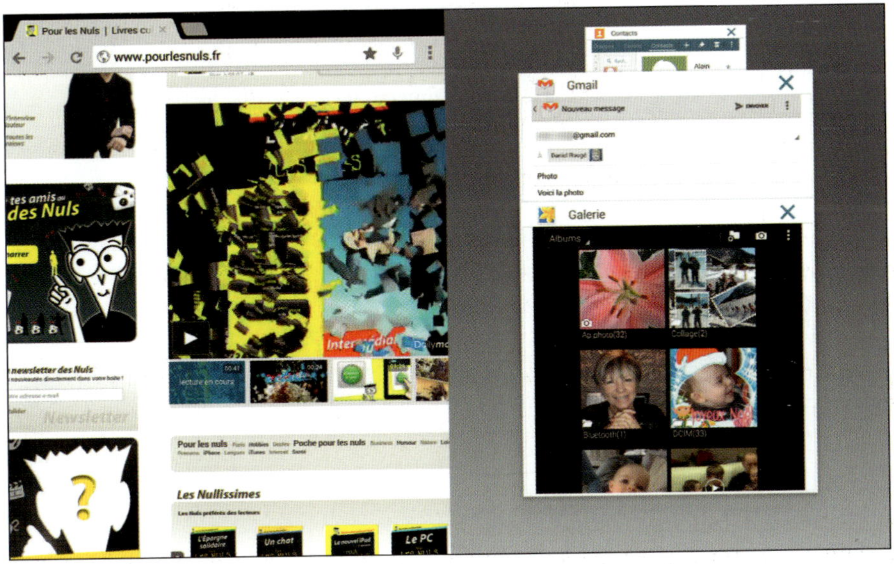

Figure 2.20 : Des tâches multiples sur un même écran.

- **Inverser les fenêtres :** touchez l'icône illustrée en marge pour modifier la disposition des fenêtres.

- **Copier :** permet de sélectionner certains éléments dans certaines applications pour les faire glisser sur une autre fenêtre. Il peut par exemple s'agir d'une image ou encore d'un élément de texte (par exemple une adresse, une messagerie ou un numéro de téléphone entre l'application Contacts, traitée au Chapitre 5, et un e-mail en cours de rédaction, ce qui est expliqué au Chapitre 6).
- **Plein écran :** bascule l'application active en mode plein écran.

> NOTE : Pour qu'une application occupe toute la surface sans quitter le multifenêtrage, il vous suffit de déplacer le point bleu jusqu'au bord de l'écran.

- **Fermer :** referme l'application active. Lorsqu'il n'en reste plus qu'une, elle revient au mode par défaut, c'est-à-dire au plein écran.
- **Créer une association :** ouvrez deux fenêtres (ou trois, voire quatre, selon le modèle de votre tablette) en y plaçant des applications que vous voudriez jumeler. Ouvrez ensuite la barre d'icônes et touchez tout en bas la double barre. Cela révèle un menu. Touchez l'option Créer, puis donnez un nom à votre regroupement (voir la Figure 2.21). Validez. Automatiquement, votre association vient se loger dans la barre d'icônes, et vous pourrez ensuite facilement ouvrir votre jeu de fenêtres.

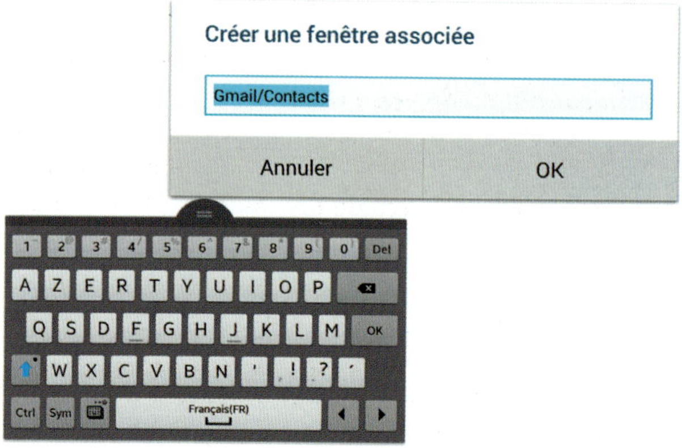

Figure 2.21 : Associer des fenêtres.

- Dans le mode multifenêtrage, lorsqu'une application demande du texte, le clavier s'affiche par défaut dans un format réduit, dit flottant, comme sur la Figure 2.21. Pour rétablir sa taille normale, faites un appui long sur le bouton qui se trouve juste à gauche de la barre d'espace. Touchez le bouton qui représente une espèce de clavier, puis choisissez le format Standard. Les ambidextres s'intéresseront sans doute au clavier coupé, qui le scinde en deux parties sur les côtés de la tablette.

- Vous pouvez enfin personnaliser la barre d'icônes à l'aide du bouton Modifier (touchez le double trait en bas de la barre d'icônes pour le découvrir). Faites alors glisser les icônes disponibles vers le plateau central pour les mettre en réserve, du plateau vers la barre pour les réintégrer, ou verticalement pour en changer l'ordre. Le bouton Réinitialiser rétablit la configuration d'origine et supprime les associations de fenêtres.
- Toutes les applications ne supportent pas le multifenêtrage.
- Pour désactiver ce mode, ouvrez la barre des notifications, faites glisser la barre d'outils sur la droite, et touchez le bouton qui indique Multifenêtres. La barre d'icônes n'apparaîtra plus.

NOTE

Évidemment, la même manipulation réactive le multifenêtrage.

Veille et Arrêt de la tablette

Vous pouvez parfaitement laisser votre tablette Galaxy allumée jour et nuit jusqu'à ce que vous décidiez qu'il est temps de vous offrir une nouvelle génération de tablette, disons une Tab 16 ou une Note 18. Mais il est clair que la charge de votre batterie va s'épuiser bien plus vite. C'est pourquoi il existe un mode Veille qui coupe automatiquement l'affichage de l'écran afin d'économiser l'énergie.

NOTE

Par défaut, le mode Veille se déclenche automatiquement au bout de 10 minutes d'inactivité. Ce délai peut être modifié dans les paramètres de l'appareil (via l'option Affichage de l'onglet Appareil). Une autre possibilité consiste à appuyer brièvement sur le bouton Marche/Arrêt.

> La tablette Galaxy est équipée d'un mode « Veille intelligente » (ou Smart Stay) qui détecte si l'utilisateur regarde ou non l'écran. Tant que vous fixez cet écran, elle ne bascule pas en mode Veille. En revanche, si vous vous endormez (disons, reposez vos yeux) devant la tablette, elle basculera en veille, préservant ainsi l'autonomie de la batterie.

Si vous n'avez pas l'intention de vous servir de votre tablette pendant un ou deux jours, autant l'éteindre totalement. Pour cela, appuyez sur le bouton Marche/Arrêt pendant quelques petites secondes. Un menu d'options va alors s'afficher (voir la Figure 2.22) :

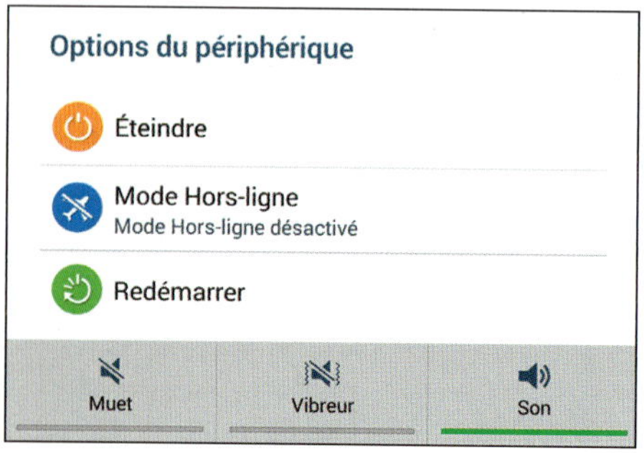

Figure 2.22 : Éteindre la tablette Galaxy.

- **Éteindre :** éteint purement et simplement la tablette.
- **Mode Hors-ligne :** active ou désactive le mode *Avion*, dans lequel aucune connexion de données n'est possible. En revanche, cela ne vous empêche pas de lancer un jeu qui n'a pas besoin d'accéder à des données externes. Cependant, certaines compagnies aériennes fournissent aujourd'hui un accès Wi-Fi, un point à vérifier lorsque vous réservez votre place.
- **Redémarrer :** relance la procédure de démarrage de la tablette.
- **Son :** enfin, trois boutons vous permettent de couper ou de rétablir le son, ou encore d'activer le mode Vibreur.

Chapitre 3

Toucher sans couler

Dans ce chapitre :

- Organiser les applications et les widgets
- Gérer l'écran d'accueil
- Gérer les applications avec le Gestionnaire des tâches
- Désinstaller une application (ou un widget)
- Découvrir le clavier virtuel
- Saisir des symboles et des caractères de ponctuation
- Dessiner les mots
- Correction et prédiction
- Éditer les textes

Dans le précédent chapitre, nous avons découvert les caractéristiques de la tablette Galaxy, comment utiliser l'écran tactile et comment manipuler les raccourcis des applications.

Avant de nous lancer dans les travaux pratiques, je vous propose ici d'aller plus loin dans l'exploration de votre écran et de vous initier aux subtilités du clavier virtuel de votre tablette.

Tactile, mais facile

Vous savez déjà ajouter à votre écran d'accueil des raccourcis d'*applications* et de *widgets*, les déplacer ou les supprimer. Avant d'aller plus loin, précisons un peu ces notions :

- **Application :** c'est l'équivalent d'un programme, ou d'un logiciel, sur un ordinateur. En fait, votre tablette, mis à part le matériel lui-même, contient dans sa mémoire essentiellement deux choses : le système d'exploitation Android, et les applications qui vous permettent de faire des tas et des tas de choses avec Galaxy. Navigateur Web, Galerie, jeux, messagerie, et tout ce que vous pouvez imaginer d'autres *sont* des applications. Certaines sont liées directement au système et ne peuvent pas être supprimées. Les autres, si. Et vous pouvez en ajouter autant que la mémoire de l'appareil le permet. Voyez également à ce sujet le Chapitre 15.

> NOTE
>
> Ce que vous voyez sur l'écran d'accueil ou dans les pages Applis et Widgets, ce ne sont pas les applications elles-mêmes, mais des liens, des raccourcis, qui permettent de les lancer.

> NOTE
>
> Lors de son premier lancement, votre tablette Galaxy contient déjà un certain nombre d'applications, d'ailleurs plus ou moins utiles et importantes. Les principales sont abordées tout au long de ce livre. Nous n'y reviendrons pas ici.

- **Widgets :** un widget, c'est un peu comme un gadget. En fait, c'est aussi une application, généralement chargée d'une tâche spécifique, mais dont le raccourci est bien souvent d'une plus grande taille que les petites icônes des applications. Certains widgets occupent toute une page sur l'écran d'accueil, et d'autres peuvent être redimensionnés (voir ci-dessous).

Vous avez dit widget ?

Votre tablette Galaxy est accompagnée de toute une série d'applications et de widgets. Certains sont estampillés Samsung, d'autres se retrouvent sur pratiquement tous les appareils Android, et d'autres encore sont installés par certaines des applications que vous téléchargez.

Pour accéder à vos widgets :

1. Touchez le bouton Applis, en bas et à droite de l'écran d'accueil.
2. Dans l'écran qui s'affiche, touchez l'onglet Widgets.
3. Faites défiler les pages pour voir la liste de tous les widgets qui vous sont proposés, et dont certains encombrent par défaut votre écran d'accueil.
4. Pour ajouter un widget à l'une des pages de l'écran d'accueil, faites un appui long dessus et procédez comme expliqué dans le Chapitre 1 pour placer son raccourci où vous le souhaitez.

Regardez par exemple le widget Météo et Briefing, celui qui est déjà présent par défaut sur la page d'accueil principale. Remarquez la mention 8 x 3 qui l'accompagne. En d'autres termes, il a besoin de huit cases en largeur, et de trois en hauteur. Résultat : il mobilise la moitié d'une page de l'écran d'accueil à lui tout seul.

Au total, vous disposez (en prenant l'exemple d'une tablette Galaxy Pro 10 pouces) sur un écran vide d'un maximum de huit icônes horizontalement et six verticalement, soit quarante-huit cases. C'est beaucoup, mais c'est aussi vite rempli ! À vous de bien réfléchir à l'organisation et à la disposition de vos widgets et de vos applications sur les quatre pages au maximum dont vous disposez sur votre écran d'accueil !

NOTE : Certains widgets peuvent être redimensionnés lorsque vous les ajoutez à l'écran d'accueil. Faites simplement glisser leurs poignées (les points ronds et jaunes) pour les ajuster sur l'écran (voir la Figure 3.1). Touchez quelque part sur l'écran pour terminer.

NOTE : Le bas de l'écran montre un aperçu des pages existantes avec leur contenu actuel. Vous pouvez facilement déplacer un widget ou un raccourci d'application en faisant un appui long dessus et en le faisant glisser sur un de ces aperçus.

NOTE : Si vous voulez changer plus tard la taille du widget, faites un appui long dessus. Les poignées réapparaissent.

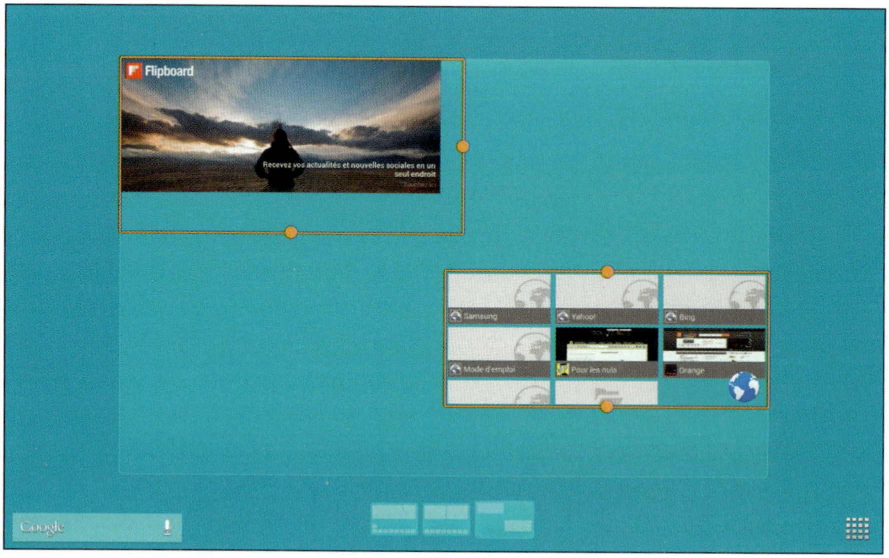

Figure 3.1 : Deux widgets redimensionnables.

Organiser les applications en dossiers

Si vous ouvrez la page Applis et que vous touchez le bouton Menu (les trois barres qui se trouvent en haut et à droite de l'écran), vous pouvez remarquer une commande qui indique Créer dossier. De quoi s'agit-il ?

Imaginez-vous dans quelque temps. Vous allez avoir chargé tellement de nouvelles applications que vous ne saurez plus où les ranger sur votre écran d'accueil. D'accord, nous verrons plus loin qu'il est possible de lui ajouter de nouvelles pages. Mais ce n'est pas forcément le meilleur moyen de s'y retrouver.

Fort heureusement, vous avez la possibilité de regrouper d'une manière (si possible) logique vos icônes en les plaçant dans des *dossiers* de l'écran d'accueil. Un dossier n'occupe en effet que la place d'une icône. Voilà qui multiplie à bon compte les possibilités.

Pour créer et remplir un dossier, suivez ces étapes :

1. Activez la page qui contient déjà une ou plusieurs icônes d'applications que vous souhaitez regrouper dans un même dossier. Nous prendrons comme exemple un dossier de jeux.

2. Faites un appui long sur une des icônes, comme si vous vouliez la supprimer. Mais, cette fois, faites-la glisser sur le bouton Créer dossier (voir la Figure 3.2).

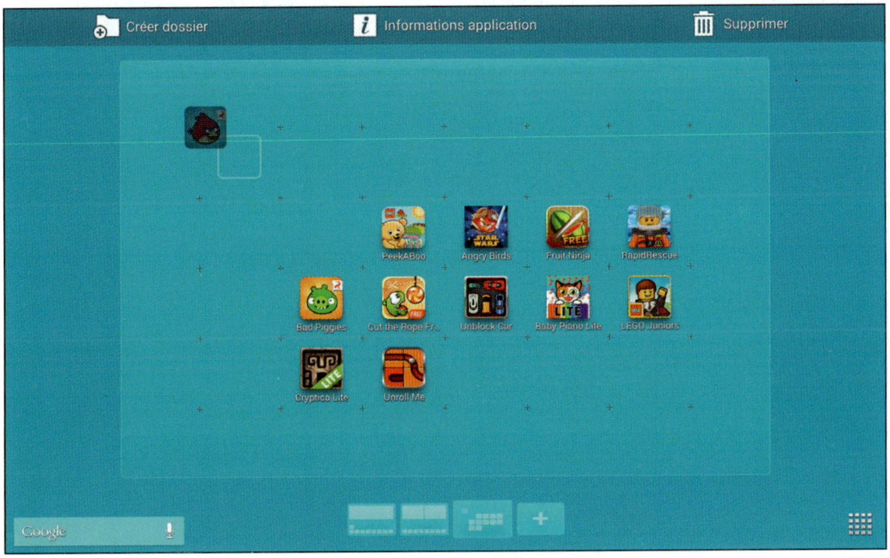

Figure 3.2 : Créer un nouveau dossier dans l'écran d'accueil.

> **NOTE** Une autre possibilité consiste à faire un appui long sur une partie vide de l'écran d'accueil, puis à choisir l'option Dossier dans le menu qui s'affiche.

3. Entrez maintenant un nom pour votre dossier, par exemple Jeux. Touchez ensuite le bouton OK du clavier virtuel.
4. Pour compléter votre dossier, faites un appui long sur une icône à lui ajouter. Faites-la glisser au-dessus de l'icône du dossier Jeux. Elle se range immédiatement à l'intérieur de ce dossier.
5. Répétez autant de fois que voulu l'Étape 4 pour remplir le dossier à votre convenance.
6. Quand vous voulez ouvrir un jeu, il vous suffit de toucher l'icône du dossier. Celui-ci s'ouvre et vous pouvez lancer votre application en la touchant (voir la Figure 3.3).

Figure 3.3 : Ouvrir un dossier d'applications.

7. Pour retirer une icône d'un dossier, ouvrez celui-ci, puis faites un appui long sur l'icône voulue et faites-la glisser sur l'écran d'accueil.

> NOTE — Un dossier vide ne disparaît pas de la circulation. Son icône demeure. Pour vous en débarrasser, procédez exactement comme pour une application : un appui long suivi d'un glissement sur le bouton Supprimer.

Voilà en tout cas de quoi multiplier de manière presque exponentielle les capacités de votre écran d'accueil.

> NOTE — La même technique peut être utilisée dans les pages Applis en passant par la commande Créer dossier du menu. Elle est même plus simple à mettre en œuvre, car la fenêtre qui vous demande d'entrer le nom du dossier contient un bouton permettant de lui ajouter directement des raccourcis d'applications en cochant simplement des cases.

> **NOTE** Pour retirer des raccourcis d'un dossier dans la page Applis, choisissez la commande Modifier dans le menu, ouvrez le dossier concerné, puis faites glisser les icônes vers l'extérieur. Le même principe permet de compléter un dossier existant.

Personnaliser les pages d'informations

L'écran d'accueil vous propose non seulement les pages « classiques » que l'on trouve dans tout appareil Android qui se respecte, mais aussi deux pages dédiées à la compilation ou à la collecte d'informations.

Ces pages sont en fait remplies de widgets que vous pouvez personnaliser et reconfigurer selon vos préférences et vos besoins. Voyons comment procéder :

1. Faites défiler l'écran d'accueil pour afficher l'une des pages dédiées aux informations.
2. Faites un appui long sur une des cases, puis faites-la par exemple glisser sur le bouton Supprimer pour l'éliminer de la page. Sinon, relâchez simplement la pression pour rendre le widget apparent (voir la Figure 3.4).

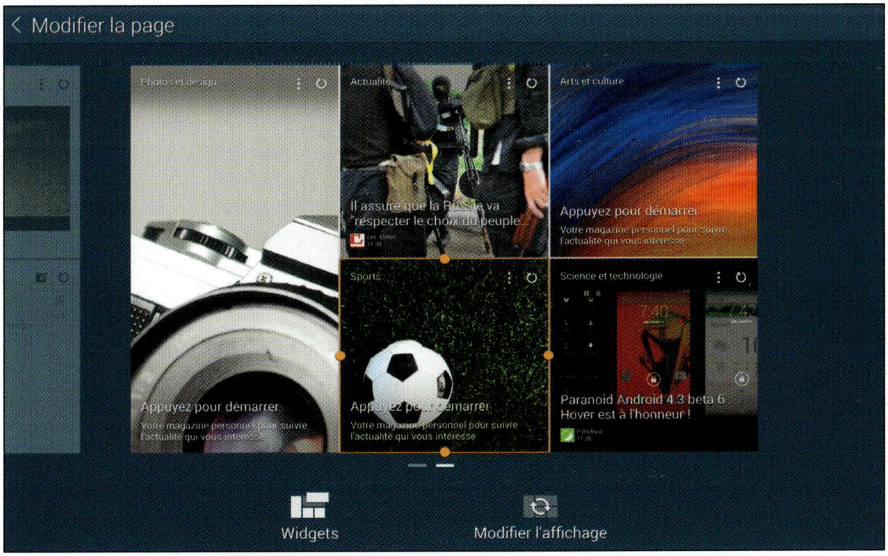

Figure 3.4 : Modifier une page d'informations.

3. Faites glisser un widget vers une nouvelle position pour modifier la composition de la page.
4. Touchez le bouton Modifier l'affichage pour réorganiser automatiquement la disposition des widgets.
5. Touchez le bouton Widgets pour éditer vos pages d'informations (voir la Figure 3.5) :

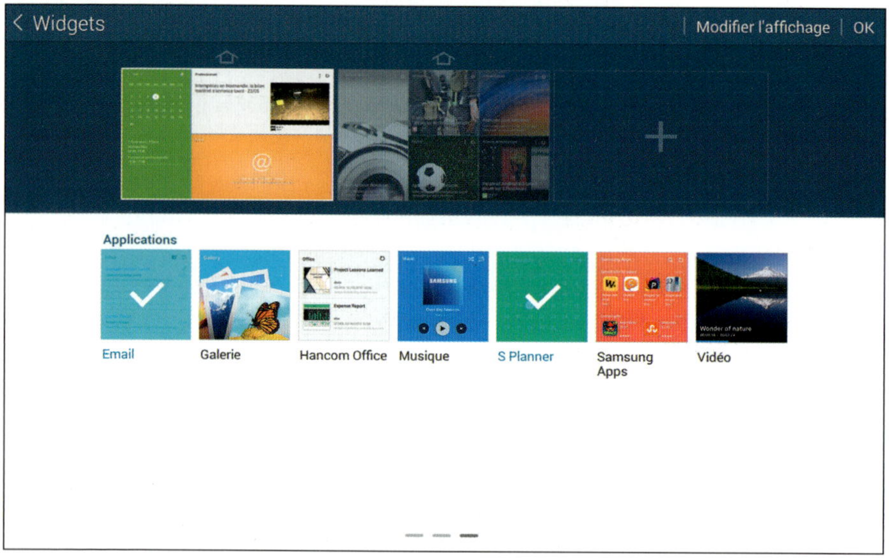

Figure 3.5 : Personnaliser les informations à afficher.

> **NOTE** Pincer l'écran donne le même résultat. Un écartement fait quitter le mode Édition.

- Touchez une page, en haut de l'écran, pour la rendre active.
- Faites un appui long sur une page, puis faites-la glisser sur le côté, pour modifier l'ordre d'affichage.
- Faites un appui long sur une des pages, puis faites-la glisser sur le bouton Supprimer pour l'éliminer.
- Touchez la page vierge marquée d'un bouton « + » pour créer un nouvel écran.

Le nombre de pages d'informations est limité à trois.

- Faites défiler le bandeau du bas pour localiser un des widgets disponibles. Faites un appui long dessus, et faites-le glisser sur la page active pour la compléter. Ajustez ses dimensions à l'aide des poignées jaunes.

Cette opération sera impossible si la page contient déjà six widgets.

6 Touchez le bouton OK, en haut et à droite de l'écran, quand vous avez terminé.

Si vous n'avez rien modifié, appuyez simplement sur le bouton Retour de la tablette pour quitter ce mode.

Personnaliser la page principale de l'écran d'accueil

C'est celle qui apparaît lorsque vous quittez l'écran de verrouillage ou que vous appuyez sur le bouton Accueil. La Figure 3.6 illustre une configuration typique des tablettes Galaxy. Vous trouvez de haut en bas :

- Un grand widget (8 x 3) avec horloge, date et situation météo localisée. Ce service est fourni par la société AccuWeather, mais il en existe nombre d'autres sur Google Play Store (voyez à ce sujet le Chapitre 15). Le widget vous rappelle également le dernier rendez-vous enregistré dans votre agenda (voyez le Chapitre 16) et il vous permet aussi de suivre le cours d'actions boursières. Touchez le bouton Menu (les trois barres pour personnaliser le widget, en particulier pour définir la localisation, les délais d'actualisation ou encore activer les notifications). Touchez le widget lui-même pour en apprendre plus sur le temps prévu (ce qui, comme chacun le sait, n'est pas forcément celui qu'il va faire) ou pour choisir de suivre plusieurs villes.

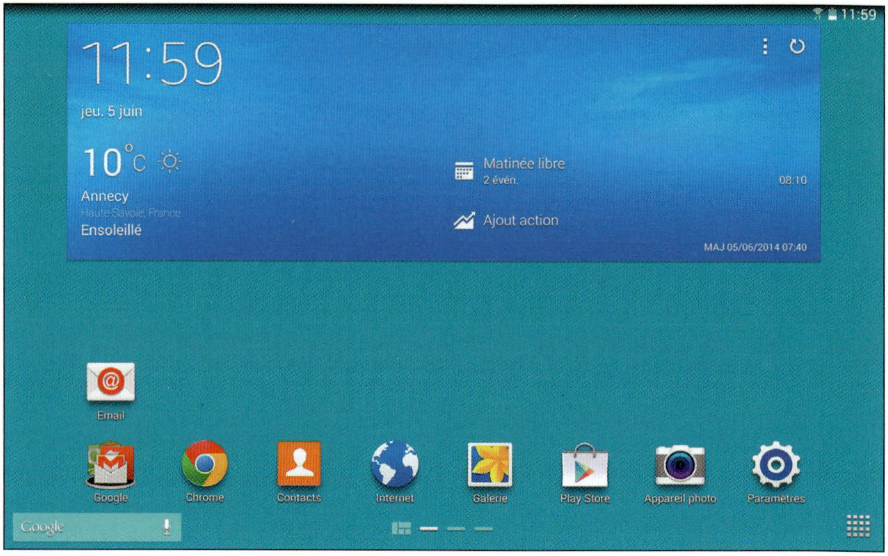

Figure 3.6 : Un écran d'accueil typique.

- Une série d'icônes d'applications (1 x 1) réputées être les plus utilisées. Remarquez en particulier le dossier Google. Il ne prend pas de place, mais il contient tout de même une douzaine d'applications maison.
- Une barre Google totalement inamovible pour lancer directement une recherche écrite ou vocale sur le Web.

> NOTE
>
> Vous voulez lancer une recherche vocale ? Touchez simplement le bouton qui représente un micro.

- Les symboles qui représentent les pages de votre écran d'accueil.
- Enfin, le bouton quadrillé qui donne accès aux pages d'applications et aux widgets.

Vous pouvez bien sûr personnaliser cet écran d'accueil à votre convenance, exactement comme tous les autres.

Modifier la disposition des applications et des widgets

Quand vous touchez le bouton Applications, les icônes (comme les widgets) se présentent sous la forme d'icônes (ou d'aperçus) rangées sagement dans un ordre prédéfini. Les applications ou widgets que vous installez par la suite sont classés d'une manière plus ou moins pratique. Mais vous disposez d'autres options si vous touchez le bouton Menu, autrement dit les trois barres affichées en haut et à droite de l'écran (voir la Figure 3.7) :

Figure 3.7 : Gérer les pages d'applications et de widgets.

- **Modifier :** sert notamment à changer l'ordre des icônes dans la liste des applications. Le procédé est alors exactement le même que pour réorganiser l'écran d'accueil, à ceci près que vous devez confirmer en touchant le bouton Sauveg., en haut et à droite de l'écran, pour terminer l'opération. Mais vous pouvez aussi vous servir des boutons qui apparaissent en haut de l'écran lorsque vous faites un appui long sur une icône pour l'envoyer sur une nouvelle page d'applications, vers un nouveau dossier, pour afficher des informations détaillées sur son état ou encore pour la désinstaller (uniquement pour les applications que vous avez téléchargées).
- **Créer dossier :** comme nous l'avons vu dans le Chapitre 2, vous pouvez créer et remplir des dossiers dans la liste de vos applications, exactement comme sur l'écran d'accueil.
- **Trier par :** vous disposez de deux modes d'affichage : le mode personnalisable, visible par défaut, ou bien une stricte présentation alphabétique.

- **Désinstaller/désactiver des applications :** il ne s'agit plus d'enlever une application ou un widget de l'écran d'accueil, mais bien de supprimer le programme de la tablette. Attention ! Nous allons y revenir un peu plus loin.

> Une application désinstallée de votre tablette n'est pas perdue corps et biens. Vous pourrez toujours, si vous le souhaitez, la réinstaller plus tard via Play Sore (voir à ce sujet le Chapitre 15).

> Si la commande indique bien désactiver, elle ne propose en fait que la désinstallation des applications que vous sélectionnez.

- **Applications téléchargées :** limite l'affichage à ce que vous avez vous-même installé, en masquant tout ce qui est installé par défaut. Pour revenir à l'affichage standard, tapez sur la flèche qui se trouve en haut et à gauche de l'écran.

Réorganiser les pages de l'écran d'accueil

L'écran d'accueil contient plusieurs pages pour y placer raccourcis et widgets. L'une est définie comme écran d'accueil par défaut lorsque vous quittez l'écran de verrouillage ou que vous appuyez sur le bouton Accueil de la tablette.

Il est cependant possible de réorganiser toutes ces pages :

1. Effectuez un geste de pincement sur l'écran en écartant largement les doigts.

   Une vue en réduction de vos pages apparaît (voir la Figure 3.8).

2. Localisez la page à modifier, puis faites un appui long sur celle-ci pour la glisser où vous voulez définir la nouvelle organisation.

> Vous pouvez aussi vider entièrement le contenu d'une page en la faisant glisser sur l'icône Supprimer. Il vous suffit ensuite de toucher le bouton « + » pour insérer une page vierge.

> Rassurez-vous : vous ne faites que supprimer des raccourcis, pas les applications elles-mêmes.

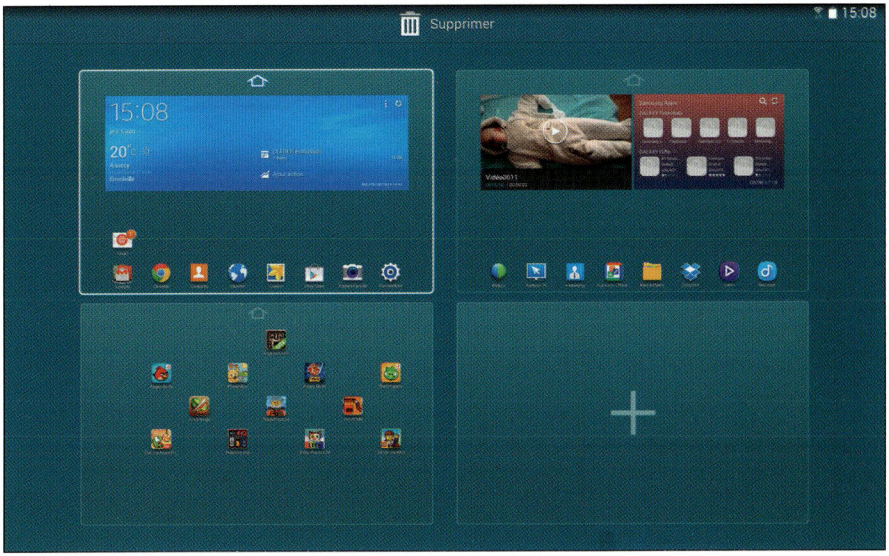

Figure 3.8 : Réorganiser les pages de l'écran d'accueil.

> Pour ajouter une nouvelle page, vous pouvez aussi faire un appui long sur un emplacement vide de l'écran d'accueil, puis choisir l'option Page dans le menu qui apparaît.

> Vous êtes limité à quatre pages en tout sur votre écran d'accueil. Mais, grâce aux dossiers, il n'y a (presque) pas de limites au nombre d'icônes que vous pouvez placer.

3. Pour changer la page d'accueil par défaut, touchez la flèche qui se trouve en haut d'une des vignettes. Cette flèche apparaît alors en surbrillance.

4. Pour terminer, touchez la page à activer, ou appuyez sur le bouton Retour de la tablette.

Gérer les applications avec le Gestionnaire de tâches

Vous allez, comme il se doit, ouvrir une application, puis une autre, prendre des photos, jouer, envoyer des messages, écouter de la musique, et ainsi de suite. Au bout d'un certain temps, vous ne savez plus où vous en êtes.

Toutes vos applications ouvertes s'accumulent en mémoire, certaines restant actives tandis que d'autres sont gelées dans un cache. Mais si vous touchez l'icône d'une application déjà lancée, vous allez la retrouver telle que vous l'aviez laissée (à moins d'avoir éteint la tablette entre-temps).

Oui, mais elle est où cette icône, finalement ? Inutile de vous creuser la tête : faites confiance au *Gestionnaire de tâches*.

Suivez ces étapes :

1. Touchez le bouton Dernière touche utilisée de la tablette (celui qui se trouve à gauche du bouton Accueil).

   Le Gestionnaire de tâches apparaît (voir la Figure 3.9).

2. Effleurez l'écran vers la gauche ou vers la droite pour faire défiler la liste des applications en mémoire.

3. Touchez l'aperçu de celle que vous voulez réactiver.

   Ou bien :

4. Faites glisser vers le haut ou vers le bas l'aperçu d'une application que vous voulez refermer.

Figure 3.9 : Le Gestionnaire de tâches.

Ou encore :

5. Touchez le bouton en bas et à gauche de l'écran (une sorte de camembert). Dans la fenêtre qui apparaît, touchez le bouton Fin pour arrêter une application en cours et qui n'a aucune activité particulière à cet instant (voir la Figure 3.10).

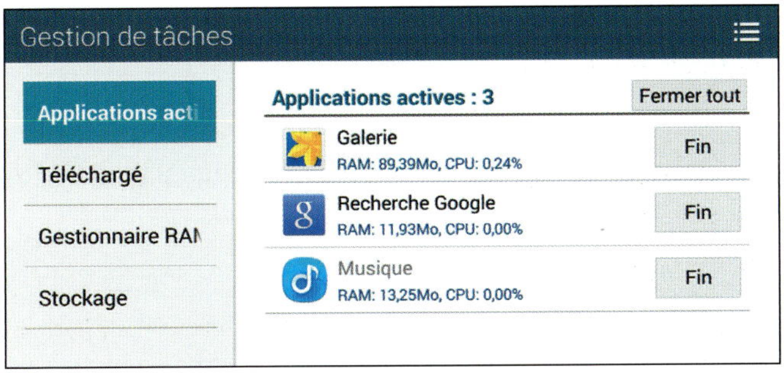

Figure 3.10 : Le Gestionnaire de tâches

6. Pour arrêter toutes les applications actives, touchez le bouton Tout fermer.

> NOTE — Si vous touchez le nom d'une application dans cette fenêtre, vous la réactivez tout simplement.

Comme l'illustre la Figure 3.10, le Gestionnaire de tâches vous offre d'autres choix :

- **Téléchargé :** liste toutes les applications que vous avez téléchargées et celles que le système a installées pour vous. Vous pouvez désinstaller une application (voir la section suivante) en touchant le bouton qui se trouve à droite de sa ligne, ou encore en apprendre plus sur elle en touchant son nom.

> NOTE — Dans la page d'une application, notez en particulier les boutons Vider le cache (pour gagner un peu de place en mémoire), Forcer l'arrêt (si l'application semble un peu trop intrusive) et Déplacer sur la carte SD (voir la Figure 3.11). Toutes les applications ne permettent pas de stocker une partie du programme ou des données sur la carte MicroSD que vous n'avez pas manqué d'installer dans votre tablette Galaxy. Quand c'est possible, cela peut vous aider à libérer de l'espace, la procédure inverse restant possible. Mais n'attendez tout de même pas de miracles de cette fonctionnalité…

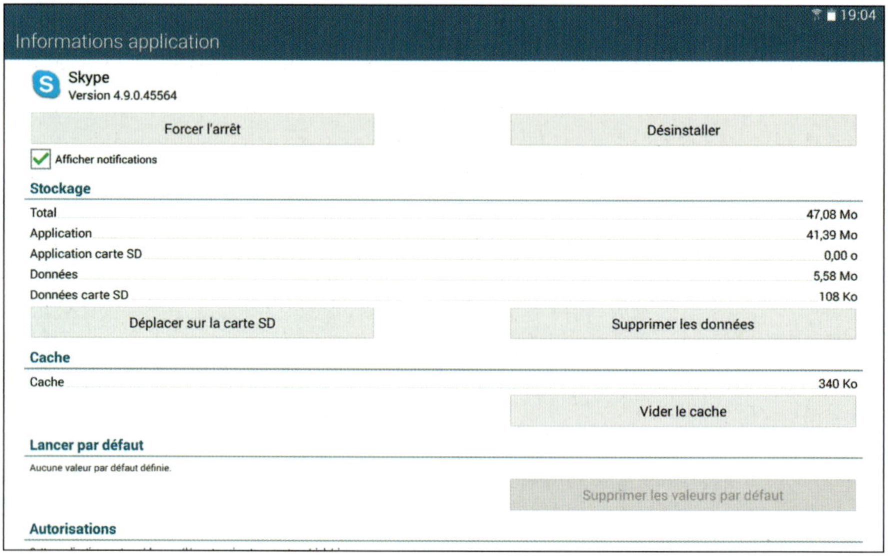

Figure 3.11 : La page d'informations sur une application.

- **Gestionnaire RAM :** vous indique la quantité de mémoire vive consommée (sachant que le système lui-même est assez gourmand). Comme de nombreuses données sont stockées en mémoire sans être nécessairement toutes utiles à un moment donné, n'hésitez pas à toucher le bouton Vider la mémoire si vous sentez que votre tablette s'essouffle un peu.
- **Stockage :** c'est simplement un rappel plus ou moins graphique de la mémoire consommée en Internet ou sur votre carte MicroSD.

Désinstaller une application (ou un widget)

Désinstaller une application ou un widget, ce n'est pas simplement effacer son raccourci, mais la retirer totalement de la mémoire de votre tablette Galaxy. C'est donc une vraie décision à prendre.

Supposons-la prise. La méthode à suivre est alors plutôt simple :

1. Depuis l'écran d'accueil, touchez l'icône Applications.

> NOTE : Pour désinstaller un widget, la procédure est globalement la même.

2. Appuyez sur le bouton Menu (les trois barres qui apparaissent en haut et à droite de l'écran). Dans le menu qui s'affiche, touchez l'option Désinstaller.

   Faites défiler vos pages. Remarquez que les applications préinstallées sur la tablette Galaxy restent impassibles. Seules celles que vous avez téléchargées (ou qui ont été téléchargées pour vous) sont marquées d'un tiret rouge (voir la Figure 3.12).

Figure 3.12 : Désinstaller des applications.

3. Touchez l'icône d'une application (ou d'un widget) que vous voulez désinstaller, puis confirmez en touchant le bouton OK (ou Annuler si vous avez fait une erreur).

4. Recommencez l'Étape 3 pour sélectionner toutes les applications à désinstaller.

5. Appuyez sur le bouton Accueil de la tablette pour terminer (ou touchez d'abord le bouton Désinstaller/désactiver des applications, en haut et à gauche de l'écran).

> Si une application que vous désinstallez possède un ou plusieurs widgets, ceux-ci peuvent rester visibles, au moins tant que la tablette reste allumée. En revanche, la désinstallation d'un widget entraîne immédiatement celle de l'application associée.

Il existe d'autres points d'accès à la désinstallation des applications. Voyez par exemple la section précédente.

Des écrans plus personnels

Par défaut, le fond de votre écran d'accueil est bleu, et celui de votre écran de verrouillage plein de couleurs vives. Mais vous avez peut-être envie de remplacer tout cela par une photographie personnelle, ou tout autre motif à votre convenance. Rien de plus facile :

1. Faites un appui long sur une partie vide de votre écran d'accueil.

   Un menu s'affiche (voir la Figure 3.13).

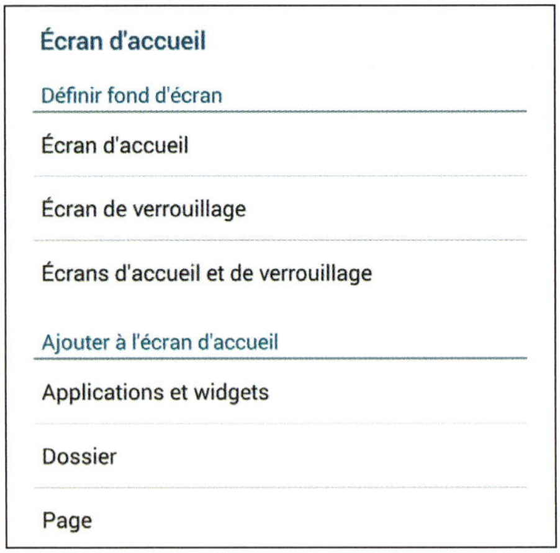

Figure 3.13 : Personnaliser l'écran d'accueil ou de verrouillage.

2. Touchez l'une des options Écran d'accueil ou Écran de verrouillage (la troisième option, c'est uniquement si vous voulez afficher partout la même image).

   Choisissez par exemple Fonds d'écran (les fonds d'écran animés sont limités en nombre et gourmands en énergie).

3. Choisissez l'un des modèles prédéfinis en touchant la case correspondante, puis le bouton Déf. Fond d'écran.

Après cet essai, il est vraisemblable que vous sélectionnerez plutôt l'application Galerie pour choisir une de vos photographies de famille ou de vacances…

Mais ce n'est pas fini. Votre tablette Galaxy vous propose en effet d'autres options pour personnaliser ce qui s'affiche sur votre écran de verrouillage. Voyons cela de plus près :

1. Touchez le bouton de l'application Paramètres, puis l'onglet Appareil, et enfin l'option Écran de verrouillage.

   La page des options disponibles apparaît. Nous retrouverons certaines d'entre elles plus tard.

2. Touchez la ligne qui indique Raccourcis.

3. Dans la page qui s'affiche, vous pouvez choisir les raccourcis que vous voulez afficher sur l'écran de verrouillage (voir la Figure 3.14) :

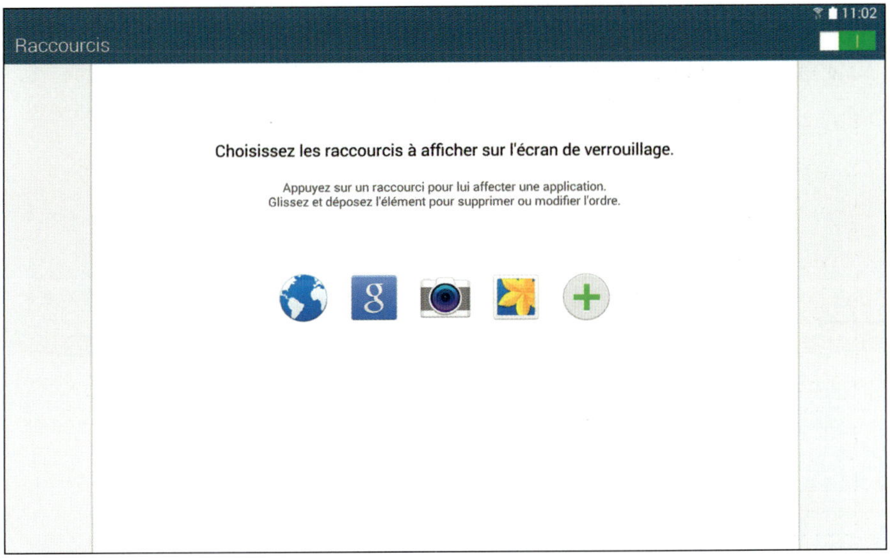

Figure 3.14 : Configurer l'écran de verrouillage.

- Commencez si nécessaire par activer les raccourcis en touchant le bouton qui se trouve en haut et à droite de l'écran.
- Pour retirer une icône de raccourci, faites un appui long dessus, puis faites-la glisser sur la corbeille.
- Pour ajouter un raccourci, touchez le bouton « + », puis la ligne de l'application qui vous intéresse.
- Pour modifier l'ordre des raccourcis, faites un appui long sur l'icône que vous voulez déplacer, et relâchez lorsqu'elle se trouve au bon endroit.

4. Appuyez sur le bouton Accueil de la tablette pour quitter les paramètres.

À partir de maintenant, votre écran d'accueil va vous proposer des actions supplémentaires (voir la Figure 3.15). Il vous suffira de faire glisser une icône de raccourci pour déverrouiller la tablette tout en lançant l'application correspondante.

Figure 3.15 : Un écran de verrouillage personnalisé

Un clavier, mais virtuel

Votre principale interface avec votre tablette est, qu'on le veuille ou non, vous-même, ou plus exactement vos doigts. En particulier, vous devez apprendre à vous sentir aussi à l'aise que possible avec le clavier (ou plutôt les claviers) de votre tablette Galaxy.

> NOTE
> Si vous avez vraiment besoin de taper beaucoup de texte et que vous avez assez d'espace devant vous, vous devriez envisager d'offrir à votre tablette un vrai clavier connecté en Bluetooth, voire en USB. Voyez en particulier à ce sujet les Chapitres 17 et 18.

Découvrir le clavier

Dès que vous avez besoin d'entrer du texte sur votre tablette Galaxy, un clavier virtuel surgit en bas de l'écran. Vous voulez rédiger un message, trouver un contact, faire une recherche ou encore saisir une adresse Web ? Touchez un champ dans un formulaire ou une zone de saisie quelconque, et aussitôt le clavier apparaît !

En fait, ce clavier peut plus ou moins changer selon le modèle de votre tablette et le type de texte que vous voulez entrer. Mais, évidemment, vous allez toujours y retrouver vos lettres ou vos chiffres à peu près à la même place !

Les Figures 3.16 et 3.17 vous montrent deux dispositions de clavier, un très classique et l'autre tel que vous le voyez peut-être apparaître sur votre écran.

Figure 3.16 : Un clavier virtuel, version classique.

Figure 3.17 : Un clavier virtuel, version étendue.

Au-delà des différences et des ressemblances, il est important de comprendre les constantes. Dans un cas, vous avez un clavier simplifié mais complet ; dans l'autre, un clavier qui ressemble à celui d'un ordinateur, mais qui est pour l'essentiel tout aussi complet.

Bien entendu, d'autres applications ont leur clavier bien à elles. Par exemple, la calculatrice a un clavier numérique. Normal.

Inutile de vous expliquer que, pour saisir un caractère, il faut toucher le signe qui le représente...

Vous pouvez remarquer sur les Figures 3.16 et 3.17 que la plupart des touches dont vous avez *vraiment* besoin sont les mêmes dans chaque situation. Après tout, une lettre est une lettre et un chiffre est un chiffre !

Mais notez en particulier que, dans un cas, une des touches est illustrée d'une loupe, qui signifie Rechercher, et dans l'autre indique Aller à, ce qui veut dire à peu près la même chose. Cette touche peut tout aussi bien selon les situations indiquer quelque chose comme OK, ou encore Suivant si vous devez remplir plusieurs champs successifs.

Mais il y a aussi quelques variations subtiles :

- Dans un e-mail, lorsque vous voulez saisir l'adresse du destinataire, vous trouvez de chaque côté de la barre d'espace, en bas de l'écran, deux touches arobase (`@`) et `.com`. C'est pour vous aider à saisir plus vite cette adresse. Dès que vous activez le champ Objet ou le corps du message, le clavier repasse en mode « texte » classique.
- Pour une adresse Web, ces mêmes touches deviennent `/` et `www.`, évidemment pour les mêmes raisons.

Voyons maintenant l'art et la manière de se servir du clavier virtuel :

- **Barre d'espace :** c'est la plus grande touche, en bas et au milieu du clavier.
- **Majuscules et minuscules :** dès que vous êtes en début de phrase, le clavier passe par défaut en mode Majuscules, puis revient en mode minuscules. Pour bloquer le mode Majuscules, faites un appui long sur la touche fléchée, à gauche du clavier. Appuyez à nouveau dessus pour revenir en minuscules.

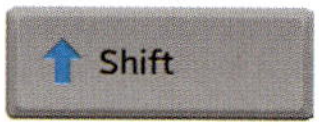

Sur certaines variations du clavier virtuel, il existe une touche de blocage en mode Majuscules (Caps lock), exactement comme sur un clavier d'ordinateur.

- **Caractères accentués :** pour obtenir un caractère accentué, faites un appui long sur la touche correspondante (par exemple le *e*). Une série de propositions apparaît (voir la Figure 3.18). Faites glisser votre doigt sur le caractère accentué voulu, puis relâchez.

Figure 3.18 : Saisir un caractère accentué.

- **Correction :** cette touche efface les caractères précédents à partir de la position courante dans un texte.

> Si votre clavier virtuel affiche une touche marquée Del, retenez qu'elle sert aussi à effacer, mais cette fois le caractère placé à droite de la position courante dans le texte.

- **Entrée :** la touche dite Entrée se trouve en bas et à droite du clavier. Selon les circonstances, elle peut prendre plusieurs aspects : flèche coudée pour passer à la ligne, Suiv. pour passer au champ suivant dans une suite de saisies, ou loupe pour faire une recherche. Vous pouvez aussi rencontrer les indications OK (pour confirmer quelque chose), Aller à (pour accepter une saisie ou effectuer une autre action), ou encore Terminer (à la suite du dernier champ d'un formulaire).

- **Touches marquées de trois points :** sur certains modes de clavier virtuel, ces touches jouent un rôle spécial, comme l'illustre la Figure 3.19. Un appui long peut révéler des symboles courants, comme sur la partie droite de la figure, ou bien encore des options de saisie, comme sur la partie gauche de la figure. Vous y voyez notamment ici : passage en saisie vocale, activation de la saisie manuscrite au doigt, ouverture du presse-papiers, ouverture des paramètres de saisie (voir plus loin), et enfin clavier standard ou réduit et déplaçable. La Figure 3.20 montre une autre variation sur le même thème.

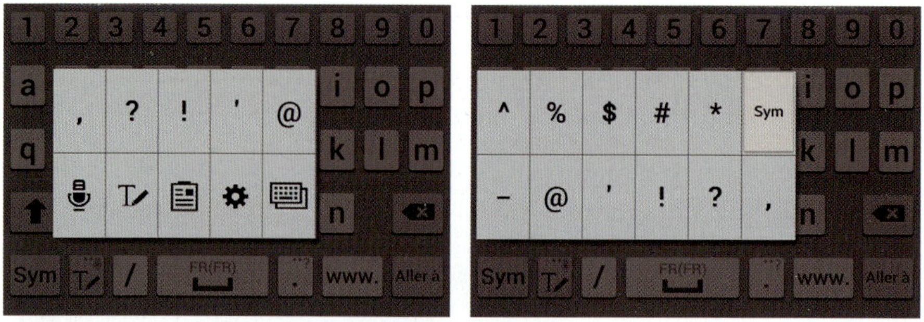

Figure 3.19 : Les touches spéciales du clavier (version 1).

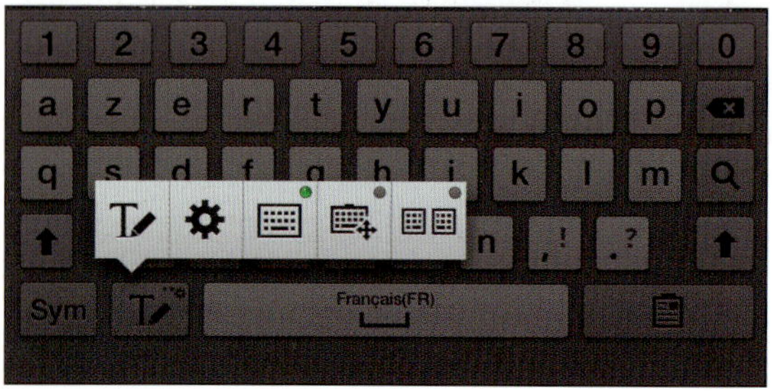

Figure 3.20 : Les touches spéciales du clavier (version 2).

- **Afficher/masquer le clavier :** si la présence du clavier vous gêne, touchez une fois (et une seule) le bouton Retour de la tablette. Pour le rappeler, touchez simplement une zone ou un champ qui réclame une saisie. Selon le type du clavier virtuel, vous pouvez également disposer d'une touche spéciale pour masquer le clavier (voir l'illustration en marge).

Accéder aux symboles et aux caractères de ponctuation

Comme un texte n'est pas formé uniquement de lettres et de chiffres, il vous faut d'autres touches pour couvrir tous les besoins. Pour accéder aux caractères de ponctuation et autres symboles, vous pouvez :

- Faire un appui long sur une touche comportant deux signes. Par exemple, un appui long sur le point produit un point d'interrogation. La virgule est associée de la même manière au point d'exclamation.

- Toucher, en bas et à gauche du clavier, le bouton marqué Sym. Comme l'illustre la Figure 3.21, vous avez à votre disposition non pas un, mais deux claviers de signes et de symboles. Vous pouvez passer de l'un à l'autre en touchant, sur la gauche de l'écran, le bouton qui indique 1/2 ou 2/2.

Figure 3.21 : Vous disposez de deux claviers pour les caractères spéciaux et les signes de ponctuation.

Pour revenir à un clavier de base, touchez le bouton marqué ABC (il remplace Sym).

> **NOTE** La touche Ctrl joue exactement le même rôle que sur un ordinateur. Appuyez simultanément sur Ctrl et sur *a*, et tout le texte accessible est immédiatement sélectionné. Avec *c*, c'est copier, avec *v*, c'est coller et avec *x*, c'est couper.

Configurer le clavier

Pour afficher les options de configuration du clavier, faites un appui long sur la touche placée entre Sym et la barre d'espace. Dans la petite fenêtre qui s'affiche, touchez le bouton Paramètres (l'espèce de roue dentée).

Vous accédez aux options du clavier Samsung (voir la Figure 3.22). Intéressons-nous aux principales :

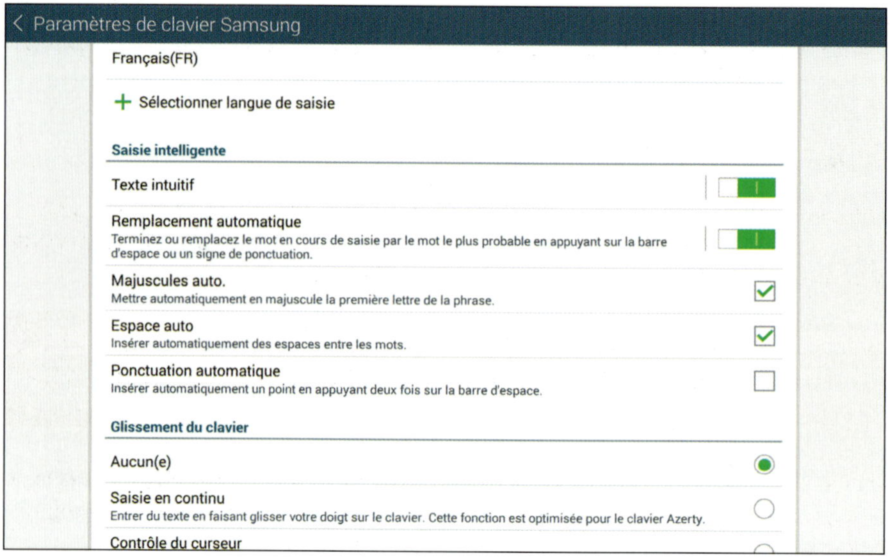

Figure 3.22 : Paramètres de clavier.

- **Sélectionner langue de saisie :** vous pouvez sélectionner une autre langue que le français pour changer la disposition du clavier et/ou les caractères disponibles. Par exemple, un clavier anglais ou américain apparaîtra au format QWERTY. Les langues les plus courantes sont déjà installées, mais vous pouvez en télécharger bien d'autres.

- **Texte intuitif :** c'est pour vous proposer des mots avant que vous n'ayez fini de les saisir. Nous allons y revenir un peu plus loin.

- **Remplacement automatique :** permet d'insérer dans le texte le mot proposé par la tablette Galaxy en touchant la barre d'espace. Dans le même esprit, l'option Ponctuation automatique demande à insérer un point en touchant deux fois de suite la barre d'espace.

- **Glissement du clavier :** sert à « dessiner » les mots avec le doigt. Voyez à ce sujet la section suivante si l'option de saisie en continu vous paraît intéressante. L'option Contrôle du curseur aide à déplacer le curseur via un glissement le long du clavier.

- **Autres paramètres :** vous pouvez activer ou désactiver le bruit émis par les touches du clavier, ainsi que la petite vibration qui accompagne la frappe du texte. Les majuscules en début de phrase et l'espacement automatique des mots sont également à retenir, de même sans doute que l'aperçu agrandi des caractères, notamment lorsque vous devez entrer un mot de passe.

Vous pouvez vous amuser autant que vous le souhaitez avec tous ces réglages. Et si le résultat ne vous convient pas, il vous suffit de choisir en fin de liste l'option Réinitialiser paramètres.

Saisie manuscrite

Votre tablette Galaxy offre une tout autre méthode pour saisir vos textes. Il est en effet possible de remplacer le clavier par une zone de dessin sur laquelle vous pouvez tracer vos lettres avec le doigt au lieu de les taper.

> NOTE
>
> Évidemment, c'est beaucoup plus facile de le faire si vous possédez un stylet, autrement dit une tablette de la gamme Note. Voyez à ce sujet le Chapitre 4.

Pour l'activer, faites un appui long sur le bouton placé entre la touche Sym et la barre d'espace et choisissez le grand T accompagné d'un crayon. Vous pouvez alors tracer votre texte avec un doigt (voir la Figure 3.23).

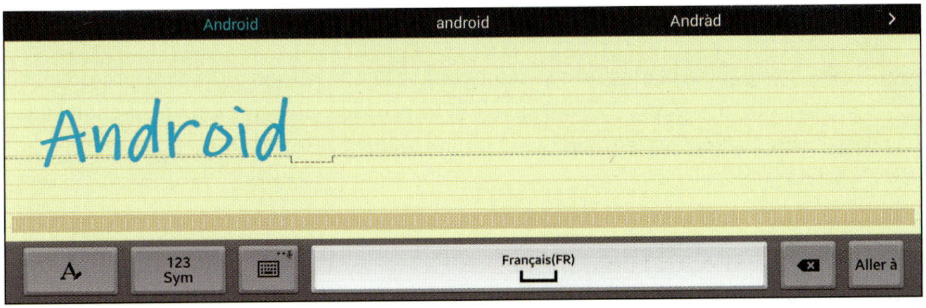

Figure 3.23 : Écrire avec un doigt, c'est (presque) possible.

Sachez que la reconnaissance manuscrite est réellement efficace, mais qu'il faut, si vous n'avez pas de stylet, la réserver à des saisies très courtes, à effectuer dans l'urgence. Pour revenir à un style plus classique, touchez le bouton qui représente un clavier, sur la gauche de la barre d'espace.

Dessiner les mots

Il ne s'agit pas ici de tracer les mots avec un doigt, mais plus simplement de toucher les lettres d'un mot en faisant glisser le doigt sur le clavier virtuel. Pour cela, vous devez d'abord activer dans les paramètres du clavier l'option Saisie en continu dans la rubrique Glissement du clavier (voir ci-dessus).

Lorsque c'est fait, vous pouvez saisir un mot par un geste de glisser passant au-dessus des caractères qui composent ce mot. Une trace bleue suit votre mouvement, et il faut bien avouer que le résultat est plutôt efficace (voir la Figure 3.24).

Figure 3.24 : Dessiner un mot avec le doigt.

> On aime ou n'aime pas... Personnellement, je ne trouve pas que cet outil améliore ma productivité. Mais, après tout, c'est une affaire de point de vue. Je sais que certaines personnes trouvent cela génial. À vous de juger...

Correction et prédiction

Ne soyez pas gêné si vous avez du mal à taper correctement un texte ou à trouver l'orthographe exacte d'un mot. Vous avez deux aides à votre service : la correction automatique et la prédiction des mots. Les deux vont de pair.

> Pour être aidé dans votre saisie, vous devez activer l'option Texte intuitif dans les paramètres du clavier.

Par défaut, des termes vous sont proposés au fur et à mesure que vous saisissez des caractères. Pour accepter une proposition, il vous suffit de toucher le mot qui est affiché en bleu au-dessus du clavier, ou un autre mot proposé, lui, en blanc (voir la Figure 3.25).

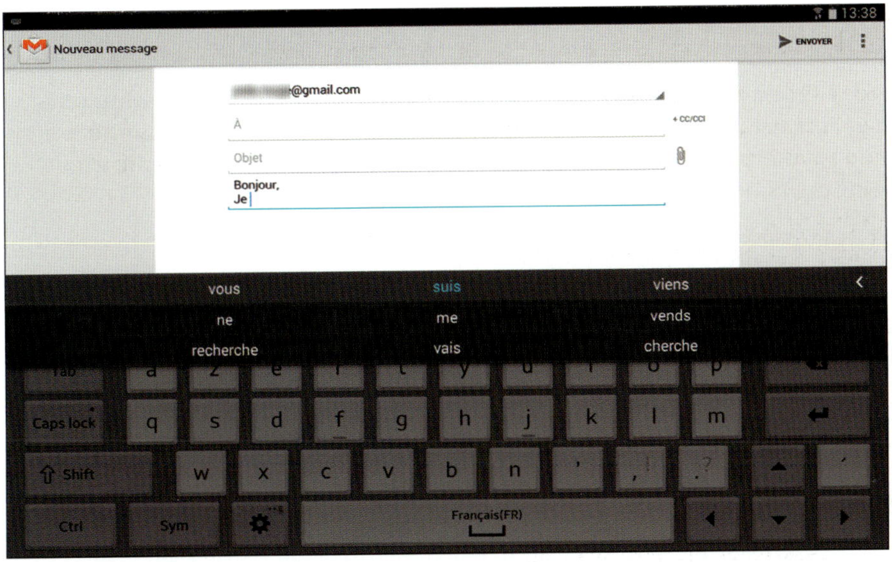

Figure 3.25 : Accepter une prédiction de mot.

- Rien de plus simple. Voyons donc quelques remarques à ce sujet :
- Si une prédiction ne vous convient pas, continuez tout simplement votre saisie. Votre tablette Galaxy va s'adapter pour faire de nouvelles suggestions.
- Touchez un des mots suggérés, et il vient immédiatement prendre sa place dans le texte.
- Le mot qui paraît le plus probable pour votre tablette est affiché en bleu. Touchez la barre d'espace pour l'insérer dans le texte.
- Si une prédiction est accompagnée sur sa droite d'une flèche, touchez-la pour obtenir d'autres choix (comme sur la Figure 3.25). Touchez alors la proposition qui correspond à ce que vous voulez saisir, ou touchez à nouveau la flèche pour réduire cette liste.

Finalement, c'est un peu comme avec un GPS : vous avez le droit de refuser d'être aidé et continuer à suivre votre propre route. Pardon… à entrer votre texte.

> NOTE — Les prédictions s'appuient sur un dictionnaire intégré. Si une proposition vous ennuie régulièrement, faites un appui long dessus et acceptez de la supprimer des mots appris.

Éditer vos textes

D'accord, même avec l'aide de la prédiction des mots, vous n'allez pas toujours arriver à rédiger correctement vos textes. À moins que vous n'ayez tout bêtement besoin de les copier et de les coller. C'est comme sur un ordinateur, mais en un peu moins commode. Autant donc savoir comment vous y prendre.

Déplacer le curseur

Le *curseur*, c'est la ligne verticale clignotante qui indique la position courante dans le texte. Sur un ordinateur, vous le déplacez en cliquant. Ici, vous le déplacez en touchant avec le doigt un emplacement dans un texte, ou, si possible, en vous servant du pavé directionnel, en bas et à droite du clavier.

NOTE : Quand vous touchez un texte déjà saisi, le curseur clignotant se déplace et un gros marqueur bleu apparaît à cet endroit. Vous avez alors le choix entre deux possibilités : insérer des caractères à la position du curseur, ou effacer les caractères précédents en touchant la touche de retour arrière.

NOTE : Si le clavier contient une touche Del, souvenez-vous qu'elle efface le caractère courant, autrement dit celui qui se trouve juste à droite du curseur.

NOTE : Pour déplacer le curseur bleu qui marque la position courante dans le texte, vous pouvez toucher un emplacement dans celui-ci ou effectuer un glissement vers la droite ou vers la gauche sur le clavier. Vous voyez alors la barre verticale du curseur suivre le mouvement de votre doigt.

NOTE : Le déplacement du curseur par ce procédé nécessite que l'option Contrôle du curseur soit activée dans les paramètres du clavier (dans la rubrique Glissement du clavier).

Sélectionner, copier, couper et coller du texte

Pour sélectionner un mot, faites un appui long sur celui-ci. Un gros marqueur bleu apparaît de chaque côté de ce mot (voir la Figure 3.26).

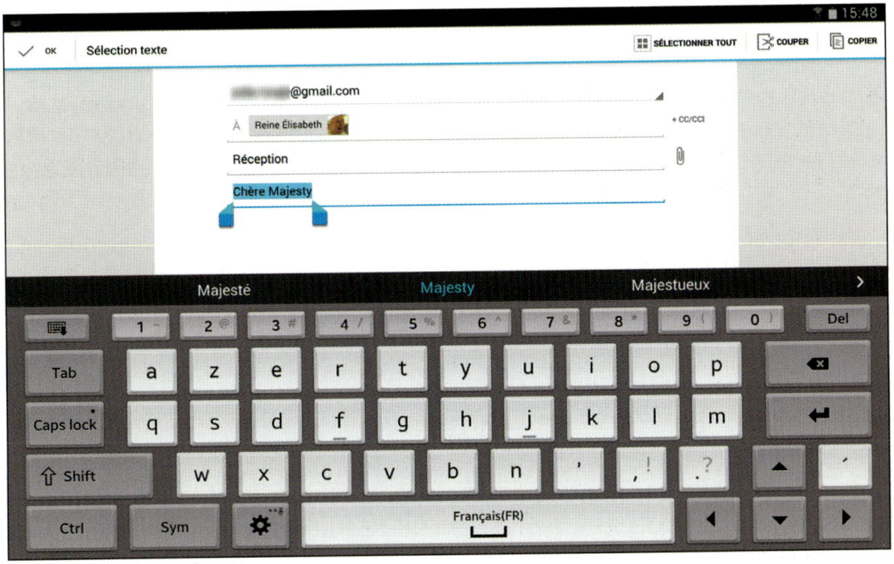

Figure 3.26 : Sélectionner un mot.

> **NOTE** Vous pouvez aussi toucher deux fois de suite sur le mot.

Faites ensuite glisser l'un, l'autre ou les deux marqueurs pour affiner la sélection en remontant vers le début ou en allant vers la fin du texte.

> **NOTE** Comme l'illustre la Figure 3.26, plusieurs options particulières apparaissent lorsqu'une sélection est active : Sélectionner tout le texte, Couper, Copier et Coller.

> **NOTE** Le bouton Coller n'est bien sûr visible que si quelque chose a déjà été copié.

NOTE

La manière dont ces boutons apparaissent dans vos applications peut varier, mais leur rôle reste le même. En particulier, il est parfois nécessaire d'effleurer un bandeau vers la droite ou vers la gauche pour révéler toutes les commandes disponibles. C'est par exemple le cas dans l'application Email.

NOTE

Dans certains cas, une septième option peut être proposée : Partager. Nous aurons l'occasion de revenir à plusieurs reprises sur cette notion de partage.

- Comme nous l'avons vu plus haut, si le clavier virtuel comporte une touche Ctrl, celle-ci permet d'effectuer bien plus facilement la sélection (Ctrl + a), la copie (Ctrl + c), la découpe (Ctrl + x) et le collage (Ctrl + v).
- Lorsqu'une sélection est active, touchez l'un des marqueurs de début ou de fin de bloc, et faites-le glisser sur l'écran tactile de manière à sélectionner une plus ou moins grande quantité de texte. Vous pouvez ensuite couper ou copier le morceau de texte pour l'utiliser par ailleurs.
- Pour annuler une sélection, touchez l'écran en dehors du bloc mis en surbrillance.
- Quelle que soit l'application, il suffit qu'elle vous demande de saisir du texte pour qu'il soit possible d'effectuer une sélection. Servez-vous ensuite des boutons qui vous sont proposés pour copier ou couper votre sélection, ou effectuer une des autres actions disponibles.
- Certaines applications vous permettent, via un bouton, une commande de menu ou encore un appui long, de copier d'autres types d'objets : image ou partie d'image, lien, etc.

NOTE

Par exemple, un appui long sur une image dans un site Web devrait ouvrir un menu comportant une option Copier l'image.

- Pour insérer un texte placé dans le presse-papiers, ouvrez l'application de destination et faites à nouveau un appui long à l'emplacement voulu, si nécessaire en déplaçant au préalable plus finement le curseur. Touchez ensuite le bouton Coller.

Un texte collé remplace celui qui était actuellement sélectionné. En cas d'erreur, touchez l'écran pour annuler la sélection, replacez le curseur et touchez le bouton Coller dans la barre d'outils de l'application active.

Le presse-papiers peut contenir de multiples collages. Lorsque vous faites un appui long pour coller quelque chose et que vous voyez s'afficher un bouton Presse-papiers (ce n'est pas le cas dans toutes les applications !), touchez-le pour faire apparaître les diverses possibilités (voir la Figure 3.27). Faites défiler les contenus enregistrés, et touchez la vignette de ce que vous voulez coller (texte, lien ou encore image). En cas d'erreur, touchez le bouton Retour de la tablette, puis le texte en cours de saisie pour réafficher le clavier.

Figure 3.27 : Quelques exemples de contenus dans le presse-papiers.

Chapitre 4

S Pen, est-ce la peine ?

Dans ce chapitre :

- À la découverte du S Pen
- Faire reconnaître son écriture
- Le nouvel art du mémo avec S Note

Associer un stylet à un appareil électronique, ce n'est pas une idée nouvelle. Et ce n'est pas non plus une idée particulièrement à succès, surtout sur de petits écrans. Il faut tenir l'appareil d'une main, écrire ou dessiner quelque chose de l'autre, et espérer que cette position assez peu pratique finira par donner un résultat exploitable.

Mais l'écran de votre tablette Galaxy Note, lui, est de belles dimensions et d'une extrême finesse. Et il faut reconnaître que la reconnaissance de l'écriture manuelle donne des résultats généralement bluffants. De plus, les amateurs de mémos trouveront avec les applications Action Memo et S Note des outils de haute volée pour leur permettre de rédiger et d'enregistrer absolument tout ce qu'ils veulent.

> NOTE
>
> Une application telle que S Note propose tellement de modes de travail et d'options qu'elle mériterait un *gros* chapitre à elle seule, ce qui nous ferait largement déborder du cadre de ce livre. Mais nous y reviendrons un peu plus loin, ainsi que sur Action Memo.

Décidément, la Galaxy Note est une tablette très… stylée.

À la découverte du S Pen

Pour tirer le S Pen de son lit, tirez sur le petit cran que vous sentez en haut et sur la droite de la tablette Galaxy Note. Aussitôt, il se passe quelque chose de nouveau : la tablette se déverrouille (si vous n'avez pas imposé des mesures de sécurité plus restrictives), et de nouvelles options surgissent : c'est le mode Air Command (voir la partie gauche de la Figure 4.1).

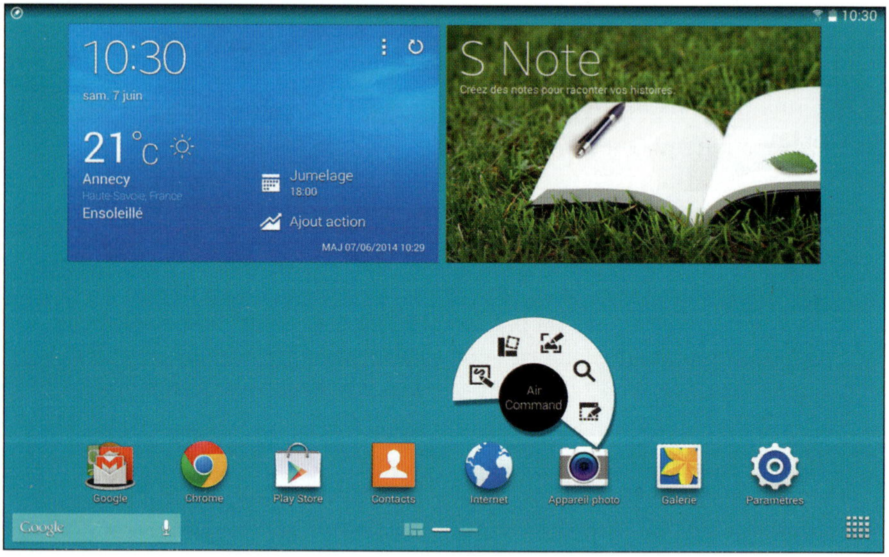

Figure 4.1 : La tablette Galaxy Note et ses fonctions Air Command.

Retenez déjà qu'Air Command se gère essentiellement depuis l'onglet Contrôle de l'application Paramètres, via l'option S Pen (voir la Figure 4.2). Nous reviendrons plus loin sur certaines des options qu'il propose. Pour l'instant, retenez ceci :

> NOTE
>
> À tout instant, vous pouvez ouvrir le panneau des modes Air Command en approchant la pointe du stylet de l'écran et en appuyant sur sa touche latérale.

> NOTE
>
> Lorsque le S Pen est détaché de l'appareil, une petite icône de stylet apparaît à gauche de la barre des notifications (reportez-vous à la Figure 4.1). C'est bien pratique en cas de doute !

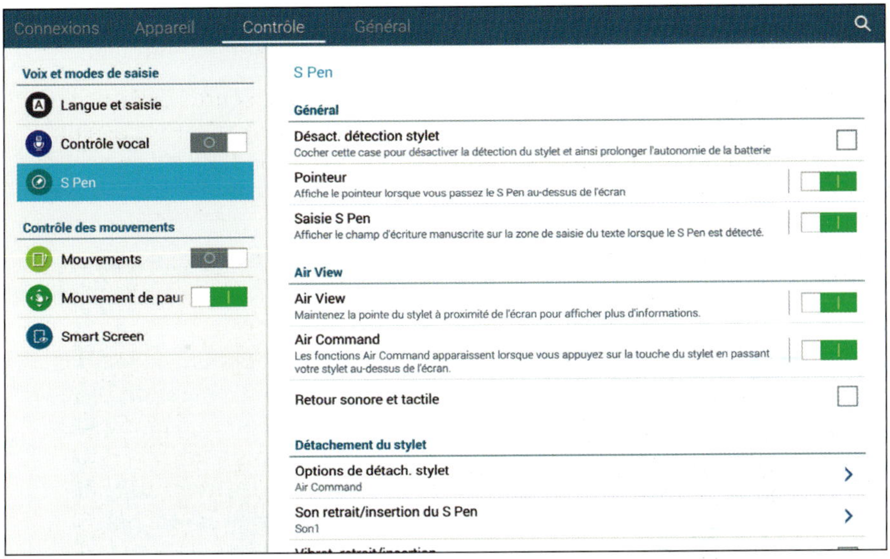

Figure 4.2 : Le stylet S Pen et ses options.

Anatomie du S Pen

Observons maintenant de plus près notre stylet (voir la Figure 4.3). En fait, c'est très simple. Il y a trois éléments à prendre en compte :

Figure 4.3 : Le S Pen décortiqué.

- Le corps du stylet, qui vous sert à le tenir comme un crayon.
- Un bouton poussoir qui permet d'activer certaines fonctions.
- Une pointe sensible à la pression (et même jusqu'à 1 024 niveaux différents de pression).

Et c'est tout. En fait, avec son stylet, votre tablette Galaxy Note se transforme en une tablette graphique, de taille limitée peut-être, mais diablement intelligente.

> NOTE
>
> Prenons un exemple. Vous maintenez enfoncé le bouton du S Pen, vous faites un appui long sur l'écran, et aussitôt celui-ci est capturé ! Vous pouvez d'ailleurs ensuite dessiner sur cette image, l'annoter, la recadrer, etc.

Doigt ou stylet ?

Dans bien des cas, les deux jouent le même rôle. Toucher l'écran avec le doigt ou avec la pointe du stylet, c'est la même chose. Effleurer, autrement dit toucher et faire glisser dans une direction quelconque, c'est pareil. Faire un appui long, que ce soit avec le doigt ou le stylet, ça n'y change pas toujours grand-chose. En revanche, faire un agrandissement ou une réduction d'une vue avec deux doigts, ça ne fonctionne pas avec le S Pen qui n'a qu'une seule pointe… Quoi que…

Le stylet a aussi ses petits trucs à lui qui ne sont pas possibles avec vos doigts :

- Le zoom, ça peut aussi marcher avec le S Pen. Dans la Galerie, par exemple, tapotez deux fois de suite sur l'écran, sans appuyer sur le bouton du stylet, pour le vérifier. On agrandit, on regarde, on fait glisser, on recommence, et la vue redevient normale.
- Pour faire défiler une page Web, une liste quelconque ou encore les options d'un menu, promenez la pointe du S Pen tout en bas ou tout en haut de cette liste (à gauche ou à droite, cela fonctionne parfois aussi (par exemple pour faire défiler les photos dans la Galerie). Inutile d'appuyer sur quoi que ce soit. Vous voyez une flèche blanche apparaître. Laissez planer la pointe du stylet, et la liste se met à défiler dans la direction voulue. Retirez-le, et le défilement s'arrête. Vous pouvez alors toucher l'élément que vous voulez consulter ou activer.
- Vous pouvez capturer une partie du contenu affiché à l'écran (par exemple pour l'insérer dans un mémo ou un message) en appuyant sur le bouton du stylet, puis en traçant ce que vous voulez délimiter afin de former un contour à peu près fermé. Lorsque vous relâchez le bouton du stylet, la région ainsi définie est copiée dans le presse-papiers. Vous pouvez vous servir des boutons qui s'affichent pour affiner la forme de la sélection (ou encore étendre ou bien restreindre celle-ci avec l'aimant), puis choisir une des nombreuses applications proposées (voir la Figure 4.4). L'image y sera automatiquement collée.

Figure 4.4 : Copier, recadrer et coller une partie du contenu de l'écran.

Air View

Lorsque vous approchez le stylet de l'écran tactile, la position de sa pointe est signalée par un petit cercle vide. Mais, parfois, ce cercle se remplit de bleu : la fonction Air View se met en mouvement.

> NOTE : Le défilement de pages, de listes ou de menus, c'est aussi grâce à Air view.

Laissez quelques instants le stylet survoler l'élément visé. Selon la nature de celui-ci, l'effet varie :

- Pour un bouton de commande, Air View affiche une bulle d'information qui explicite son rôle.
- Pour un nom, par exemple de fichier ou de dossier trop long pour s'afficher entièrement à l'écran, Air view montre ce nom en entier.
- Pour un dossier d'images dans la Galerie, Air View affiche un agrandissement de la photo survolée (voir la Figure 4.5). Touchez une vignette pour ouvrir la photo correspondante.

Figure 4.5 : Air View en action.

Air View ne fonctionne pas partout et avec tout le monde, mais cette technique est très agréable à l'usage.

Faire reconnaître son écriture

Nous avons vu dans le Chapitre 3 que, lorsque le clavier virtuel apparaît à l'écran pour que vous puissiez effectuer une saisie, un appui long sur le bouton qui se trouve juste à gauche de la barre d'espace offre plusieurs modes d'entrée, dont notamment la saisie manuscrite. Celle-ci peut parfaitement s'effectuer avec le doigt, mais reconnaissons que c'est assez peu pratique et plutôt aléatoire. L'outil idéal pour une reconnaissance efficace de l'écriture, c'est bien sûr le stylet.

N'importe quelle application demandant l'entrée de texte accepte l'utilisation du stylet. Il s'agit en effet d'une fonctionnalité liée au système lui-même. La Figure 4.6 illustre une saisie avec le stylet pour une recherche sur le Web (en fait, la reconnaissance de l'écriture est tellement rapide qu'il est pratiquement impossible de capturer l'écran à temps…).

Figure 4.6 : Stylet S Pen et reconnaissance de l'écriture manuscrite.

Voilà qui est déjà fort bien, mais ce n'est pas tout !

1. Placez la pointe du stylet au-dessus d'un champ de saisie quelconque. Si un petit symbole de crayon apparaît, vous avez gagné !
2. Touchez le symbole de crayon. Aussitôt, une fenêtre de saisie manuscrite s'affiche.
3. Tracez tout simplement votre texte à l'aide du stylet (voir la Figure 4.7).

Figure 4.7 : Saisie manuscrite guidée.

Dans ce mode, quelques options adaptées à la nature de la saisie vous sont proposées. Vous disposez également d'une barre d'espace et d'une touche de retour arrière.

4. Quand vous avez terminé, touchez le bouton Effectué.

Même si la reconnaissance de l'écriture manuscrite est d'une surprenante efficacité, elle ne peut pas tout. En cas d'erreur, vous devrez donc effacer manuellement le texte mal compris (ou mal entré !) à l'aide du bouton de retour arrière.

Vous pouvez saisir un, voire deux mots d'affilée avant que la reconnaissance de l'écriture ne se valide toute seule et attende la suite du texte. Mais il se peut que le curseur reste alors placé juste après le dernier caractère du dernier mot. Dans ce cas, vous ne devez pas oublier de toucher la barre d'espace pour saisir le mot suivant.

NOTE

À l'expérience, vous pourrez juger si le stylet vous fait ou non gagner du temps par rapport au clavier. Le critère, c'est en définitive le nombre de fois où vous devrez effacer ce que vous venez d'entrer avec l'une ou l'autre de ces méthodes pour corriger un mot...

Retour sur les fonctions Air Command

Tout au début de ce chapitre, nous avons vu que la sortie du stylet ou un appui sur sa touche latérale provoquait l'apparition des fonctions Air Command. Voyons tout cela d'un peu plus près. Si vous vous reportez à la Figure 4.1, vous remarquez que cinq outils vous sont proposés :

- **Pen Window :** votre tablette Galaxy Note est multitâche. Autrement dit, elle est capable d'ouvrir plusieurs applications en même temps. Si cela ne vous paraît peut-être pas toujours évident, l'outil Pen Window (ou Applis flottantes) rend ce comportement très visible :

  1. Touchez le premier bouton en partant de la droite du carrousel Air Command. Il vous est alors proposé de tracer une fenêtre quelconque sur l'écran.

  2. Sélectionnez ensuite une des quelques applications proposées (voir la Figure 4.8). Aussitôt, elle apparaît dans une fenêtre de taille réduite.

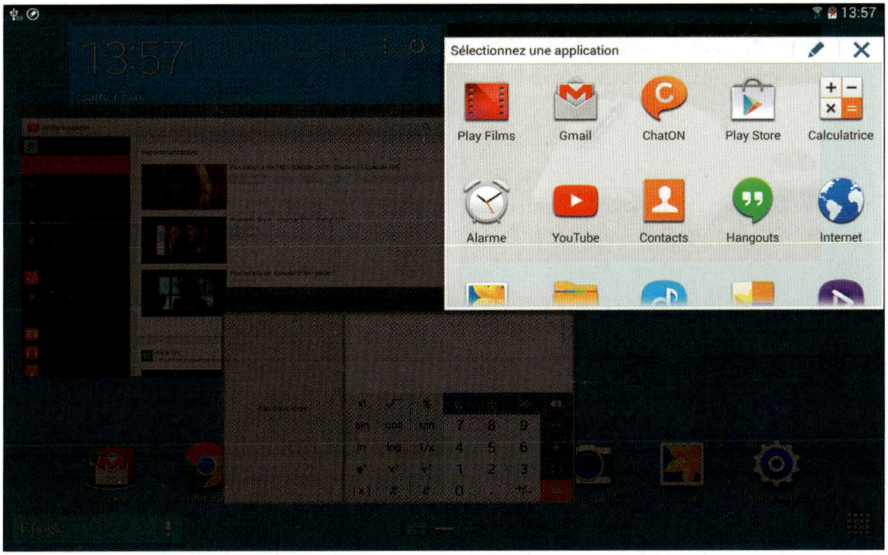

Figure 4.8 : Faire flotter des applications.

3 Pour déplacer une fenêtre, touchez sa barre de titre et faites-la glisser. Servez-vous des boutons de cette barre de titre pour réduire l'application à la taille d'une icône, l'afficher en mode plein écran (elle n'est alors plus flottante) ou la refermer.

> NOTE
> Une application flottante reste toujours visible, indépendamment de ce que vous faites ensuite.

> NOTE
> Vous retrouvez sous une autre forme une fonctionnalité déjà étudiée dans le Chapitre 2. Vous obtiendrez donc exactement le même résultat si vous effleurez l'écran en partant de son côté droit pour révéler la barre d'icônes et que vous touchez le raccourci d'une des applications disponibles, que ce soit avec le stylet ou le doigt.

- **S Finder :** l'outil de recherche maison, qui vous permet de retrouver diverses informations sur votre tablette en touchant une des options proposées (sélection par type de contenu et/ou ancienneté, ou encore par emplacement) ou d'effectuer une recherche plus classique, essentiellement sur le Web (voir la Figure 4.9). On aime ou on n'aime pas…

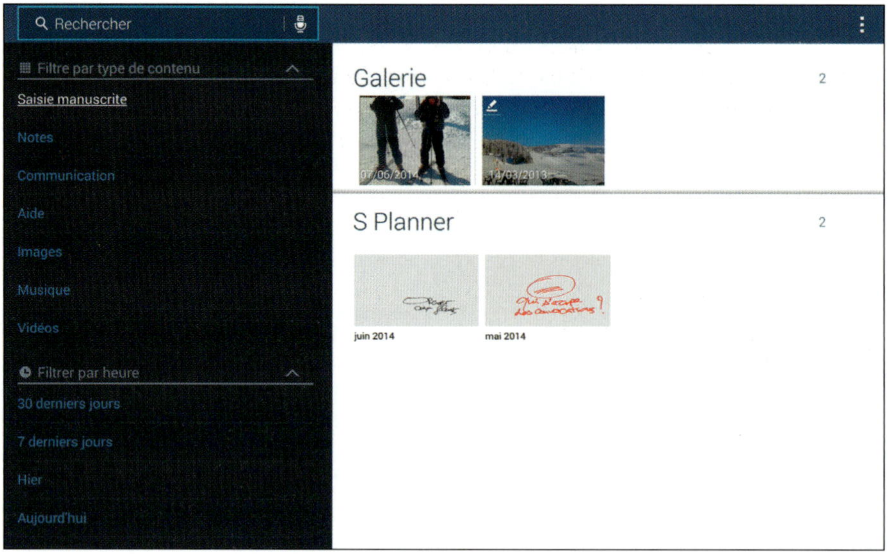

Figure 4.9 : L'outil de recherche S Finder.

- **Capture :** c'est juste pour faire une capture d'écran (reportez-vous à la Figure 4.4).
- **Scrapbooker :** un point d'accès direct à l'application Scrapbook. Vous délimitez une zone sur l'écran à l'aide du stylet, et son contenu est automatiquement envoyé vers un mémo de l'album. Vous pouvez ensuite y ajouter des libellés ou des notes manuscrites. En apparence, cela fait plutôt double emploi avec d'autres fonctions. Mais l'intérêt est ailleurs. En effet, Scrapbook joue un rôle extrêmement actif dans la détection des contenus de la zone que vous délimitez. Par exemple, il saura mémoriser des liens Internet ou des adresses de messagerie, et plus largement récupérer pratiquement n'importe quel texte apparaissant sur l'écran.

> NOTE
>
> Scrapbook peut stocker bien d'autres types d'éléments en faisant appel au bouton ou à la commande Partager disponible dans des multitudes d'applications.

- **Action Memo :** là encore, c'est un outil de prise de note rapide, mais avec l'avantage supplémentaire de vous permettre de relier votre saisie à une action. Prenons l'exemple de la Figure 4.10. Vous tracez par exemple un nom et une adresse de messagerie. Vous touchez ensuite le bouton Relier à l'action (le troisième en partant de la gauche). Aussitôt, une série de propositions apparaît : ajouter aux contacts, envoyer un e-mail, accéder au site Web, effectuer une localisation dans Maps ou encore définir une tâche. Touchez l'action voulue et c'est parti ! Si nécessaire, reportez-vous aux chapitres correspondants pour en savoir plus sur telle ou telle action.

Figure 4.10 : Plein de choix avec Action Memo.

> NOTE
>
> Vous pouvez également accéder à toutes ces belles fonctions en ouvrant directement Action Memo depuis la page Applis (voyez le dossier Samsung), ou encore en touchant le bouton Affichage liste dans une fenêtre de mémo. Vous pouvez également ne conserver qu'une icône de note visible au-dessus de toutes les fenêtres en touchant le bouton Réduire.

> NOTE
>
> Une autre manière de procéder consiste à taper deux fois de suite sur l'écran tactile tout en maintenant enfoncé le bouton du S Pen.

S Note et les mémos

L'application S Note est certainement un des fleurons de la galaxie Samsung, disons plus simplement de la tablette Galaxy Note. Cet outil de saisie de notes et de mémos est tellement complet et puissant qu'il mériterait même un écran d'ordinateur… Comme je l'ai indiqué au début de ce chapitre, il ne sera possible ici que d'en montrer les principales fonctions.

> NOTE — Comme nous venons de le voir, S Note n'est finalement que l'un des outils qui vous permettent de saisir des notes, remarques, pensées et autres coins de mouchoir. Mais avec des options nettement plus évoluées…

> NOTE — Pratiquement tout ce qu'il est possible de faire avec le stylet peut aussi s'effectuer avec un doigt. Sauf que c'est bien moins précis et efficace…

Si le double tapotement déclenche Action Memo, vous accéderez à S Note en faisant le tout petit effort d'ouvrir la page Applis de votre tablette Galaxy Note. Après quelques écrans de mise en bouche, vous découvrez alors une application très complète pour la saisie et l'enregistrement de mémos (voir la Figure 4.11).

Vous pouvez alors dessiner votre note à l'aide du stylet (ou du doigt), ou bien encore toucher un des boutons décrits sur la Figure 4.11.

> NOTE — Comme l'illustre la Figure 4.11, l'outil de saisie manuscrite propose de nombreux réglages : style du pinceau, couleur, épaisseur du trait, etc. Juste à côté, l'outil Style du texte vous permet de sélectionner une police de caractères, une couleur de texte, et ainsi de suite.

Pour terminer, touchez le bouton d'enregistrement, en haut et à droite de la fenêtre. Appuyez simplement sur la touche Retour de la tablette, et vous accédez à l'écran principal de l'application.

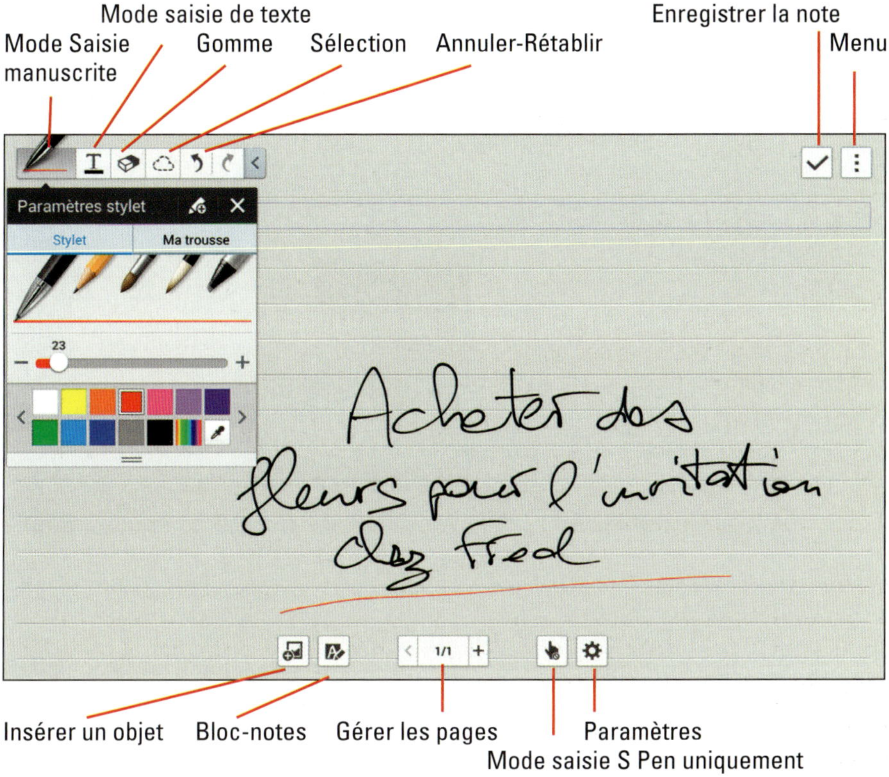

Figure 4.11 : Saisir une note à la volée.

Pour mieux comprendre le fonctionnement de S Note, touchez le bouton Créer (le signe « + », en haut et à droite de l'écran) pour revenir à la fenêtre de prise de note. Intéressons-nous plus particulièrement aux boutons affichés en bas de l'écran :

- **Insérer :** ce bouton ouvre des tas de possibilités pour compléter ou illustrer votre mémo. Sur la Figure 4.12, vous pouvez ainsi remarquer qu'un texte tracé avec le stylet est accompagné d'un clip-art, d'un objet provenant de la bibliothèque Esquisse d'idée et d'une vidéo YouTube. Mais vous pourriez tout aussi bien insérer une forme géométrique, un graphique, une carte, un enregistrement vocal, le contenu du presse-papiers et ainsi de suite. Pour éditer un objet, touchez le bouton en forme de nuage, en haut de l'écran. Entourez-le ou tapotez ensuite deux fois sur l'élément à modifier. La Figure 4.12 illustre les options qui vous sont proposées dans le cas d'une illustration.

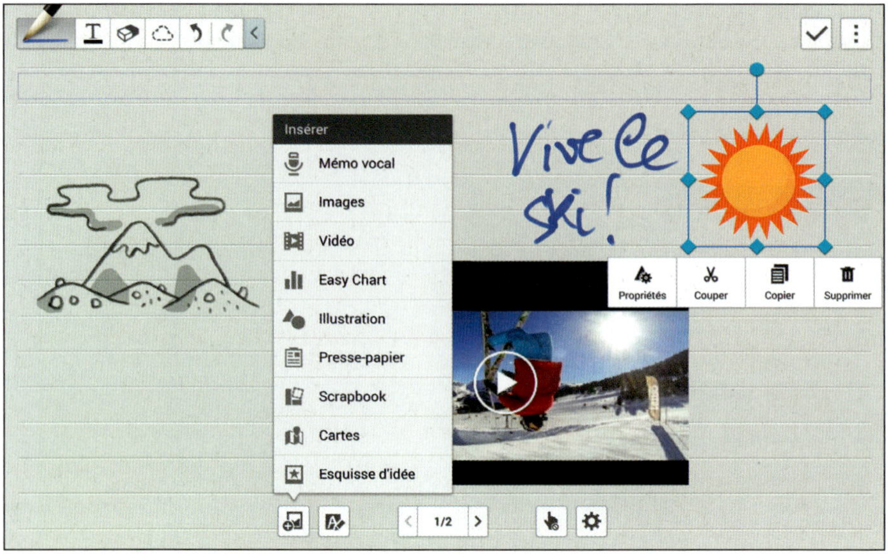

Figure 4.12 : Des objets dans les mémos.

> NOTE : Le texte que vous dessinez sur l'écran peut être sélectionné selon le même procédé.

> NOTE : La bibliothèque Esquisse d'idée contient des dessins tout faits répartis par catégories. Vous avez en plus la possibilité de dessiner vos propres modèles ou d'en télécharger beaucoup d'autres (voir la Figure 4.13).

- **Bloc-notes agrandi :** c'est pour entrer du texte ou une forme dessinée dans une zone de saisie, plutôt qu'en le traçant directement dans la page.
- **Pages :** une note peut comporter plusieurs pages. Touchez le bouton « + », en bas et au centre de l'écran pour en créer une nouvelle. Les petites flèches permettent de circuler entre les pages. En touchant un numéro de page, vous pouvez éditer votre « carnet de notes ». Il est alors possible d'indexer les contenus, de supprimer des pages ou encore d'en créer une copie.
- **Stylet et/ou doigt :** l'avant-dernier bouton, en bas et vers la droite de l'écran, sert à indiquer s'il est possible de dessiner ou d'écrire aussi avec un doigt ou uniquement avec le stylet.

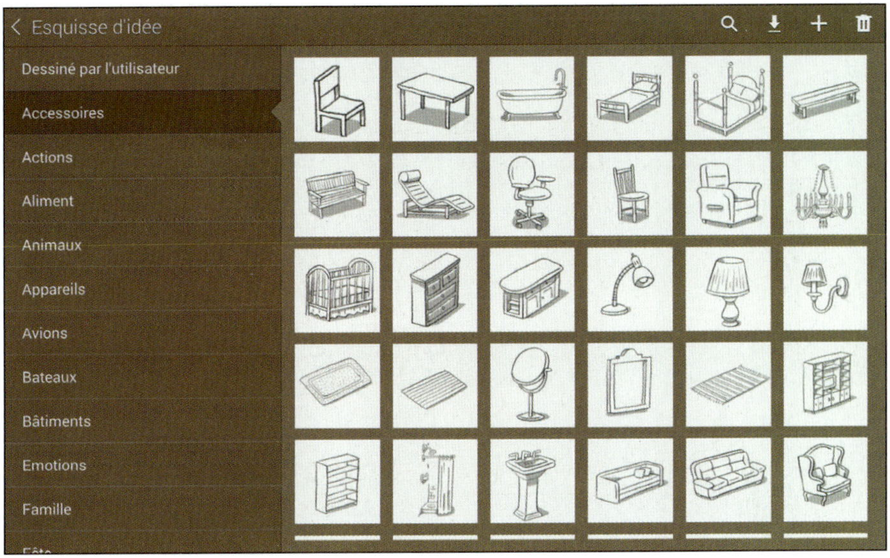

Figure 4.13 : Il y a plein d'idées à esquisser.

- **Paramètres :** c'est la roue dentée, comme d'habitude. Vous y retrouvez des options pour ajouter des *tags*, disons des mots-clés à la note, pour choisir un style d'arrière-plan ou encore pour afficher un quadrillage destiné à aider au placement des objets.

Dans le menu disponible en haut et à droite de l'écran, remarquez surtout la commande Ajouter un modèle. Elle vous permet de sélectionner un modèle prédéfini pour votre note, avec des emplacements qu'il vous suffit ensuite de compléter en y ajoutant textes et images. Cependant, pour changer totalement de type de présentation, il vaut mieux relancer totalement l'application. Dans le menu de l'application, choisissez la commande Utiliser modèle. Sélectionnez la présentation voulue parmi les propositions de S Note (voir la Figure 4.14). Il ne vous reste plus qu'à compléter votre note avec tous les outils mis à votre disposition.

Figure 4.14 : Utiliser un modèle de note.

Revenons à la barre d'outils présentée en haut de l'écran. Pour sélectionner un mode de travail, vous touchez simplement le bouton correspondant. Les symboles sont suffisamment clairs pour se passer de commentaires…

En revanche, touchez les quatre premiers boutons une seconde fois, et vous accédez aux options de configuration de l'outil correspondant (voir la Figure 4.15).

De même, tout objet inséré dans une note peut être sélectionné, comme nous l'avons déjà vu. Il est facilement redimensionnable et réorientable grâce à ses poignées. De plus, son option Propriétés permet d'en personnaliser le contenu. C'est ce qu'illustre la Figure 4.16 dans le cas d'un texte et d'un objet graphique quelconque.

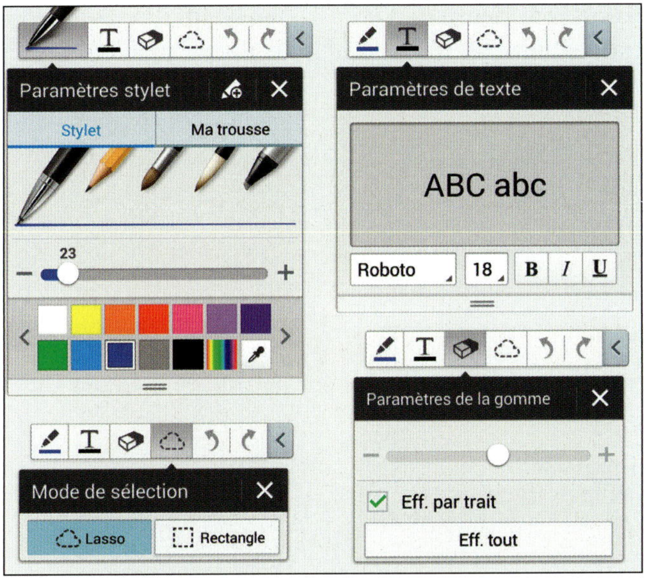

Figure 4.15 : Les outils de S Note et leurs options.

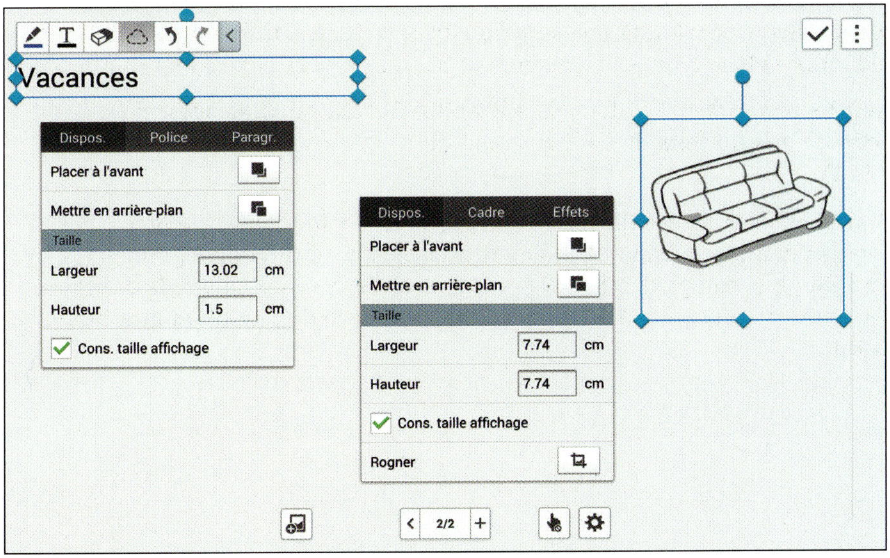

Figure 4.16 : Les objets et leurs propriétés.

En particulier, les caractères que vous dessinez sur l'écran peuvent être convertis en une forme plus agréable, et même en un texte parfaitement clair et lisible (voir la Figure 4.17).

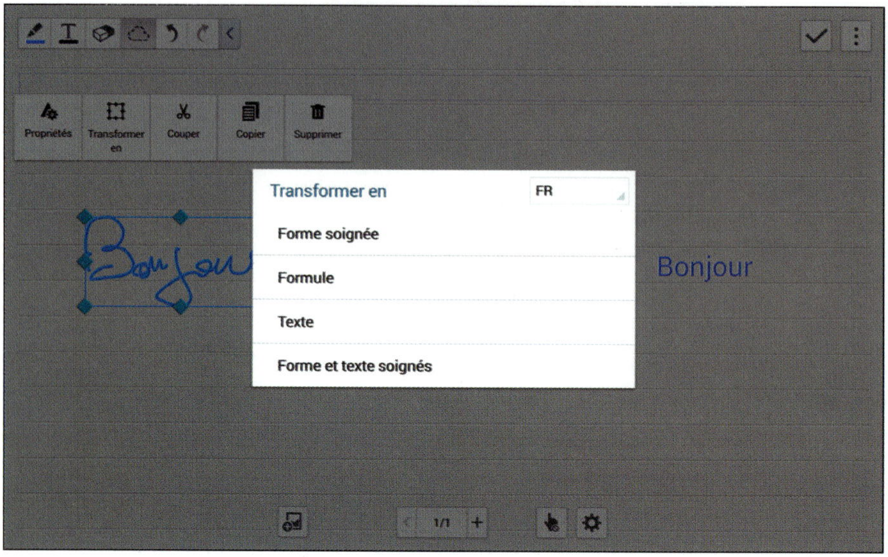

Figure 4.17 : Convertir un texte écrit à la main en un texte standard.

Voilà de quoi produire des notes parfaites, ou simplement vous amuser pendant les longs trajets professionnels !

Chapitre 5

Gérer ses contacts

Dans ce chapitre :

- Mais qui sont vos contacts ?
- Gérer ses contacts avec Gmail
- Contact avec l'application Contacts
- Rechercher des contacts
- Créer ou modifier un contact
- Créer des groupes de contacts et des favoris

Que vous les appeliez connaissances, membres de la famille, collègues, amis Facebook ou tout ce que voulez, ce sont vos contacts et ils sont enregistrés dans votre carnet d'adresses.

Il est bien loin le temps des carnets à onglets ! Sur votre tablette Galaxy, vous pouvez gérer non pas un, mais de multiples carnets selon le nombre de comptes de messagerie que vous possédez ou de réseaux sociaux auxquels vous adhérez. Et vous avez à votre disposition des tas d'outils puissants pour vous organiser avec tout cela.

Dans ce chapitre, nous allons devoir nous contenter de découvrir les principales fonctions de l'application Contacts, mais c'est déjà largement suffisant pour la vie de tous les jours !

Gérer ses contacts avec Gmail

Au commencement était Gmail. Vous avez en effet au moins un compte Gmail. Et celui-ci offre un avantage considérable : vous pouvez gérer en toute tranquillité vos contacts et toutes les informations qui leur sont associées sur votre ordinateur de bureau. Le miracle d'Internet fera que ces données seront automatiquement et presque immédiatement synchronisées sur votre tablette Galaxy. Voilà qui mérite qu'on s'y arrête un peu.

Créer et éditer des contacts sur un ordinateur

Suivez ces étapes :

1. Ouvrez votre navigateur Web préféré sur votre ordinateur et connectez-vous à votre page Gmail.

2. En haut et sur la gauche de la page, cliquez sur le bouton Gmail. Dans le menu qui s'affiche, cliquez sur Contacts.

   La liste de tous les contacts actuellement enregistrés dans le carnet d'adresses associé à Gmail apparaît.

3. Pour ajouter une personne, cliquez sur le bouton Nouveau contact. Renseignez les champs de la fiche, et complétez si nécessaire celle-ci en cliquant sur le bouton Ajouter pour insérer de nouvelles rubriques (voir la Figure 5.1).

4. Si vous disposez déjà d'une photo du contact, localisez-la sur l'ordinateur. Cliquez sur l'aperçu qui indique Ajoutez une photo. Faites glisser l'image sur la fenêtre d'aperçu, recadrez et confirmez.

   Vous pouvez évidemment choisir n'importe quelle image à votre convenance…

5. Complétez éventuellement par une note. Quand vous avez terminé, cliquez sur le bouton Accéder à Mes contacts (la flèche coudée, à droite du bouton Contacts).

C'est fait. Vous pouvez ensuite à tout moment cliquer sur le nom de votre contact pour le modifier ou compléter vos informations.

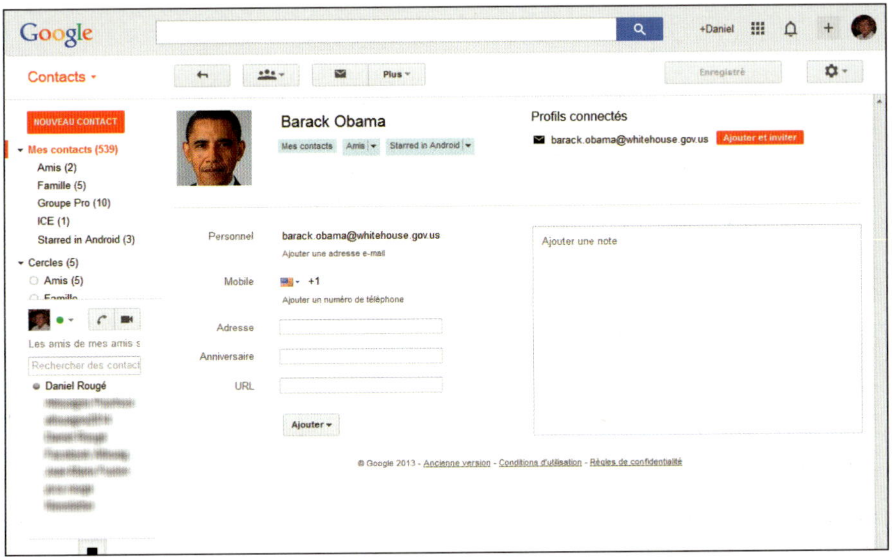

Figure 5.1 : Créer un contact dans Gmail.

> **NOTE** Vous disposez également de toutes les options nécessaires pour gérer par exemple des groupes, pour rechercher et fusionner des doublons, etc. Ce sont des sujets sur lesquels nous reviendrons dans ce chapitre. Mais il est bon de retenir que tout ce qui est possible sur votre tablette Galaxy se fait encore plus facilement sur un ordinateur, du moins pour vos comptes Gmail !

Voyons maintenant ce qui vient de se passer :

1. Reprenez votre tablette Galaxy et touchez l'icône de l'application Contacts en bas de l'écran d'accueil.

   Si vous ne la voyez pas, touchez d'abord le bouton Applis pour la retrouver.

2. Touchez le champ Rechercher, en haut et à gauche de l'écran, et commencez à saisir sur le clavier virtuel le nom de votre nouveau contact.

   Très vite, les réponses qui correspondent à ce que vous entrez s'affichent, et… incroyable, votre contact est bel et bien là, y compris avec sa photo (voir la Figure 5.2) !

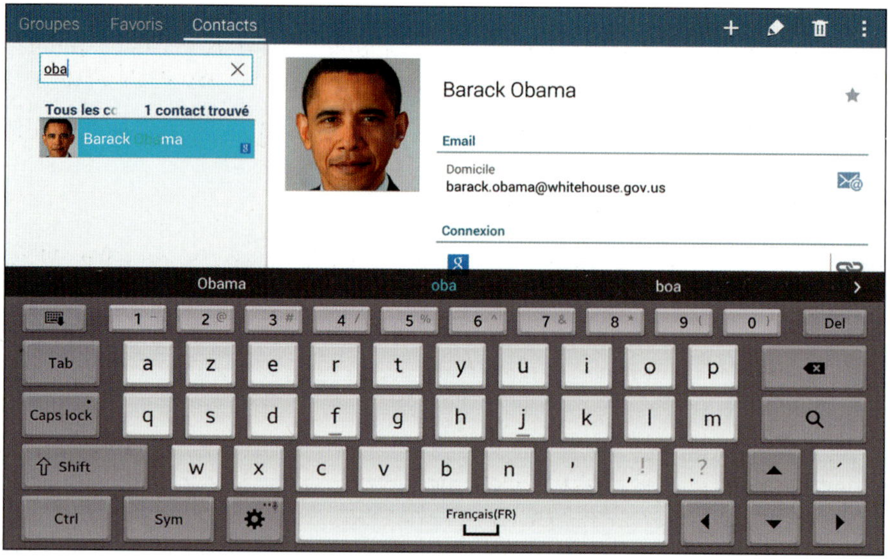

Figure 5.2 : La mise à jour d'un contact Gmail est automatique.

Résumons-nous :

- Quand vous créez, modifiez (ou supprimez) un contact sur votre ordinateur, les informations sont instantanément transmises aux ordinateurs de Google où elles sont enregistrées.
- À partir du compte enregistré sur votre tablette Galaxy, l'appareil scrute régulièrement ces mêmes ordinateurs Google. Dès qu'il détecte un changement, il télécharge les nouvelles informations et les enregistre dans sa mémoire. Résultat : vos comptes (comme d'ailleurs bien d'autres données) sont presque instantanément *synchronisés*.
- Si vous avez d'autres appareils mobiles qui fonctionnent selon le même schéma, ils sont évidemment eux aussi synchronisés, sauf avis contraire (nous reviendrons un peu plus loin sur les options de synchronisation).
- L'énorme avantage de cette méthode, c'est que vos données existent indépendamment de l'appareil qui les utilise (ordinateur, smartphone ou encore, évidemment, tablette). Elles sont en effet stockées sur Internet, ce qui permet par exemple de les récupérer facilement en cas de problème, ou si vous réinitialisez votre tablette.

- Est-ce que les comptes Gmail sont les seuls concernés ? Non. Si vous pratiquez Facebook, Google+ ou d'autres réseaux sociaux, vous constaterez rapidement que vos « amis » se retrouvent d'eux-mêmes dans votre carnet d'adresses.
- Bien entendu, vérifiez que le Wi-Fi est bien actif avant toute synchronisation.

Importer des contacts dans Gmail

Avant Gmail, vous aviez peut-être un autre carnet d'adresses enregistré ailleurs ? Gmail est tout à fait capable de le récupérer, du moins à certaines conditions :

1. Dans le programme servant à gérer votre ancien carnet d'adresses, localisez la commande qui vous permet d'exporter celui-ci. Choisissez comme format d'exportation vCard ou CSV.

   Dans Outlook, par exemple, vous devez cliquer sur Fichier, puis sur Importer et exporter. Dans la fenêtre qui s'affiche, choisissez l'action Exporter des données dans un fichier. Cliquez sur Suivant, puis sur Valeurs séparées par une virgule. Cliquez à nouveau sur Suivant, puis sur Contacts. Il ne vous reste plus qu'à choisir l'emplacement et le nom du fichier de type CSV que vous allez créer, puis confirmer.

> NOTE — Cette même technique peut aussi servir à exporter un agenda pour le récupérer dans le module Agenda de Gmail.

2. Revenez à la page Contacts de Gmail dans votre navigateur Web. Cliquez sur le lien Importer des contacts.
3. Servez-vous du bouton Parcourir pour localiser votre fichier de contacts, puis cliquez sur Importer (voir la Figure 5.3).

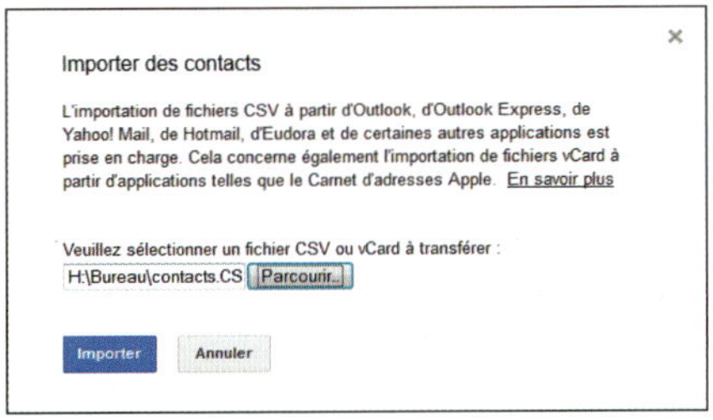

Figure 5.3 : Importer des contacts via Gmail.

C'est parti…

Si vous avez plusieurs carnets d'adresses à importer dans Gmail, pensez à éliminer les références multiples en cliquant sur le bouton Plus, puis sur la commande Rechercher et fusionner les doublons. Vous pouvez également sélectionner manuellement un doublon en cochant les cases correspondantes. Cliquez sur le bouton Plus, et choisissez Fusionner les contacts. À nouveau, j'insiste sur le fait que c'est beaucoup plus facile à faire que sur votre tablette, et que la synchronisation avec celle-ci est (par défaut) automatique.

Un problème de synchronisation ?

Vos contacts (ou d'autres données) ne sont pas synchronisés sur votre tablette ? Mis à part un problème avec votre connexion Wi-Fi (voire votre réseau de téléphonie), la raison peut en être très simple : cette fonctionnalité est tout bonnement désactivée sur votre tablette…

Pour vérifier que tout est normal, et éventuellement pour modifier les options de synchronisation, suivez ces étapes :

1. Depuis l'écran d'accueil, touchez le bouton Applications, puis l'icône Paramètres.
2. Touchez l'onglet Général, puis la ligne Comptes.
3. Choisissez Google comme type de compte. Touchez ensuite le nom du compte à reconfigurer.
4. Vous n'avez plus qu'à cocher ou décocher les options de synchronisation que vous voulez ou non activer. Tout ce qui concerne le quotidien devrait être automatiquement synchronisé, comme les contacts, le calendrier, la messagerie, etc. En revanche, vous avez parfaitement le droit de dédaigner Google+ et toute la série des Google Play si vous n'en avez pas l'utilité (voir la Figure 5.4).

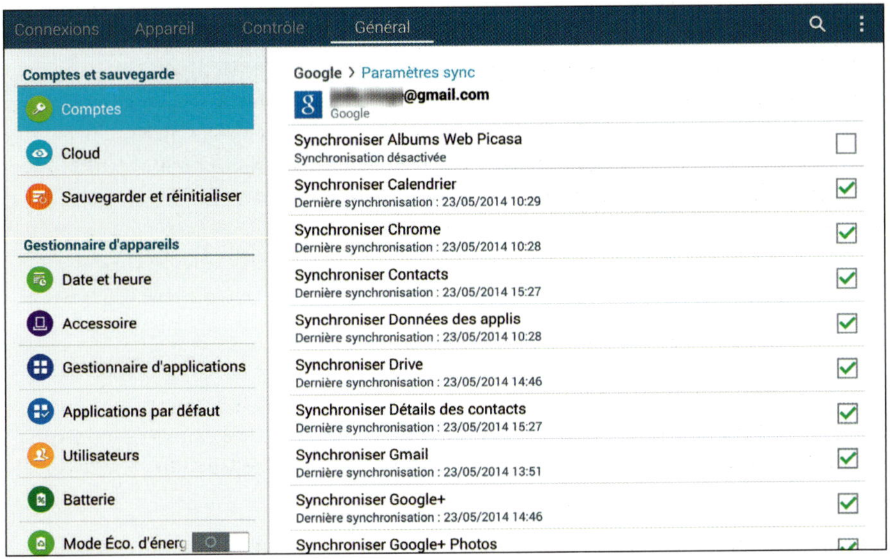

Figure 5.4 : Configurer les options de synchronisation pour un compte Google.

Contact avec l'application Contacts

Il est temps maintenant de reprendre en main votre tablette Galaxy. Ouvrez l'application Contacts (vous devriez la retrouver facilement sur votre page d'accueil, ou sinon en touchant le bouton Applications).

Si vous avez suivi les conseils donnés plus haut, vous voyez s'afficher une liste de contacts déjà bien remplie. Et maintenant…

Options de gestion des contacts

Avant de nous intéresser aux contacts en particulier, voyons ce que nous propose l'application Contacts en général.

Touchez le bouton Menu de l'application (les trois barres à droite et vers le haut de l'écran) pour accéder aux commandes servant à gérer votre carnet d'adresses (voir la Figure 5.5) :

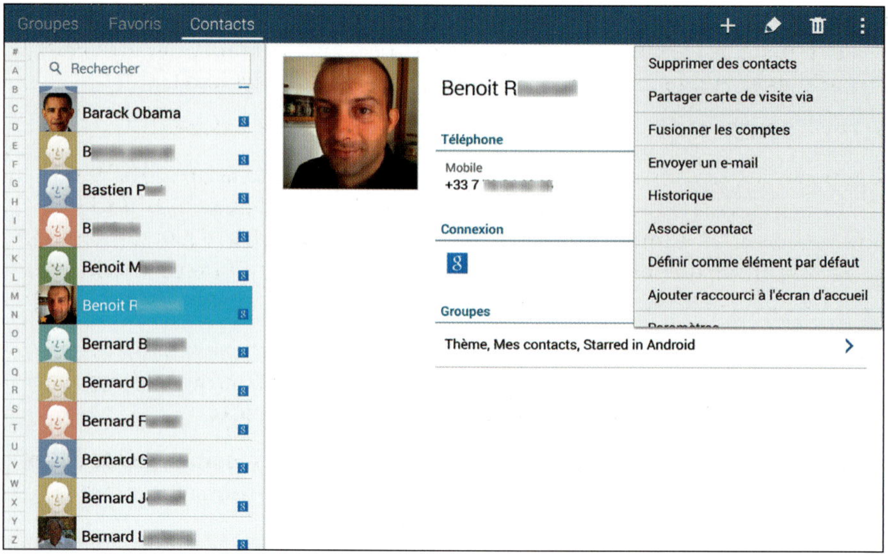

Figure 5.5 : Les options du carnet d'adresses.

- **Supprimer des contacts :** liste tous les contacts. Cochez ceux que vous voulez supprimer (il vaut mieux faire d'abord une recherche). Touchez le bouton OK quand vous avez terminé. C'est finalement un peu redondant avec la commande précédente.

> NOTE
> Comme votre carnet d'adresses est synchronisé, supprimer des contacts les effacera également sur le stockage Internet, et donc définitivement.

> NOTE
> Pour supprimer un seul contact, ouvrez sa fiche, puis touchez l'icône de poubelle, en haut et à droite de l'écran. Vous pouvez aussi faire un appui long sur un nom, puis choisir l'option Supprimer dans le menu local qui apparaît.

- **Partager carte de visite via :** transmet les informations sur le contact dans un fichier VCF qui peut être transmis par mail, par Bluetooth ou tout autre procédé disponible. Il est possible de sélectionner plusieurs contacts à la fois, mais il n'est pas certain que le fichier qui en résulte soit reconnu par le destinataire.
- **Fusionner les comptes :** pour fusionner le carnet d'adresses actuel avec un compte Samsung ou Google.

- **Envoyer un e-mail :** pour rédiger un e-mail en choisissant un ou plusieurs contacts dans le carnet d'adresses. Cette méthode est pratique, notamment pour s'adresser aux membres d'un même groupe (voir plus loin).
- **Historique :** pour vous rappeler les actions que vous avez opérées.
- **Associer contact :** vous pouvez parfaitement posséder plusieurs comptes Google, ou encore avoir enregistré au fil du temps des informations variées concernant un même contact, mais avec des intitulés variés. Cette commande vous permet donc de faire le ménage en joignant ce qui doit l'être. Cochez les cases qui concernent en fait une même personne, puis touchez le bouton OK.
- **Séparer le contact :** cette commande apparaît uniquement si vous avez déjà associé le contact sélectionné à d'autres entrées. Touchez le signe « - » qui se trouve à droite d'un nom à dissocier et confirmez votre choix.
- **Définir comme élément par défaut :** c'est encore une association, mais cette fois pour créer une correspondance entre le contact sélectionné et votre compte Gmail (ou l'un de vos comptes Gmail).
- **Ajouter raccourci à l'écran d'accueil :** cette commande vous propose de créer sur votre écran d'accueil une icône qui vous permettra d'accéder directement aux données du contact, par exemple pour lui envoyer un e-mail ou le localiser sans avoir à le rechercher dans l'application Contacts (voir la Figure 5.6).

Figure 5.6 : Un contact en raccourci.

> NOTE : Les actions que vous propose une icône de raccourci dépendent de la nature et de la quantité des informations définies dans sa fiche.

- **Paramètres :** ils permettent notamment de choisir le mode de tri d'affichage de la liste des contacts. Voyons les options les plus importantes :

- **Comptes :** vous trouvez ici la liste de tous les comptes pour lesquels les données du carnet d'adresses sont synchronisées avec les services correspondants. Il peut s'agir de comptes Gmail ou autres, en particulier Facebook ou encore Twitter. Pour configurer un compte individuel, touchez la ligne correspondante puis activez ou désactivez les données que vous voulez synchroniser automatiquement. Les choix dépendent du type de compte. Par exemple, la Figure 5.4 illustre les propositions dont vous disposez pour un compte Gmail.
- **Contacts à afficher :** vous permet de limiter l'affichage du carnet d'adresses à certains contacts, par exemple uniquement ceux qui sont enregistrés dans la mémoire de la tablette et dans votre compte Gmail principal à l'exclusion des amis Facebook. Il est également possible de créer une liste personnalisée.
- **Importer/Exporter :** sert essentiellement à créer ou récupérer une copie de sauvegarde au format VCF dans la mémoire de la tablette, sur la carte MicroSD, voire sur une clé USB connectée à l'appareil. Pour les agendas synchronisés, ce genre de procédure devrait être inutile.

Rechercher des contacts

Repérer un contact que vous voulez appeler, ou auquel vous voulez envoyer un message quelconque (e-mail, statut Facebook, etc.) est très simple :

1. Touchez le champ Rechercher.

   Le clavier virtuel apparaît.

2. Commencez à saisir votre critère de recherche.

   Au fur et à mesure de la saisie, la liste des contacts qui correspondent à ce que vous tapez s'affine.

3. Quand vous avez localisé le bon contact, touchez son nom et choisissez ce que vous voulez faire en touchant la ligne voulue (envoi de message, connexion Facebook ou Google+, recherche de l'adresse dans Maps, modification des réglages, etc.).

4. Pour effacer le contenu du champ Rechercher, et donc revenir à la liste de tous les contacts, touchez la croix qui se trouve à son extrémité.

Le critère que vous définissez peut concerner n'importe quel champ de texte défini pour le contact : nom, prénom, ville, rue, notes, organisation et ainsi de suite.

> NOTE
>
> La saisie vocale est également possible. Pour cela, faites si nécessaire un appui long sur le bouton qui se trouve à gauche de la barre d'espace, choisissez le symbole représentant un micro et commencez à parler. Avec un peu de chance, vous tomberez peut-être sur le bon contact…

Créer (ou éditer) un contact

Nous avons vu aussi plus haut que la méthode la plus simple pour créer ou modifier un contact en toute tranquillité, c'était sur son ordinateur.

Mais, bien entendu, quantité d'autres circonstances peuvent nécessiter l'enregistrement de nouveaux contacts directement sur votre tablette. Suivez donc ces étapes :

1. Si ce n'est fait, ouvrez l'application Contacts. Touchez ensuite le bouton « + », en haut et vers la droite de l'écran.
2. Commencez par définir l'emplacement où le contact sera enregistré en touchant la ligne voulue dans le menu local qui s'affiche.

   Vous avez essentiellement le choix entre la mémoire de votre tablette (le contact ne sera donc pas partagé) ou un compte de messagerie.
3. Renseignez ensuite chacun des champs que vous pouvez remplir (voir la Figure 5.7).

   Ceux-ci peuvent être plus ou moins nombreux, et plus ou moins déjà préremplis si le contact est automatiquement récupéré à partir d'une autre source (depuis un e-mail, Facebook ou autre).

> NOTE
>
> Lorsque vous saisissez un numéro de téléphone, vous avez la possibilité d'insérer des caractères spéciaux en touchant le bouton Sym du clavier virtuel. Il peut s'agir de parenthèses, d'une pause, d'un caractère dièse (pour obtenir par exemple directement un poste dans un service), etc. Touchez le bouton 123 pour revenir au pavé numérique.

> NOTE
>
> Les numéros de téléphone à l'international doivent commencer par un signe « + » suivi du code du pays, et du numéro, mais sans préciser le zéro d'en-tête, comme dans +33688888888 au lieu de 06 88 88 88 88.

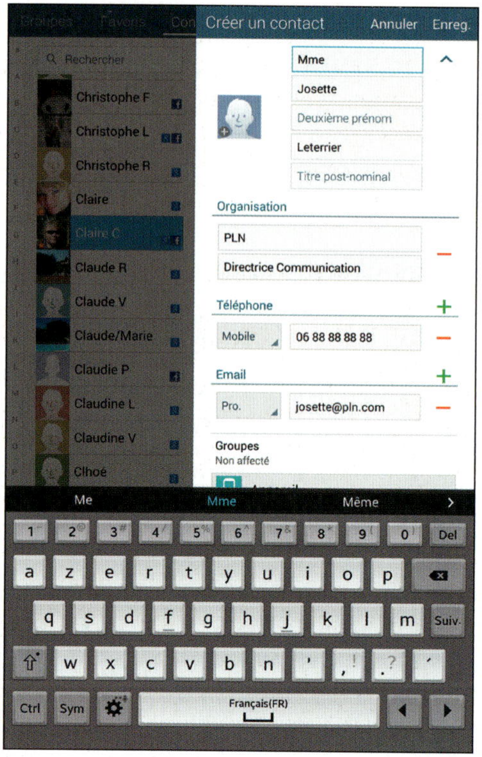

Figure 5.7 : Saisir la fiche d'un nouveau contact.

4 Quand vous avez terminé, touchez le bouton Enreg.

Entre les Étapes 3 et 4, un large champ de travail peut s'offrir à vous. Voyons donc quelques points spécifiques :

- **Image :** touchez la silhouette pour associer une image à votre contact. Il peut s'agir d'une photographie déjà présente dans la Galerie, d'une personne déjà reconnue grâce à la détection de visage (voyez à ce sujet le Chapitre 11), d'un sujet que vous allez prendre en photo ou encore d'un élément à choisir dans un mémo.

> **NOTE** Une autre manière de procéder consiste à partir de l'application Galerie (ou Photos). Ouvrez la photo ou l'image que vous voudriez utiliser, puis touchez le bouton Menu, en haut et à droite de l'écran. Sélectionnez alors l'option Définir comme. Touchez maintenant le bouton Photo du contact. Commencez par choisir l'application à utiliser. Positionnez et recadrez ensuite le portrait en faisant glisser les poignées bleues et le cadre lui-même (voir la Figure 5.8). Touchez le bouton OK pour confirmer.

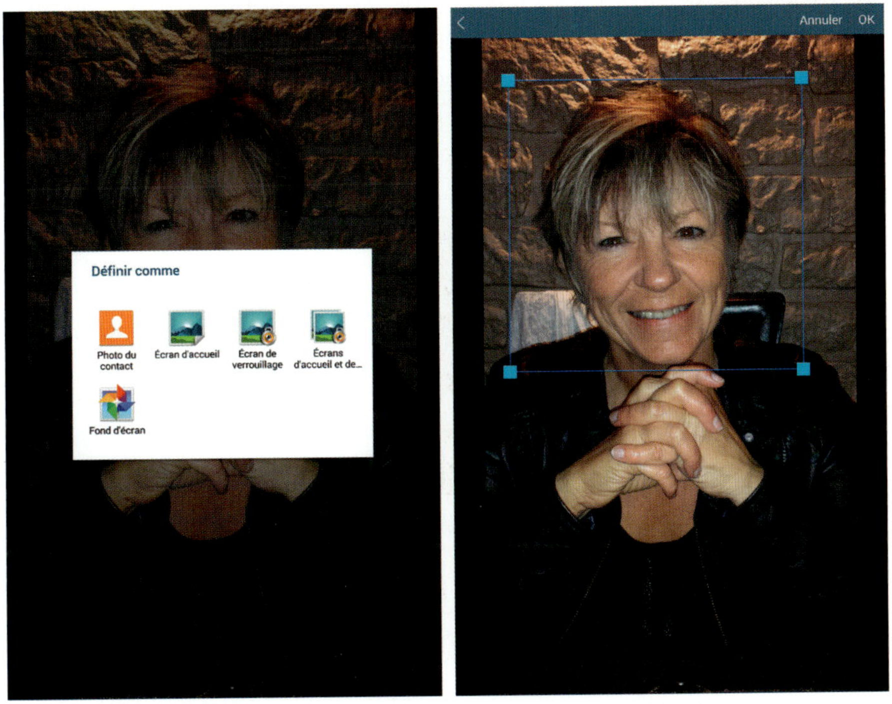

Figure 5.8 : Associer une photo à un contact dans l'application Galerie.

- **Nom et prénom :** touchez la petite flèche qui suit le champ Nom pour différencier nom, prénom et titre. Sinon, vous risquez d'inverser sans le vouloir ces renseignements.
- **Téléphone :** pour ajouter plusieurs numéros de téléphone, touchez le bouton « + » de cette rubrique. Touchez le champ de gauche pour indiquer s'il s'agit d'un fixe, d'un mobile, du numéro de la maison ou du travail, etc. Pour supprimer un numéro, touchez ce champ, puis le bouton « - » de la ligne correspondante.

Les boutons « + » et « - » se retrouvent dans différents champs.

- **Autres champs :** seuls les principaux types de champs vous sont proposés par défaut. Pour en définir d'autres, faites défiler l'écran vers le bas et touchez le bouton Aj. un autre champ. Comme vous pouvez le constater sur la partie droite de la Figure 5.9, les possibilités sont plutôt nombreuses.

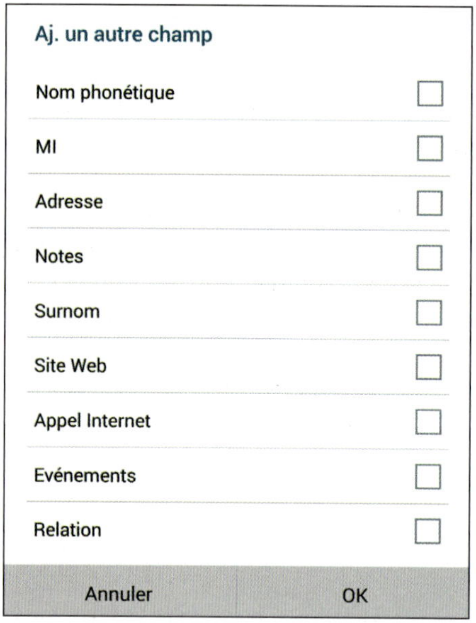

Figure 5.9 : Ajouter des champs à la fiche d'un contact.

- **Adresse :** ajoutez ce champ, puis entrez soigneusement l'adresse de votre nouveau contact. En effet, elle vous permettra plus tard de localiser celui-ci en touchant ce champ dans sa fiche afin de l'afficher dans Maps et de calculer un itinéraire pour vous rendre chez lui. Voyez à ce sujet le Chapitre 10.
- **Événements :** n'oubliez pas non plus d'ajouter ce champ ! Un anniversaire est si vite oublié !

Pour éditer la fiche du contact, activez-le, puis touchez le bouton qui représente un crayon, en haut de l'écran.

Créer des favoris

À quoi ça sert un favori ? Tout simplement à retrouver plus rapidement telle ou telle personne que vous avez souvent besoin de contacter. Vos favoris peuvent être les membres de votre famille, des relations professionnelles ou encore le président de votre club de football.

Pour créer un favori :

1. Ouvrez la fiche du contact.
2. Touchez le bouton en forme d'étoile, à droite du nom du contact.

Cette étoile devient orangée. Touchez l'onglet Favoris, en haut et vers la gauche de l'écran : votre nouveau favori est bien là. Ce raccourci va vous permettre d'accéder plus rapidement aux contacts que vous privilégiez.

> La page des favoris peut également afficher les noms des personnes que vous contactez le plus souvent. Le bouton Menu propose ici quelques rares options, dont un mode d'affichage sous forme de grille ou de liste.

> Pour retirer un contact de la liste des favoris, ouvrez sa fiche et touchez à nouveau le symbole d'étoile pour « éteindre » celle-ci.

Gérer des groupes de contacts

Plus vous avez de contacts, et plus il peut être difficile de s'y retrouver. C'est là que vous allez apprécier la possibilité de créer des groupes, autrement dit des sortes de classeurs dans lesquels vous rangerez d'un côté les membres de votre famille, d'un autre vos amis, d'un autre encore vos contacts professionnels, d'un autre aussi les sociétaires de votre club de foot, et ainsi de suite. C'est juste une question d'organisation.

Pour gérer vos groupes de contacts, suivez ces étapes :

1. Dans la fenêtre principale de l'application Contacts, touchez l'onglet Groupes, en haut et à gauche de l'écran.

   Comme le montre la partie gauche de la Figure 5.10, certains groupes sont prédéfinis, par exemple pour les numéros d'urgence, les contacts importés, etc.

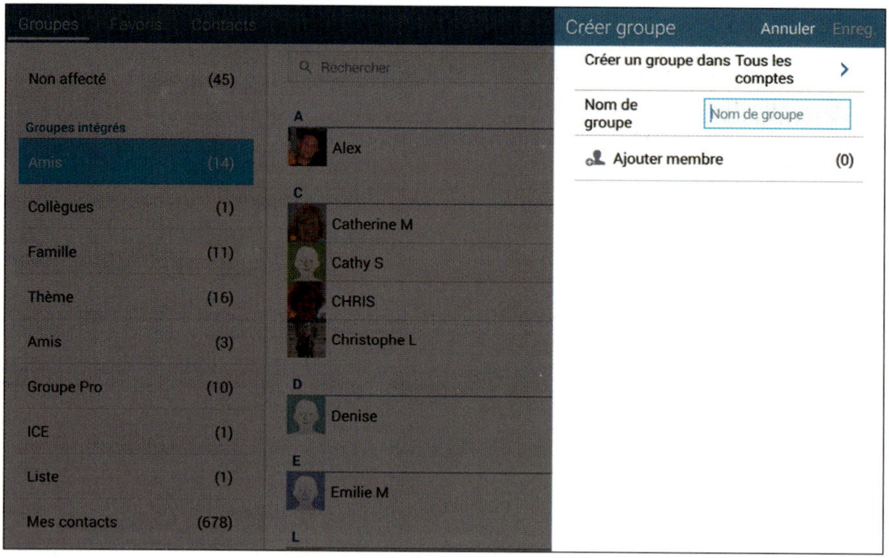

Figure 5.10 : Créer un nouveau groupe.

2. Touchez le bouton « + », en haut et à droite de l'écran.
3. Entrez un nom pour le nouveau groupe (voyez la partie droite de la Figure 5.10).

   Vous pouvez choisir le ou les comptes Gmail qui mémoriseront le groupe, et commencer à remplir celui-ci à l'aide du bouton Ajouter membre, ou bien reporter l'opération à plus tard.
4. Touchez le bouton Enreg. pour terminer.
5. Touchez le nom de votre nouveau groupe (ou d'un autre) pour commencer à le remplir. Touchez le bouton Menu, en haut et à droite de l'écran, et choisissez la commande Ajouter membre.

   La liste de vos contacts apparaît.
6. Localisez les contacts à ajouter au groupe et touchez la case qui leur est associée pour la cocher. Touchez le bouton OK pour terminer.

   Bien entendu, vous pourrez toujours compléter votre groupe plus tard, ou au contraire le réduire.
7. Vous revenez à votre groupe. Vous pouvez alors utiliser le bouton Menu de l'application pour supprimer des membres du groupe, envoyer des messages collectifs, ou encore pour en modifier l'ordre.

NOTE

Si un contact est associé à plusieurs numéros de téléphone, ouvrez sa fiche puis faites un appui long sur celui qui doit être prioritaire. Dans le menu qui apparaît, touchez l'option Définir par défaut. Une marque bleue apparaît alors à la droite du numéro. La même manipulation permet d'effacer la valeur par défaut, autrement dit de retirer simplement la marque bleue.

Chapitre 6

Vous avez un message !

Dans ce chapitre :

- Comprendre la notion de message électronique
- Configurer un compte de messagerie
- Recevoir un nouveau message
- Utiliser la boîte de réception universelle
- Créer et envoyer des courriels
- Ajouter des pièces jointes à des messages électroniques
- Créer une signature électronique
- Modifier les paramètres de suppression manuelle

L'art de l'écriture de lettres est très ancien. Toutefois, personne n'est capable de dire quand la première lettre a été écrite. Il serait étonnant qu'il s'agisse d'un simple message de remerciements, ou du transfert d'un télégraphe. C'est à partir des années 1960 que la lettre a connu ses premières désaffections avec l'avènement progressif du téléphone.

Qui aurait pensé qu'un jour il serait possible d'envoyer des messages écrits avec un drôle d'appareil appelé tablette ? C'est pourtant la réalité d'aujourd'hui, car, grâce à une connexion Internet et au Wi-Fi, votre tablette Galaxy est capable d'envoyer et de recevoir des messages électroniques, ou e-mails (officiellement, il conviendrait d'écrire courriel, mais qui se sert de ce mot ?).

Les messages électroniques et votre tablette

Deux applications Android permettent de gérer les messages électroniques : Gmail et Email.

Gmail est en lien direct avec votre compte Google. En effet, cette application utilise le service de messagerie électronique Gmail. Ainsi, la gestion des e-mails se fait à un double niveau : vous recevez vos messages sur votre ordinateur, votre tablette, et éventuellement sur votre smartphone.

L'application Email est connectée à un service de messagerie électronique différent de Gmail. Il peut s'agir d'un service fourni par votre FAI ou bien basé sur Internet comme Yahoo! Mail ou Microsoft Outlook.

Quelle que soit l'application que vous utilisez, la messagerie électronique fonctionne sur votre tablette comme sur un ordinateur : vous recevez, créez, transférez, envoyez des messages à un groupe de contacts, et vous ajoutez éventuellement des pièces jointes.

- L'application Email peut être configurée pour gérer plusieurs comptes de messagerie électronique, comme cela est expliqué un peu plus loin dans cette section.

> Bien que vous puissiez utiliser le navigateur Web de votre tablette pour visiter le site Web Gmail, l'application éponyme permet de gérer vos messages envoyés et reçus par ce service de messagerie.

- Si vous oubliez votre mot de passe Gmail, rendez-vous à l'adresse suivante : `www.google.com/accounts/forgotpasswd`

Configurer un compte de messagerie basé sur le Web

Pour accéder à un compte de messagerie différent de Gmail, vous devez configurer votre tablette Galaxy. Voici la procédure à suivre pour des comptes de messagerie créés sur Yahoo! Mail ou encore Outlook.com (anciennement Hotmail) :

1. Ouvrez l'application Paramètres et choisissez l'option Ajouter compte. Pour y accéder, activez l'onglet Général et touchez la ligne Comptes.

   Plusieurs types de comptes vous sont proposés, au premier rang desquels bien entendu Google. Mais votre liste peut également comporter bien d'autres choix, comme Facebook, Twitter, Skype, IMAP, POP3, et ainsi de suite.

2. Touchez (normalement) la ligne qui indique Email.
3. Saisissez l'adresse e-mail de votre compte.

> **NOTE** N'oubliez pas que le clavier virtuel propose la fameuse touche @, ainsi qu'un raccourci .com.

4. Entrez le mot de passe du compte.

   A priori, les options de configuration automatique suffisent à l'établissement de la connexion avec ce compte.

> **NOTE** Les mots de passe sont par définition masqués. Il est possible de les révéler totalement à partir de la rubrique Sécurité de l'onglet Général des paramètres, mais c'est très vivement déconseillé. Pour cette fois, et si aucun espion n'est perché sur vos épaules, vous avez le droit de cocher la case Afficher le mot de passe pour vous simplifier la vie.

5. Touchez le bouton OK du clavier.
6. Si vous n'avez pas fait d'erreur, les informations de connexion devraient être automatiquement détectées. Il vous suffit chaque fois de toucher le bouton Suivant.

   Si vous avez fait une erreur dans le nom du compte ou le mot de passe, touchez le bouton Précédent et corrigez. Si ce compte nécessite une configuration particulière, servez-vous des informations dont vous disposez pour renseigner correctement les champs.

7. Parmi les choix proposés, cochez les cases de ce que vous voulez synchroniser pour ce compte (voir la Figure 6.1).

   Selon le type du compte, les choix peuvent se limiter à la fréquence de consultation des messages et aux notifications, ou concerner en plus les contacts ou l'agenda.

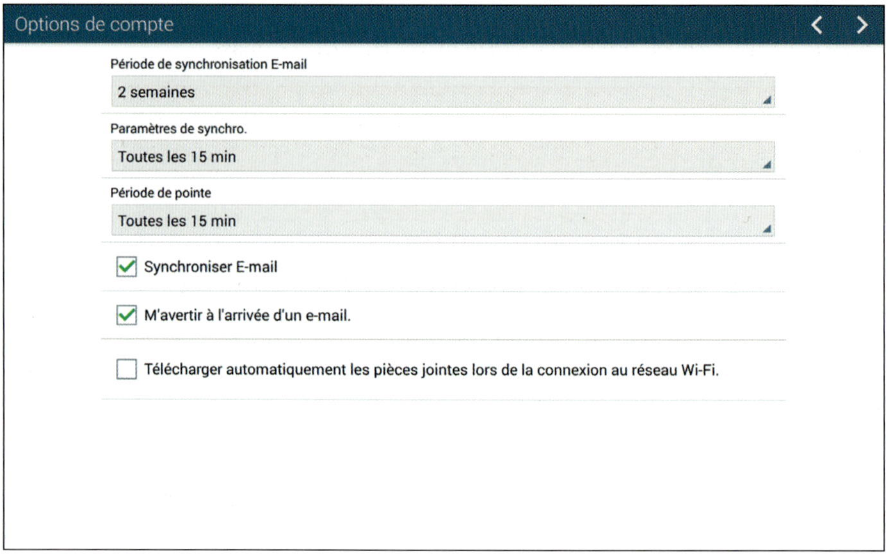

Figure 6.1 : Configurer les options d'un compte de messagerie standard.

> Vous pourriez éventuellement opter pour un intervalle de mise à jour plus réduit si vous recevez beaucoup de messages ou si vous devez y répondre rapidement. Ou l'inverse si vous ne voulez pas être dérangé trop souvent…

> Je vous déconseille d'activer le téléchargement automatique des pièces jointes. Cela pourrait ralentir le fonctionnement de votre tablette, et surtout compromettre sa sécurité. Après tout, vous ne pouvez pas savoir ce qu'est une pièce jointe avant d'avoir pris connaissance du message !

8. Quand vous avez fini, touchez le bouton fléché Suivant, en haut et à droite de l'écran.

9. Si vous le souhaitez, donnez un nom personnalisé au compte, puis touchez le bouton OK.

   Au bout de quelques instants, le compte est configuré.

Normalement, l'application Email devrait très rapidement détecter le nouveau compte et l'intégrer automatiquement dans sa liste d'adresses de messagerie. Si ce n'est pas le cas, ouvrez Email, puis le menu disponible en haut et à droite de l'écran. Touchez l'option Paramètres, puis le bouton Ajouter un compte. Saisissez à nouveau votre adresse de messagerie et votre mot de passe.

> Si l'icône Email n'apparaît pas sur votre écran d'accueil, c'est le moment de réparer cet oubli en faisant glisser cette icône depuis la page Applis.

Configurer le compte de messagerie de son FAI

Vous devez configurer manuellement un compte de messagerie que vous avez créé auprès de votre FAI ou de tout autre type de structure. Si tout va bien, la procédure n'est pas plus compliquée que la précédente. Suivez ces étapes :

1. Ouvrez l'application Email.
2. Ouvrez le menu disponible en haut et à droite de l'écran, puis choisissez l'option Paramètres.
3. Touchez le bouton Ajouter compte, à gauche de l'écran.
4. Saisissez l'adresse e-mail du compte que vous souhaitez utiliser.
5. Saisissez le mot de passe de ce compte.

> Comme vous configurez un compte supplémentaire, qui n'est donc vraisemblablement pas celui de votre messagerie principale, évitez de cocher la case qui indique Envoyer un e-mail depuis ce compte pas défaut.

6. Touchez le bouton Suivant (la flèche qui se trouve en haut et à droite de l'écran).

   Si tout se passe bien, vous vous retrouvez dans la situation décrite plus haut, et vous n'avez plus qu'à configurer quelques options. Sinon, vous allez devoir passer en mode Configuration manuelle. Dans ce cas :

7. Choisissez le type de compte à configurer. Normalement, vous allez toucher le bouton POP3. Les autres choix concernent surtout des comptes d'entreprise.

   Si votre compte est automatiquement configuré, vous n'avez rien d'autre à faire, si ce n'est de toucher la flèche du bouton Suivant. Sinon, vous devez indiquer un certain nombre d'informations fournies par votre FAI. Il s'agit :

   – Du serveur entrant, c'est-à-dire du nom du serveur POP.

– Du serveur sortant, c'est-à-dire du nom du serveur SMTP.

– De votre nom d'utilisateur et de votre mot de passe.

Vérifiez ces informations avant de toucher le bouton Suivant.

> NOTE : Conservez l'option Jamais dans la liste Supprimer l'e-mail du serveur. Sinon, un message une fois ouvert ne pourra plus être récupéré sur votre ordinateur ou votre smartphone.

8. Une fois ces informations fournies, soit automatiquement soit manuellement, validez les options de synchronisation et touchez le bouton Suivant.

9. Donnez un intitulé personnalisé à votre compte de messagerie et définissez le nom qui sera affiché dans vos courriels.

   Bertrand Dupond, c'est quand même mieux que bdup8472@monfai.com !

10. Touchez le bouton OK.

Vous pouvez maintenant quitter les paramètres de l'application. Votre compte est opérationnel.

Vous avez un message

Toutes les tablettes Android en général, et les Galaxy en particulier, aiment travailler avec Gmail. S'il s'agit de votre serveur de messagerie principal, vous aurez un accès permanent à tous vos messages électroniques.

Comme nous l'avons vu précédemment, les messageries électroniques différentes de Gmail sont essentiellement gérées par le programme Email. Leur utilisation nécessite une configuration préalable à l'issue de laquelle vous envoyez et recevez des courriers électroniques, exactement comme avec votre ordinateur.

Savoir qu'un message est arrivé

Une icône affichée dans la barre des notifications vous avertit de la réception d'un nouveau message. Cette icône varie selon le type de compte concerné : un grand M pour un compte Gmail, une enveloppe pour Email, ou un autre symbole selon l'application que vous utilisez.

Vous pouvez avoir tout de suite un aperçu du message en faisant glisser vers le bas la barre des notifications, y compris depuis l'écran de verrouillage (voir la Figure 6.2).

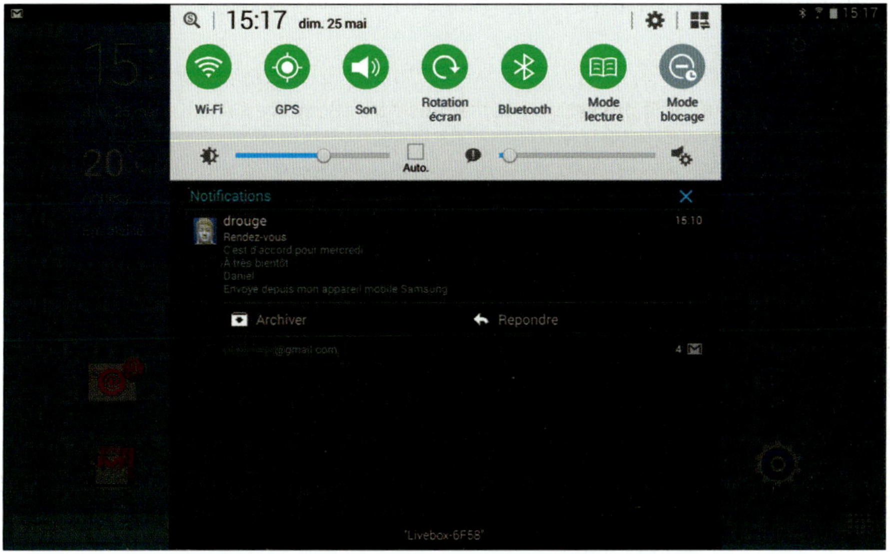

Figure 6.2 : Vous êtes notifié quand un message arrive.

Il est ainsi possible d'archiver ou d'y répondre en touchant les boutons correspondants. Vous pouvez aussi faire glisser un message vers la gauche ou vers la droite pour l'effacer des notifications (mais pas de votre messagerie, heureusement).

> NOTE : Si seul l'en-tête d'un message apparaît dans la barre des notifications, faites-le glisser vers le bas pour en savoir plus.

Consulter la boîte de réception

Pour consulter votre compte Gmail, exécutez l'application éponyme (si nécessaire, ouvrez le dossier Google de l'écran d'accueil pour la débusquer). Le contenu de la Boîte de réception apparaît.

Pour lire un message, appuyez dessus (voir la Figure 6.3). Pour revenir à la Boîte de réception, appuyez sur le bouton Retour de la tablette. C'est aussi simple que cela.

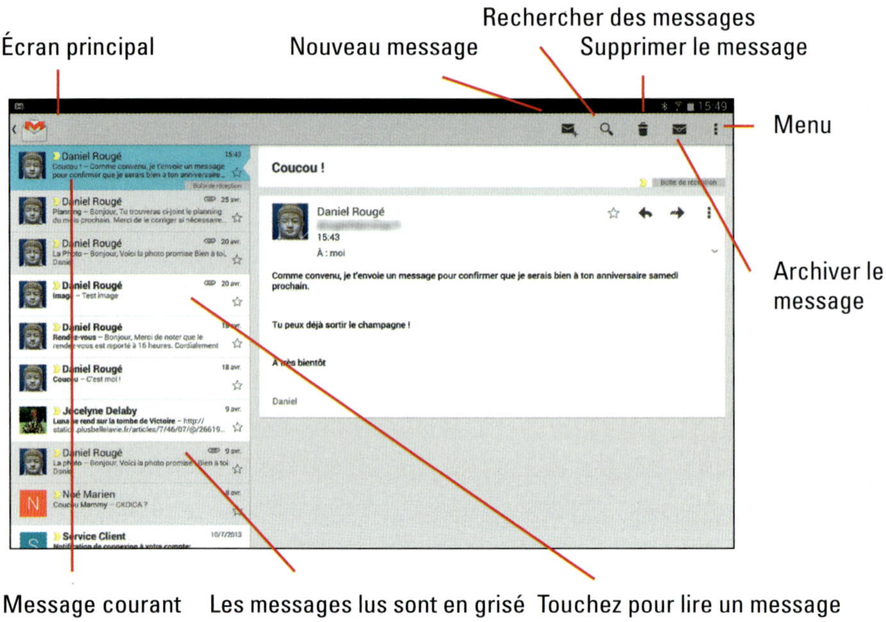

Figure 6.3 : La boîte de réception Gmail.

- Par défaut, Gmail vous signale les messages provenant des réseaux sociaux auxquels vous êtes abonnés sous l'un des comptes définis dans l'application. Vous pouvez les consulter indépendamment de vos autres messages. Bien entendu, Gmail a une nette préférence pour Google+ et YouTube. Mais il acceptera sans rechigner tous les autres réseaux sociaux.
- Pour rechercher des messages Gmail, appuyez sur le bouton représentant une loupe, en haut de l'écran.

NOTE

Gmail utilise la notion de libellés et non pas de dossiers. Pour y accéder, effleurez l'écran de gauche à droite de manière à ouvrir le menu vous permettant de choisir un compte ou un libellé particulier (voir la Figure 6.4). Vous pouvez également toucher le bouton présent en haut et à gauche de l'écran.

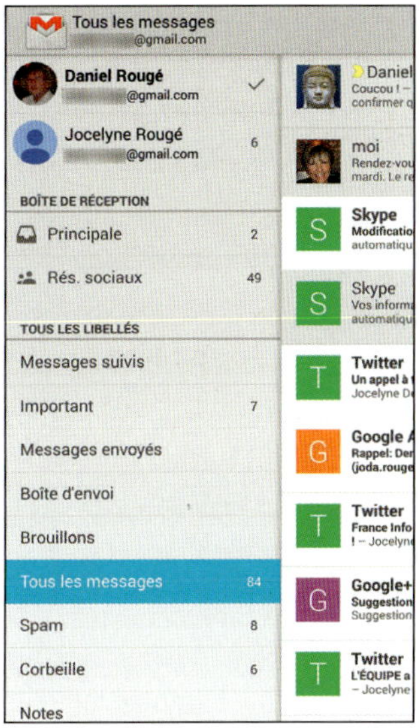

Figure 6.4 : Le volet principal de Gmail.

- La boîte de réception de l'application Email fonctionne exactement selon le même principe. Elle conserve de son côté la notion de dossiers, tout en offrant moins de choix dans son menu principal (voir la Figure 6.5).

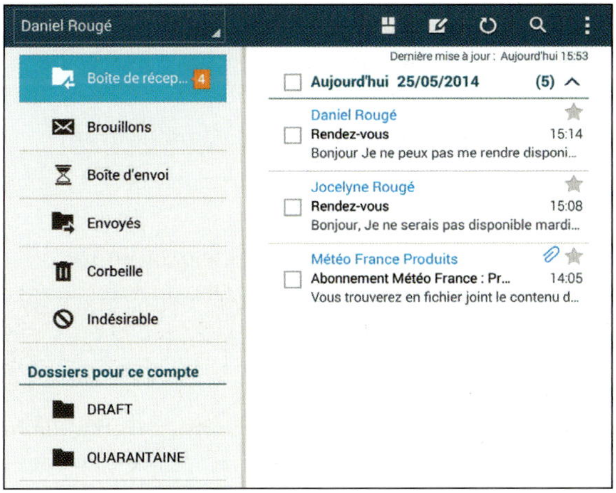

Figure 6.5 : La boîte de réception de l'application Email.

Lire un message

Bien qu'il soit possible de lire un message en touchant sa notification, vous pouvez également et évidemment le faire depuis l'application de messagerie.

L'apparence des messages dans la boîte de réception dépend de l'application utilisée. Ainsi, la Figure 6.6 montre la lecture d'un message dans Gmail. Le principe est très semblable dans Email.

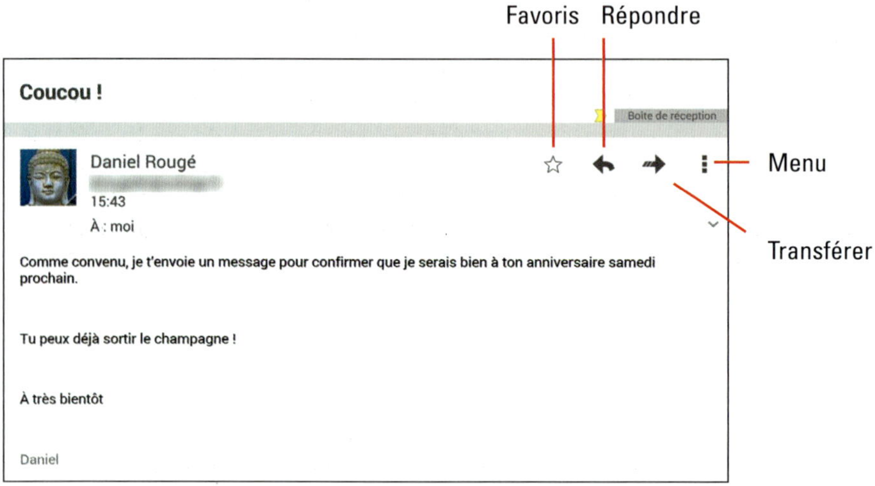

Figure 6.6 : Lire un message dans Gmail.

Vous pouvez remarquer que les similitudes sont nombreuses, Gmail offrant cependant nombre d'options supplémentaires (on n'est jamais aussi bien servi que par soi-même !).

Pour répondre, il suffit d'appuyer sur le bouton idoine du message affiché.

- Pour accéder aux options non visibles dans un message, touchez le bouton Menu qui apparaît à droit du bouton Répondre. Ces options sont en particulier Répondre à tous, Transférer ou encore Imprimer.
- Le bouton Menu de l'application, en haut et à droite de l'écran, propose de nombreux choix supplémentaires dans Gmail comme dans Email. Jetez-y un coup d'œil pour vous familiariser avec les options dont vous disposez, et dont vous ne vous servirez probablement que très peu.

- Lorsque vous appuyez sur l'icône frappée d'une l'étoile dans un message, vous le marquez comme favori. Cette marque permet de localiser plus rapidement des messages spécifiques.
- La gestion de la messagerie est plus simple sur un ordinateur.
- Gmail synchronise son serveur de messagerie avec votre tablette. De facto, la synchronisation étant bidirectionnelle, les deux boîtes de réception sont identiques. Vous ne perdez donc pas vos messages tant que vous ne les supprimez pas volontairement.
- Avec Email, les messages que vous recevez sur votre tablette restent stockés sur le serveur de messagerie. En effet, une application comme Email ne supprime pas par défaut les messages après les avoir récupérés. L'avantage de cette technique est que vous pouvez toujours consulter vos messages depuis un ordinateur. En revanche, les applications de messagerie sur ordinateur suppriment généralement de manière automatique les messages du serveur une fois que vous les avez consultés. Ils ne sont donc plus accessibles sur votre tablette (ou votre smartphone).

Écrire un courrier électronique

J'utilise souvent ma tablette pour vérifier l'arrivée de nouveaux messages. En revanche, je l'emploie rarement pour y répondre ou pour en composer. J'explique cette attitude par le fait que peu de messages électroniques nécessitent une réponse immédiate.

Composer un nouveau message électronique

L'écriture d'un message sur votre tablette Galaxy ne diffère pas réellement de ce que vous faites sur votre ordinateur. La Figure 6.7 en montre l'interface dans Gmail, et la Figure 6.8 dans Email.

Figure 6.7 : Écrire un nouveau message dans Gmail.

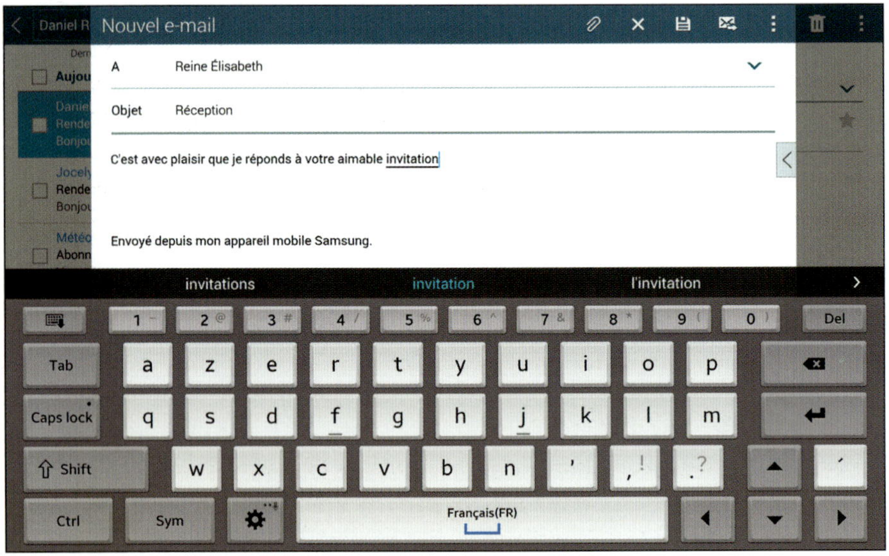

Figure 6.8 : Écrire un nouveau message dans Email.

Voici comment créer un message électronique avec votre tablette :

1. Démarrez votre application de messagerie préférée, Gmail ou Email.

2. Dans la boîte de réception, touchez le bouton représentant une enveloppe marquée d'un signe « + » (Gmail) ou une feuille et un crayon (dans Email).

   L'écran de rédaction d'un message apparaît. Comme il s'agit d'un nouveau message, et non pas d'une réponse ou d'un transfert, tous ses champs sont vides.

> Si vous répondez à un message, le principe reste exactement le même. Simplement, le texte du message d'origine sera inclus par défaut dans votre réponse.

3. Si nécessaire, touchez le champ qui indique le nom de l'expéditeur pour choisir le compte de messagerie que vous voulez utiliser.

   Dans Gmail, le compte est affiché sur la première ligne du message. Dans Email, vous devez cliquez sur le bouton en forme de pointe, en haut et à droite de la fenêtre de composition, puis la flèche située à droite du champ De.

4. Touchez le champ À pour l'activer. Tapez les premières lettres du nom du contact, puis choisissez le destinataire dans la liste qui vous est proposée.

   Vous pouvez envoyer un message à une personne qui ne figure pas dans votre carnet d'adresses en tapant tout simplement son adresse e-mail en entier.

> Dans Email, vous pouvez aussi toucher le bouton montrant une silhouette pour accéder à tous vos contacts.

5. Indiquez l'objet du message.
6. Tapez le message.
7. Touchez le bouton Envoyer.

   Dans Gmail, Le bouton Menu, en haut et à droite de l'écran, contient une option permettant l'enregistrement du message sous la forme d'un brouillon. Cela permet de le modifier ultérieurement avant de l'expédier.

> Le menu d'Email propose l'option Envoi programmé qui vous permet de différer l'expédition au moment que vous définissez. Avec les options de suivi vous pouvez aussi demander une confirmation de lecture.

Une copie des messages expédiés est mémorisée dans l'application. Elle se nomme Messages envoyés sur Gmail (mais vous ne voyez pas par défaut ce dossier dans Email). Bien entendu, les copies des messages Gmail sont également stockées sur votre espace Google. Vous pouvez les consulter depuis n'importe quel ordinateur connecté à Internet.

- Pour annuler un message, appuyez tout simplement sur le bouton Retour de la tablette. Le message est mémorisé en tant que brouillon (mais Email vous demande tout de même votre avis).
- Pour insérer le champ Cc ou Cc/Cci, touchez le bouton correspondant dans Gmail, ou la pointe tournée vers le bas, en haut et à droite de la fenêtre de composition, dans Email.
- Consultez le Chapitre 5 pour plus d'informations sur le carnet d'adresses de votre tablette.
- Consultez le Chapitre 3 pour taper, dicter, et modifier du texte.
- Parmi tous les symboles mis à votre disposition, il y a aussi les fameux smileys, ces petits dessins servant de raccourci pour représenter un sentiment ou encore une réaction. Ils sont disponibles uniquement lorsque vous rédigez un message. Pour y accéder, faites si nécessaire un appui long sur la touche qui se trouve juste à gauche de la barre d'espace. Vous avez le choix entre plusieurs catégories et de multiples imagettes (voir la Figure 6.9). Pour revenir au clavier standard, touchez le bouton ABC.

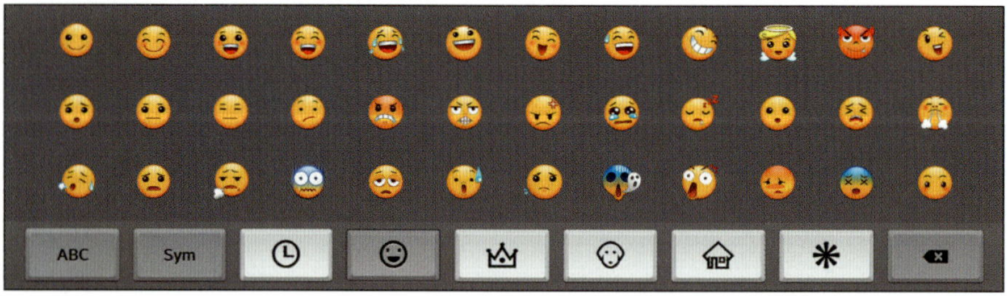

Figure 6 .9 : Insérer un smiley dans un message.

Envoyer un nouveau message à un contact

La méthode la plus simple et la plus rapide pour composer un nouveau message consiste à localiser un contact et à utiliser ses informations personnelles. Voici comment procéder :

1. Ouvrez le carnet d'adresses (Contacts) de votre tablette.
2. Localisez le contact auquel vous souhaitez adresser un message électronique.

   Pour plus d'informations sur la recherche des contacts dans une longue liste de correspondants, reportez-vous au Chapitre 5.

3. Touchez le contact puis, dans sa fiche personnelle, touchez la ligne qui contient son adresse e-mail.

4. Dans le menu local qui apparaît, choisissez l'application de messagerie à utiliser : Email ou Gmail, et validez avec le bouton Cette fois seulement (on ne sait jamais).

   D'autres options de composition d'un message peuvent être disponibles sur votre tablette. Ainsi, si vous avez téléchargé une autre application de messagerie, elle sera proposée dans ce menu local.

Dès cet instant, la création d'un message s'effectue selon la procédure décrite dans les précédentes sections.

> NOTE
> Vous pouvez choisir un compte spécifique pour expédier votre message. Si vous disposez d'un seul compte, il est utilisé par défaut.

Joindre des pièces à un message

Votre tablette Galaxy permet d'afficher la majorité des pièces jointes à vos messages électroniques.

Les messages contenant des pièces jointes sont identifiés dans la boîte de réception par l'icône d'un trombone. Lorsque vous ouvrez ce message, vous voyez immédiatement la pièce jointe et, s'il s'agit d'une photo, une petite vignette permet de se faire une idée de son contenu, comme le montre la Figure 6.10.

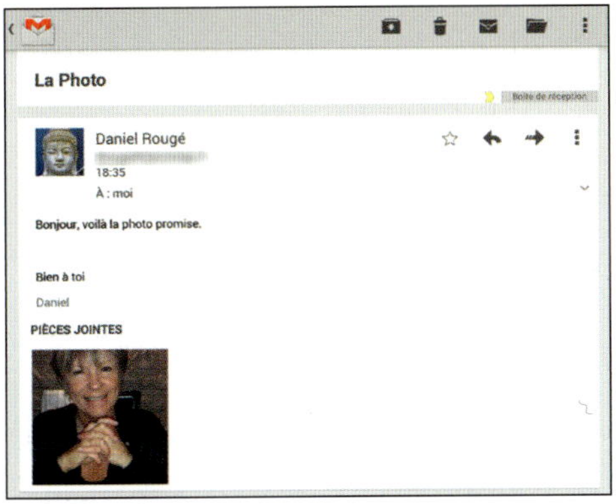

Figure 6.10 : Message ouvert dans Gmail et contenant une pièce jointe.

> Il n'y a pratiquement aucune différence de ce point de vue entre Gmail et Email.

> Si vous ne souhaitez pas charger automatiquement les pièces jointes, touchez le bouton Menu et choisissez la commande Paramètres. Touchez le nom du compte concerné. Faites défiler les options vers le bas, puis décochez la case Télécharger les pièces jointes. Vous pouvez également forcer une confirmation avant d'afficher les images.

- Avec Gmail, appuyez sur la vignette de la pièce jointe pour afficher un aperçu. Pour la stocker sur votre tablette, touchez le bouton Menu et choisissez la commande Enregistrer (ou Tout enregistrer si le message contient par exemple plusieurs photos, ou encore Enregistrer dans Drive pour stocker l'image sur votre nuage Internet version Google).

> Le menu vous propose aussi une option de partage, qu'il s'agisse de transférer une pièce jointe via Bluetooth, de la diffuser sur un réseau social, de la renvoyer dans un e-mail, etc.

- Avec Email, touchez le bouton qui indique le nombre de pièces jointes, puis l'un des boutons Aperçu ou Enreg.

Certaines pièces jointes ne peuvent pas être ouvertes, tout simplement parce qu'aucune application capable de le faire n'est installée sur votre tablette. Dans ce cas, informez l'expéditeur du problème. Une autre méthode consiste à transférer ce message sur un autre compte de messagerie que vous consulterez depuis votre ordinateur.

- Si les images jointes ne sont pas affichées dans le message, il suffit de toucher la vignette ou le nom de la pièce jointe pour afficher un aperçu.
- Les photos au format JPEG jointes à un message disposent généralement d'une petite vignette permettant d'en identifier le contenu.

> Vous pouvez facilement ajouter une pièce jointe à un message électronique. Demandez à créer un nouveau message, puis touchez le bouton qui représente un trombone. Chacun à sa manière, Gmail comme Email vous proposent de choisir ce que vous voulez transmettre : photos, vidéos, documents, voire tout autre type de fichier à votre convenance. Dans Gmail, par exemple, vous retrouvez le gestionnaire de fichiers centralisé où vous sélectionnez un emplacement ou bien une application (voir la Figure 6.11). Choisissez un dossier, puis touchez le fichier que vous voulez joindre au message. C'est aussi simple que cela.

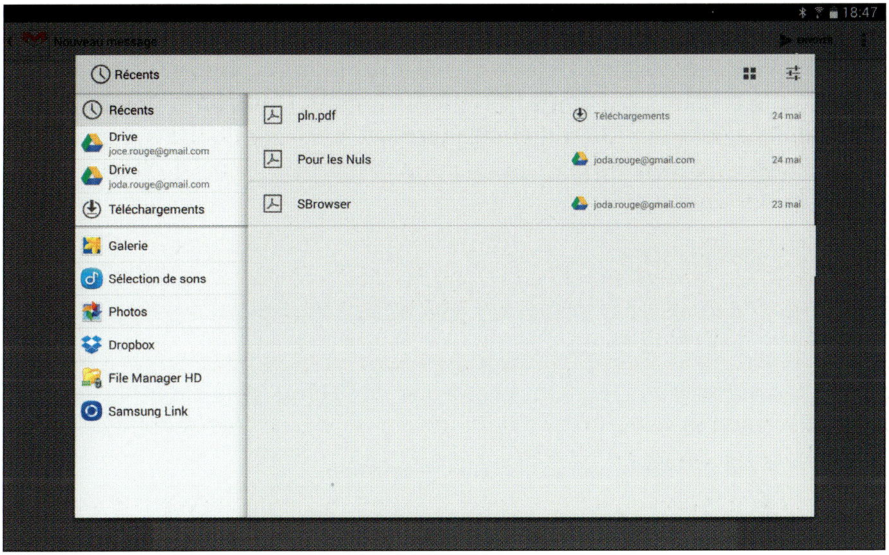

Figure 6.11 : Joindre un fichier à un message.

> Vous pouvez bien entendu joindre plusieurs pièces. Pour cela, sélectionnez plusieurs fichiers dans un même dossier par une série d'appuis longs ou en cochant des cases.

- Pour annuler l'insertion d'une pièce jointe choisie par erreur, touchez la croix ou le signe moins qui accompagne la vignette associée à cette pièce.
- Une autre méthode consiste à ouvrir d'abord l'application qui vous permet d'accéder au(x) fichier(s) que vous souhaitez transférer en pièce jointe. Effectuez votre sélection, puis touchez le bouton Partager. Il ne vous reste plus qu'à choisir Gmail ou Email et à compléter normalement votre message.

- Avant d'envoyer un type de fichier particulier, vous devriez vous assurer au préalable que le ou la destinataire sera capable d'ouvrir les pièces jointes dans une application appropriée.
- Pour plus d'informations sur les applications Galerie et Photos, consultez le Chapitre 12.

Configurer une messagerie électronique

Vous pourriez passer beaucoup de temps à personnaliser vos messageries électroniques gérées avec votre tablette Galaxy. Mais, en fait, les réglages par défaut sont souvent bien adaptés. L'une des options les plus importantes est le téléchargement automatique, ou non, des pièces jointes. Nous avons déjà vu plus haut comment procéder pour modifier cette option.

Voyons donc rapidement ce qu'il en est des autres réglages.

Paramètres généraux

Ce sont ceux qui concernent tous les comptes de messagerie qui sont définis dans l'application Gmail ou Email :

1. Touchez le bouton Menu, en haut et à droite de l'écran, puis choisissez l'option Paramètres.
2. Touchez la ligne qui indique Paramètres généraux.
3. Activez, désactivez ou modifiez les options proposées (voir la Figure 6.12).
4. Quand vous avez terminé, revenez à l'écran principal en touchant le bouton Retour.

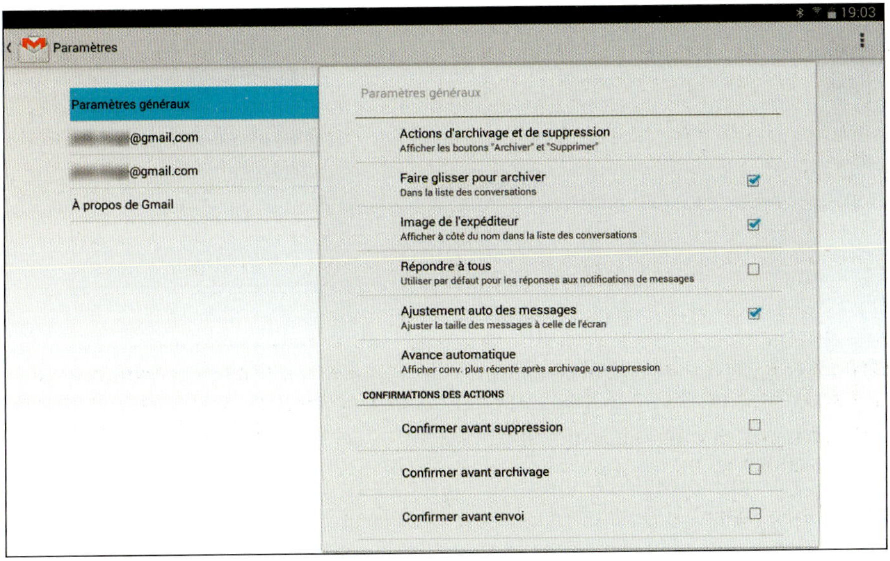

Figure 6.12 : Paramètres généraux de l'application Gmail.

Parmi les options susceptibles de vous intéresser, les principales sont certainement celles-ci :

- Actions d'archivage et de suppression : pour afficher ou non ces boutons lors de la lecture des messages. Autant les conserver.
- Image de l'expéditeur : si une image est liée à un contact, il est possible de l'afficher automatiquement dans les messages qu'il vous envoie. C'est à vous de voir.

> **NOTE** Dans Gmail comme dans Email, l'image de l'expéditeur est sensible. Autrement dit, il vous suffit de la toucher pour accéder aux actions disponibles pour ce correspondant (voyez également à ce sujet le Chapitre 5).

- Confirmations des actions : la confirmation avant suppression est plutôt une bonne idée. Pour ce qui concerne l'archivage ou l'envoi, c'est sans doute bien moins utile.

Dans l'application Email, la démarche est à peu près la même. En particulier, vous avez la possibilité de rejeter certains expéditeurs considérés comme indésirables (leurs messages se retrouveront automatiquement déplacés dans le dossier de même nom, ce qui permet de se débarrasser des importuns). Si vous recevez de quelqu'un que vous ne connaissez pas un message qui vous semble suspect, le plus simple est de choisir immédiatement la commande Ajouter aux spams dans le menu.

Paramètres des comptes

Chaque compte de messagerie dispose de ses propres réglages, toujours accessibles depuis l'option Paramètres de l'application. En restant dans Gmail, quelques options méritent réflexion :

- Catégories de boîte de réception : voulez-vous uniquement recevoir des messages de vos contacts ? Ou en plus ceux qui proviennent des réseaux sociaux sur lesquels vous êtes inscrit ? Et aussi recevoir des offres promotionnelles ? Touchez cette option et cochez ou décochez les cases des choix proposés.
- Sonnerie et vibreur de la boîte de réception : vous pouvez être notifié de l'arrivée d'un message par une sonnerie personnalisée, voire par une vibration de l'appareil. Si vous avez plusieurs comptes, pourquoi en effet ne pas leur associer des sonneries différentes ?
- Répondeur automatique : si vous n'êtes pas disponible, il est possible d'activer ce répondeur en définissant la période pendant laquelle il est actif ainsi qu'un objet et un message par défaut. Voilà qui peut être pratique pour ne pas être dérangé pendant une réunion ou en vacances
- Signature : pour ajouter une signature à la fin de tous vos messages. Voyez la section suivante.

Comme il se doit, l'application Email propose ses propres réglages, en particulier la possibilité de modifier le nom du compte, ou le nom sous lequel vos messages sont envoyés. Sonnerie et vibreur sont également au rendez-vous.

Créer une signature

Je conseille vivement de créer une signature personnalisée lorsque vous envoyez des messages depuis votre tablette. Par exemple :

```
DAN

Ce message a été envoyé avec ma tablette Galaxy.
Aucun caractère farfelu n'est intentionnel.
```

Pour créer une signature dans Gmail ou dans Email :

1. Touchez le bouton Menu, puis Paramètres.
2. Touchez le nom de votre compte.
3. Choisissez Signature.
4. Tapez ou dictez votre signature.
5. Touchez le bouton OK.

Pour modifier une signature, il suffit de répéter les étapes de cette procédure.

> NOTE — Chaque compte de messagerie peut posséder sa propre signature.

Configurer les options de synchronisation

Gmail n'a pas vraiment besoin d'offrir de multiples options de synchronisation, tout cela s'effectuant automatiquement en arrière-plan. Dans les paramètres des comptes, il vous suffit de laisser cochée l'option Synchroniser Gmail et de définir le cas échéant le nombre de jours à synchroniser.

Email vous offre pour cela davantage de choix :

1. Dans l'application Email, touchez le bouton Menu, puis choisissez Paramètres.
2. Touchez le nom de votre compte.
3. Touchez l'option Paramètres sync, puis Paramètres de synchro (c'est une subtile variation).
4. Choisissez le délai par défaut entre deux synchronisations de la messagerie, par exemple toutes les 30 minutes, et spécifiez si ce délai doit être différent pendant les heures dites de pointe, normalement pendant vos heures de travail (voir la Figure 6.13).

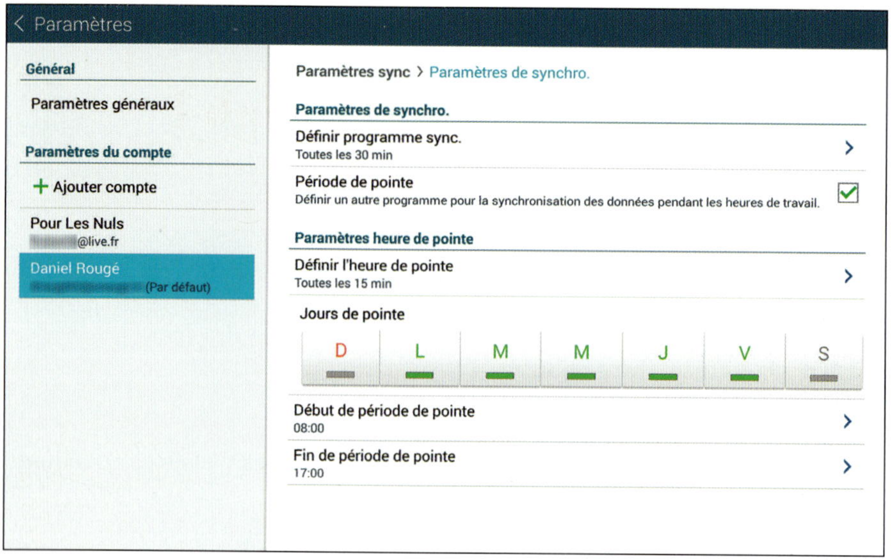

Figure 6.13 : Définir les paramètres de synchronisation dans Email.

5. Quand vous avez terminé, appuyez sur la touche Retour de la tablette pour quitter les paramètres de l'application.

Chapitre 7

En route pour le Web !

Dans ce chapitre :

- Naviguer sur le Web avec votre tablette
- Ajouter un favori
- Travailler avec les onglets
- Rechercher du texte dans une page Web
- Partager et sauvegarder des pages Web
- Télécharger des images et des fichiers
- Configurer le navigateur Web
- Faire des recherches vocales

Je suis certain que le Web, ou plus exactement le World Wide Web, a été conçu pour les ordinateurs de bureau. L'écran y est large et offre plein de place. Les pages Web peuvent s'y étaler copieusement, comme l'oncle Paul quand il se vautre sur le canapé pour regarder un match de football. Mais plus l'écran est petit, et plus il est difficile de consulter ces pages Web justement conçues pour les moniteurs de bureau. Le Web sur un téléphone portable ? C'est généralement tragique (certains sites ont bien une version spécifiquement dédiée aux petites tablettes et aux smartphones, mais c'est quand même limite). Bien. Et votre tablette dans tout cela ?

Vous l'aviez remarqué, elle n'a pas l'écran réduit d'un smartphone. Pas plus qu'un large moniteur de vingt et quelques pouces comme sur votre machine de bureau. Mais sa taille est bien équilibrée entre les deux. Visualiser une page Web sur sa tablette, c'est un peu comme regarder un oncle assis dans son fauteuil, mais plus jeune, plus mince. Bref, c'est tout à fait confortable, pour peu que vous suiviez les conseils et les suggestions proposés dans ce chapitre.

Naviguer sur le Web, version tablette

Il devient difficile de nos jours de trouver une personne n'ayant aucune expérience du Web. La situation la plus courante, c'est celle de quelqu'un qui a déjà fréquenté ces rivages sur un ordinateur de bureau, et qui s'aperçoit que, sur une tablette, les vagues sont juste un peu plus petites. Si c'est votre cas, lisez ce qui suit pour vous aider à vous orienter vers ce nouvel horizon.

Vue sur le Web

Toutes les tablettes Android sont livrées avec un navigateur Web. Quel que soit son nom, il ressemble de près à celui que vous utilisez sur votre ordinateur de bureau ou portable.

En fait, il n'y a pas un, mais deux navigateurs Web installés sur votre tablette Galaxy : celui qui s'appelle tout simplement Internet, et Chrome, le navigateur maison de Google. Nous n'allons pas ici passer les deux en revue. D'autant qu'ils présentent certes des différences, par exemple dans la gestion des onglets et des favoris, mais aussi nombre de points communs (comme d'ailleurs tous les navigateurs). Partant du principe que Chrome est celui que vous utiliserez probablement (par exemple parce qu'il est déjà installé sur votre ordinateur de bureau ou portable), c'est à lui que nous allons nous intéresser ici. Je vous laisse donc le soin d'explorer l'application Internet de Samsung, et de choisir ensuite le navigateur avec lequel vous vous sentirez le plus à l'aise.

Chrome est un très bon navigateur. Mais l'avantage qu'il présente, c'est aussi son étroite intégration avec sa version de bureau et avec votre compte Google.

Les applications Internet et Chrome ne sont pas les seules disponibles sous Android. Parcourez la boutique Play Store (décrite dans le Chapitre 15), et vous en trouverez d'autres, évidemment gratuites, chacune avec ses qualités et ses défauts, comme Dolphin, Firefox ou encore Opera.

Cap sur le Web !

L'icône colorée de Chrome se repère facilement. Vous devriez la retrouver sur votre écran d'accueil, ou bien encore dans les pages Applis.

Touchez l'icône de Chrome et vous voilà parti pour un grand voyage virtuel (voir la Figure 7.1).

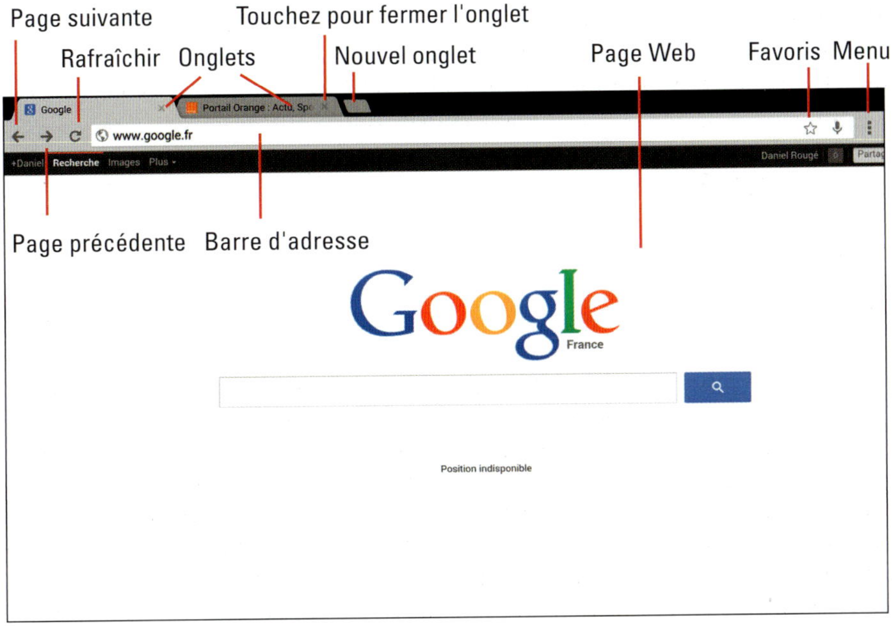

Figure 7.1 : Le navigateur Chrome.

Voici quelques conseils pour mieux naviguer sur le Web avec votre navigateur en général, et Chrome en particulier :

- Faites défiler une page Web en faisant glisser votre doigt sur l'écran tactile. Vous pouvez effleurer celui-ci vers le haut ou vers le bas, mais aussi vers la gauche ou vers la droite si la page est plus large que l'écran.
- Pincez l'écran à deux doigts pour réduire la taille de l'affichage, ou écartez les doigts pour zoomer. Vous devriez pouvoir également obtenir le même résultat en tapant deux fois de suite sur l'écran.
- Vous pouvez orienter la tablette verticalement (mode Portrait) ou horizontalement (mode Paysage). Dans un cas, vous verrez une plus grande partie de la page, dans l'autre, vous lirez plus facilement les longues lignes de texte (tout cela dépend naturellement de la manière dont les pages Web sont conçues, et si la rotation automatique n'est pas désactivée).

Visiter une page Web

Pour visiter une page Web, vous tapez son adresse dans la barre qui se trouve juste sous les onglets (reportez-vous à la Figure 7.1). Vous pouvez également entrer un mot ou une phrase que vous voulez rechercher. Touchez le bouton de validation sur le clavier virtuel pour lancer la recherche ou accéder directement à la page Web demandée.

Si vous ne voyez plus la barre d'adresse, touchez l'onglet de la page courante, en haut de l'écran. Vous pouvez aussi faire défiler la page du haut vers le bas.

L'utilisation du clavier virtuel est décrite au Chapitre 3. Vous pouvez aussi lancer une recherche vocale en touchant l'icône du micro. Nous reviendrons sur les recherches vocales à la fin de ce chapitre.

Pour « cliquer » sur un lien dans une page, il vous suffit de le toucher. Et si vous avez du mal à y arriver, faites simplement un zoom sur la page et essayez à nouveau.

- Pour recharger le contenu d'une page Web, touchez l'icône Rafraîchir, à gauche de la barre d'adresse. C'est la flèche arrondie.
- Pour arrêter le chargement d'une page Web qui traîne les pieds, touchez la croix qui se trouve à gauche de la barre d'adresse. Cette croix n'apparaît que pendant le chargement d'une page, et elle prend alors la place du bouton de rafraîchissement.

De nombreux sites Web ont une version spéciale pour les appareils mobiles, version qui apparaît automatiquement ou non selon l'appareil détecté (en fait la résolution de son écran). Si vous n'aimez pas cette présentation particulière, touchez le bouton Menu, à droite de la barre d'adresse, et cochez l'option Voir version ordinateur. Dans ce cas, Chrome demandera à la page Web de lui présenter sa version de bureau à la place de la variante mobile.

Naviguer dans toutes les directions

Pour revenir vers une page Web déjà visitée, vous pouvez toucher le bouton Retour de la tablette, ou plus directement le bouton Précédent, à gauche de la barre d'adresse du navigateur.

Pour aller dans l'autre sens, autrement dit pour remonter vers la page que vous venez de quitter en revenant en arrière, touchez le bouton Suivant, sur la gauche de la barre d'adresse.

> NOTE — Pour revenir à la page Web précédente, vous pouvez aussi essayer d'appuyer sur le bouton sensible Retour de votre tablette Galaxy. En fait, le rôle de celle-ci peut varier selon les navigateurs. Par exemple, elle finit par vous ramener par défaut dans Chrome vers vos favoris (voir plus loin).

Pour remonter dans le temps, vous disposez également d'une autre méthode : consulter l'historique de navigation. Pour cela :

1. Touchez le bouton Menu, en haut et à droite de l'écran (c'est la barre formée de trois points).
2. Touchez l'option Historique. La liste des pages que vous avez visitées et des recherches que vous avez effectuées apparaît (voir la Figure 7.2).

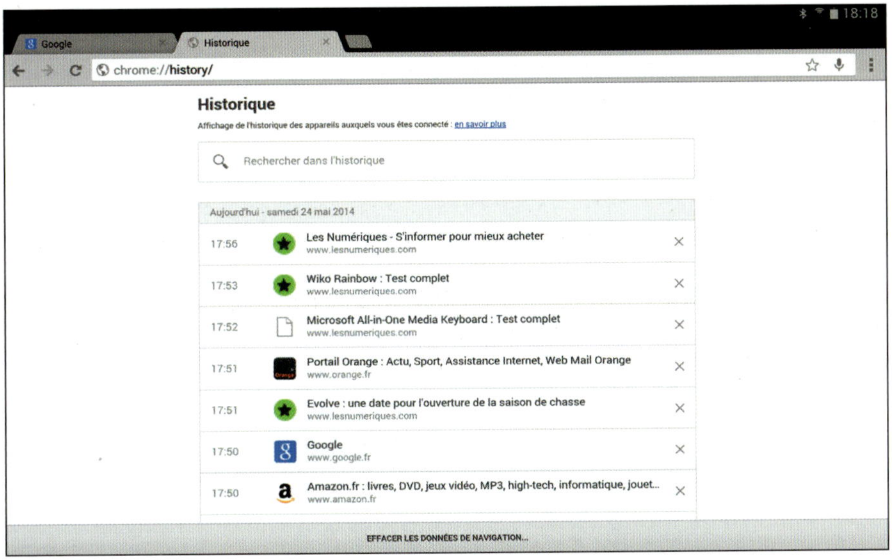

Figure 7.2 : L'historique de navigation.

Pour afficher une page que vous avez visitée il y a plusieurs semaines ou plusieurs mois, faites défiler l'écran vers le bas, ou bien touchez la ligne Rechercher dans l'historique, puis saisissez un mot ou une expression.

> Pour vider l'historique, touchez le bandeau qui se trouve en bas de l'écran et qui indique Effacer les données de navigation.

Travailler avec les favoris

Les *favoris*, c'est un peu comme des nœuds que vous faites à un mouchoir quand vous n'avez pas envie d'oublier une bonne adresse du Web. Vous voulez revisiter *cette* page ? Touchez simplement le favori qui lui est associé. Bien sûr, tout ceci suppose que vous pensiez à ajouter cette adresse à vos favoris au moment où vous visitez la page.

Pour créer un nouveau favori, le plus simple consiste à toucher l'icône en forme d'étoile qui se trouve à droite de la barre d'adresse. Vous allez alors voir s'afficher la fenêtre Ajouter un favori (voir la Figure 7.3).

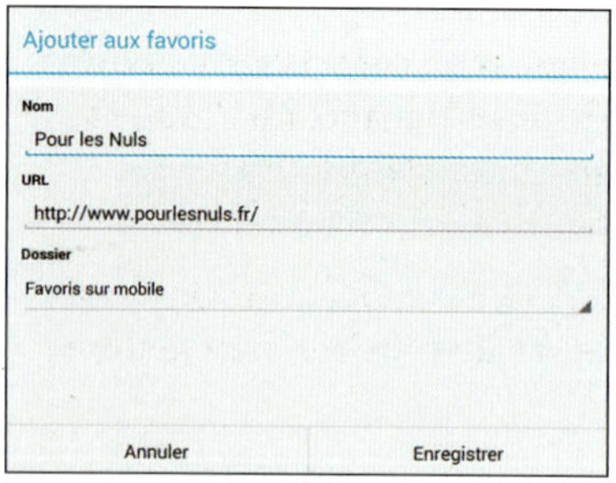

Figure 7.3 : Créer un favori.

En règle générale, j'édite le nom donné au favori pour le raccourcir ou pour le rendre plus explicite. Des noms assez courts sont plus faciles à repérer dans la liste des favoris. Vous n'avez plus qu'à toucher le bouton Enregistrer pour terminer le travail.

Une fois un favori enregistré, il apparaît dans la liste des… favoris. Pour voir celle-ci, touchez le bouton Menu de Chrome, puis sélectionnez la commande Favoris. Dans la page qui s'affiche, ceux-ci sont organisés en trois groupes principaux : Les plus visités, Favoris (sous-entendu sur mobile) et Onglets récents (y compris ceux qui sont synchronisés avec votre ordinateur ou encore votre smartphone). Vous choisissez la catégorie voulue lors de l'enregistrement du favori (reportez-vous à la Figure 7.3).

> NOTE
>
> Si aucun de ces dossiers ne vous convient, touchez le champ Dans lors de l'enregistrement du favori, puis le bouton Nouveau dossier dans la nouvelle fenêtre qui apparaît (voir la Figure 7.4). Il vous suffit alors de donner un nom à ce dossier pour l'ajouter à la catégorie courante. Remarquez au passage que les noms des dossiers prédéfinis sont affichés différemment.

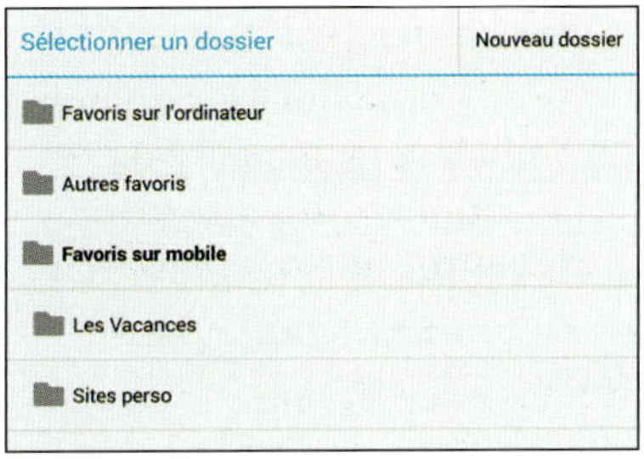

Figure 7.4 : Organiser les favoris en dossiers.

Le dossier Favoris sur l'ordinateur contient ce que vous avez enregistré lors de vos visites sur le Web avec la version de bureau de Google Chrome. En d'autres termes, c'est un moyen commode de synchroniser vos navigations entre différents appareils, l'échange se faisant via votre compte de messagerie Gmail.

Pour sélectionner un favori, ouvrez le dossier voulu. Si nécessaire, vous devrez peut-être ouvrir aussi un sous-dossier. Il vous suffit alors de toucher l'icône d'un favori pour ouvrir à nouveau la page correspondante.

- Pour supprimer ou modifier un favori, faites un appui long sur son icône dans le dossier où il est enregistré. Dans le menu qui s'affiche, touchez la ligne qui correspond à ce que vous voulez faire.
- Ce même menu vous permet d'ouvrir la page du favori dans un nouvel onglet ou dans un onglet de navigation privée (ce qui réduit l'échange d'informations personnelles au strict minimum).
- Les favoris peuvent également être placés sur l'écran d'accueil. Pour cela, touchez le bouton Applis de la tablette, puis choisissez la rubrique Widgets. Faites un appui long sur le widget Favori et déplacez ce raccourci sur votre écran d'accueil. Il ne vous reste plus ensuite qu'à sélectionner le favori voulu pour pouvoir y accéder très rapidement.

Remarquez aussi le grand widget appelé Favoris. Ce pluriel vous indique qu'il est capable de vous donner accès à l'ensemble de vos favoris (faites défiler le contenu du widget avec un doigt pour trouver celui qui vous intéresse, puis touchez son aperçu).

- Si les favoris du navigateur Chrome ne sont pas synchronisés entre votre tablette et votre ordinateur de bureau, lancez le navigateur sur ce dernier. Ouvrez les paramètres, et assurez-vous que vous êtes connecté avec le même compte Gmail que sur la tablette.
- Une autre manière d'ajouter des favoris consiste à visiter la page des sites les plus visités dans l'application Chrome. Vous y accédez à partir de l'option Favoris en touchant le lien correspondant en bas de l'écran. Il vous suffit alors de toucher l'icône d'une page pour l'afficher, puis de toucher l'étoile pour enregistrer immédiatement cette page dans les favoris.

Gérer les onglets

Le navigateur Chrome utilise un système d'onglets pour vous permettre d'accéder à plusieurs pages Web en même temps. Ces onglets aux coins droits apparaissent juste au-dessus de la barre d'adresse.

Voyons donc comment travailler avec ces onglets (mais c'est le même principe dans les navigateurs de bureau) :

- **Pour ouvrir un nouvel onglet vierge :** touchez le mini onglet qui se trouve à droite du dernier onglet actif (reportez-vous à la Figure 7.1).

Le menu local vous propose une autre option de navigation, dite privée. Nous allons y revenir dans un instant.

- **Pour ouvrir un lien dans un nouvel onglet :** faites un appui long sur ce lien. Dans le menu qui apparaît, choisissez l'option Ouvrir dans un nouvel onglet.
- **Pour ouvrir un favori dans un nouvel onglet :** faites un appui long sur l'icône du favori. Dans le menu qui apparaît, choisissez l'option Ouvrir dans un nouvel onglet.

Pour passer d'une page à une autre, touchez simplement l'onglet correspondant en haut de la fenêtre du navigateur.

Pour fermer une page, touchez la croix affichée à droite de son onglet. Sachez en passant qu'il est possible de fermer tous les onglets !

- Les onglets s'ouvrent en allant de la gauche vers la droite de l'écran. Vous pouvez les faire défiler pour retrouver ceux qui seraient sortis de l'écran.
- Quand vous refermez un onglet, un petit message apparaît vers le bas de l'écran. Si vous avez des regrets, touchez le bouton Annuler pour ouvrir à nouveau la page.
- Si vous refermez tous les onglets, vous allez vous retrouver devant un écran noir qui vous propose simplement de créer un nouvel onglet.
- Un nouvel onglet vierge affiche par défaut la liste des pages réputées être les plus visitées. Vous pouvez bien entendu choisir à la place un de vos favoris, ou saisir ce que vous voulez dans la barre d'adresse.

Pour plus de sécurité, Chrome autorise également ce que l'on appelle la navigation privée. Pour cela, touchez le bouton Menu puis choisissez la commande Nouvel onglet navigation privée (d'accord, c'est un peu plus court). Dans ce cas, le navigateur n'enregistre pas votre historique, ni les cookies laissés par les sites, pas plus que tout autre renseignement sur ce que vous faites (du moins, sur votre tablette, ne vous faites aucune illusion pour le reste). Une courte explication expliquant ce qu'est la navigation privée va s'afficher.

- Pour passer du mode classique à la navigation privée et inversement, touchez le carré qui apparaît en haut et à droite de l'écran du navigateur.

Faire des recherches dans une page Web

Pour effectuer une recherche dans le contenu d'une page Web affichée dans le navigateur, suivez ces étapes :

1. Commencez bien entendu par ouvrir la page Web qui vous intéresse.
2. Touchez le bouton Menu, à droite de la barre d'adresse.
3. Choisissez l'option Chercher sur la page.
4. Tapez ou dictez le texte que vous voulez rechercher.

5. Touchez les petites flèches pointant vers le bas ou vers le haut pour passer à l'occurrence suivante ou précédente du texte recherché.

   Celui-ci est surligné en jaune dans la page.

Pour terminer, touchez la croix qui se trouve à côté de la barre de recherche.

Partager une page

C'est sûr ! Il faut *absolument* que vous partagiez la page géniale que vous venez de découvrir avec des personnes que vous connaissez ! La mauvaise façon de s'y prendre, c'est de copier tout son contenu et de le coller dans un message. Mais, comme vous lisez ce livre, vous *savez* que la bonne technique, c'est de *partager* la page Web. Suivez ces étapes :

1. Ouvrez la page Web que vous voulez partager.
2. Touchez le bouton Menu et choisissez la commande Partager.

   La fenêtre Partager via va s'afficher. Elle liste les méthodes et applications auxquelles vous pouvez faire appel pour partager votre page (voir la Figure 7.5).

   Le nombre et la variété des propositions qui vous sont faites dépendent des applications installées sur votre tablette. Par exemple, vous ne retrouverez Facebook ou Twitter que si vous avez installé ces réseaux sociaux. Voyez à ce sujet le Chapitre 8.

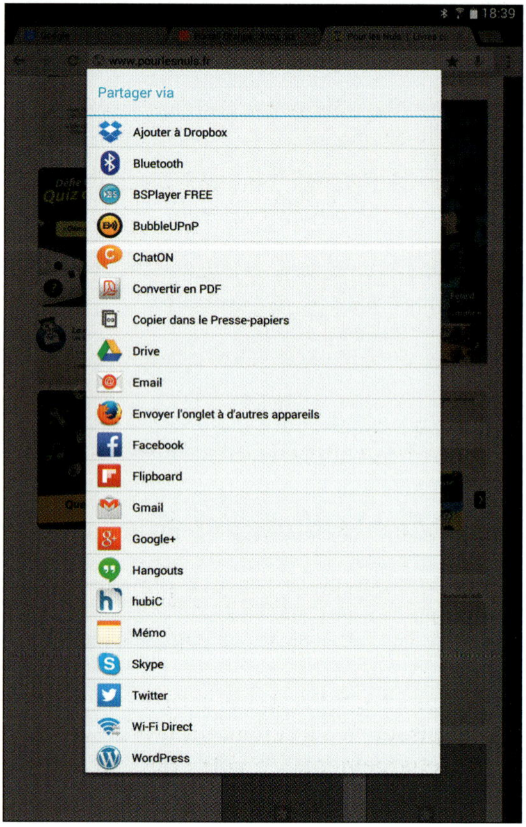

Figure 7.5 : Options de partage d'une page Web.

3. Sélectionnez la méthode de partage que vous voulez utiliser.

   Vous pouvez par exemple choisir E-mail pour envoyer le lien dans un message, Facebook pour épater vos hordes d'amis, ou encore Twitter pour le partager avec la légion de vos *followers*.

4. Suivez les instructions qui vous sont alors données.

   Tout dépend de la méthode ou de l'application que vous avez sélectionnée lors de l'Étape 3. Cela peut consister à compléter un message, à créer un commentaire dans votre page Facebook, et ainsi de suite. Pour plus de détails, reportez-vous aux différents chapitres de ce livre.

> NOTE
>
> Il y a une autre manière de partager une page Web : l'enregistrer au format PDF sur votre nuage Internet personnel, j'ai nommé Drive de Google. Vous n'aurez plus ensuite qu'à partager le fichier avec d'autres personnes. Pour cela :

1. Votre page étant ouverte, touchez le bouton Menu et choisissez la commande Imprimer.

2. Dans la fenêtre de configuration qui apparaît, conservez les options de mise en page par défaut (c'est plus simple), et touchez le bouton Enregistrer (voir la Figure 7.6).

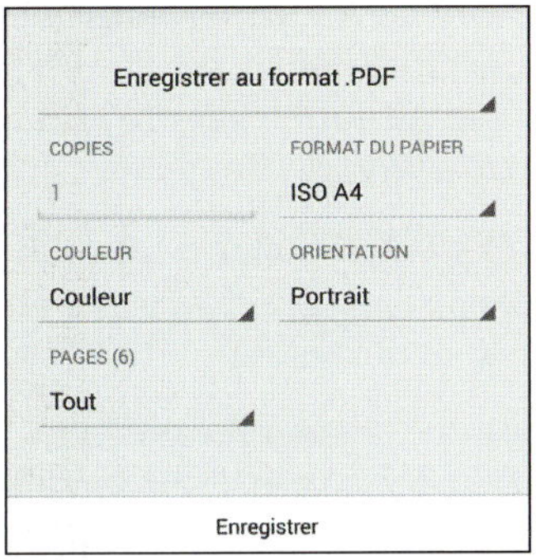

Figure 7.6 : Enregistrer une page Web au format PDF.

3. Une fenêtre intitulée Mon drive va s'afficher. Donnez un nom au fichier, choisissez éventuellement un de vos comptes Gmail ou encore le dossier Téléchargements de votre tablette (en réalité, il s'appelle Download), puis touchez le bouton Enregistrer.

   C'est parti !

4. Pour vérifier que tout s'est bien passé, revenez à l'écran d'accueil et touchez le dossier appelé Google. Parmi tous les raccourcis présents dans ce dossier, choisissez Drive.

   Votre espace Google Drive va s'afficher.

5. Faites un appui long sur la vignette de votre nouveau fichier PDF. Dans le menu local qui s'affiche, choisissez l'option Envoyer le lien.

   En fait, c'est exactement la même chose que la commande ou le bouton Partager que vous retrouvez à peu près partout.

6. Choisissez le mode de partage voulu, et suivez les instructions correspondantes.

Bien entendu, cette méthode peut tout aussi bien vous servir égoïstement à stocker des pages au format PDF sur votre tablette pour pouvoir les consulter tranquillement plus tard, par exemple si vous êtes en déplacement et que vous n'avez pas accès à un réseau Wi-Fi.

L'art du téléchargement

Le vrai problème avec le téléchargement c'est que la plupart des gens utilisent ce terme sans savoir exactement ce qu'il signifie. Officiellement, un *téléchargement* est un transfert d'informations sur un réseau, transfert qui s'effectue d'une certaine source vers votre propre appareil. Dans le cas de votre tablette Galaxy, le réseau s'appelle Internet, et l'autre source est une page Web.

- Lorsque la tablette effectue un téléchargement, un symbole fléché apparaît dans la barre des notifications. Vous pouvez ouvrir la liste des notifications et toucher ce symbole pour voir comment les choses se déroulent.

- Avec votre tablette Galaxy, vous n'avez pas besoin de télécharger des programmes comme vous le faites sur un ordinateur classique. Pour installer une nouvelle application, il vous suffit de passer par la boutique Play Store. Voyez à ce sujet le Chapitre 15.

- La plupart des gens se servent du mot « téléchargement » pour désigner la copie ou le transfert d'un fichier ou d'autres informations. D'un point de vue technique, c'est incorrect. Mais je reconnais tout de même que c'est un raccourci commode.

En français, téléchargement recouvre en fait deux notions différentes : la réception sur votre propre appareil, et l'envoi de celui-ci vers un autre dispositif. Les Anglo-saxons distinguent plus clairement les deux choses en employant des mots différents : download pour ce que vous recevez, et upload pour ce que vous envoyez.

Récupérer une image sur une page Web

Pour récupérer une image affichée dans une page Web, le truc est plutôt simple : vous faites un appui long sur l'image, et un menu apparaît. Il vous suffit alors de choisir la commande Enregistrer l'image.

En fait, vous avez à votre disposition bien plus d'options possibles. Vous pouvez afficher l'image, comme pratiquement tout autre objet du Web, dans un nouvel onglet, enregistrer ou copier son adresse Internet, voire la copier, par exemple pour la coller dans un mémo ou dans un email, et même la rechercher sur le Web.

Pour visualiser une image récupérée dans une page Web, il vous suffit d'ouvrir l'une des applications Galerie ou Photos (si vous ne la voyez pas sur votre écran d'accueil, ouvrez la page Applis). Elle se trouve dans un album appelé Download. Voyez le Chapitre 12 pour plus d'information sur la gestion de vos photos.

Les images sont stockées dans la mémoire interne de la tablette, normalement dans un dossier appelé /download. Vous retrouvez celui-ci en ouvrant par exemple l'application Mes fichiers, puis en ouvrant le contenu de la mémoire interne de la tablette (appelée dans ce cas Device storage).

Charger un fichier

Le Web est plein de liens qui n'ouvrent pas de fenêtre dans votre navigateur. Par exemple, il est courant de rencontrer des liens qui sont associés à des chargements automatiques, qu'il s'agisse de documents PDF ou Microsoft Office, ou bien encore de types de fichiers très variés, et en tout cas incapables d'être traités par un navigateur Web. Vous tapez sur le lien, et le transfert commence. Ce qui ne signifie pas que vous saurez forcément quoi faire du fichier ainsi récupéré…

D'autres liens ne renvoient pas à de simples pages, mais ils ne lancent pas pour autant un téléchargement automatique. Dans ce cas, faites un appui long sur le lien voulu. Dans le menu qui s'affiche, choisissez la commande Enregistrer le lien. Si vous ne voyez pas cette commande, cela signifie que la tablette ne peut pas sauvegarder le fichier, soit parce qu'il est d'un genre parfaitement inconnu, soit encore parce que des restrictions de sécurité l'en empêchent.

Pour accéder à un fichier que vous venez de récupérer, vous passez par l'une des applications Téléchargements ou encore Mes fichiers. Et par la prochaine section.

Où est ma page d'accueil ?

Contrairement aux autres navigateurs Web, l'application Chrome n'a pas de page d'accueil. Cette page d'accueil est traditionnellement celle qui s'affiche en premier lorsque vous lancez votre navigateur habituel, ou que vous ouvrez un nouvel onglet. Et bien, ce n'est pas le cas avec Chrome.

Lorsqu'il s'ouvre, ou que vous activez un nouvel onglet, c'est normalement la liste des pages Web que vous avez visitées le plus souvent qui s'affiche. Sinon, vous voyez apparaître votre dossier de favoris, ou plus exactement le dernier dossier de favoris que vous avez ouvert. C'est ainsi que fonctionne Chrome sur les tablettes.

En fait, est-ce vraiment un problème ? Personnellement, j'ai bien une page d'accueil sur mon Google Chrome de bureau, mais j'avoue que c'est à peine si j'y jette un coup d'œil. Et beaucoup de gens préfèrent partir d'une page vierge. Avec Chrome, c'est fait !

Retrouver vos téléchargements

Chrome mémorise la liste de tout ce que vous téléchargez sur le Web. Pour retrouver vos petits, ouvrez l'application Téléchargements (vous la trouverez dans une des pages d'applications, normalement à l'intérieur d'un sous-dossier habilement dénommé Samsung). Par défaut, les transferts sont classés tout simplement par date.

Pour voir le contenu d'un transfert, choisissez-le dans la liste. La tablette ouvrira alors l'application appropriée pour afficher ou traiter le contenu du fichier.

- Pour effacer un élément de la liste, faites un appui long sur son nom, puis touchez l'icône de la corbeille, en haut de la fenêtre.

- Pour partager un élément de la liste, procédez comme ci-dessus, puis touchez l'icône Partager, en haut de la fenêtre.
- Pour modifier l'ordre ou le style d'affichage, touchez l'un des menus marqués de trois barres, en haut et à droite de la fenêtre de l'application.

Configurer le navigateur Web

Les réglages et options de votre navigateur pourraient bien vous laisser désorienté. Autant réserver à ce genre de sport une soirée monotone où même le moindre programme TV vous laisse de marbre.

Devant cette profusion, je vous propose de regarder simplement quelques options qui méritent votre attention.

Modifier l'affichage des pages Web

Voyons un peu ce qu'il est possible de faire à ce sujet. Tout d'abord, n'oubliez pas que vous pouvez orienter votre tablette Galaxy horizontalement ou verticalement, ce qui change bien entendu ce que vous voyez s'afficher. Ensuite, il est possible à tout instant de modifier l'agrandissement d'une page en pinçant ou en écartant deux doigts, ou encore en tapotant deux fois sur l'écran.

Pour le reste, les paramètres vous permettent surtout de modifier le facteur de zoom utilisé par défaut pour l'affichage des pages Web :

1. Touchez l'icône du bouton Menu de Chrome.
2. Dans le menu qui s'affiche, choisissez Paramètres.
3. Choisissez la catégorie Avancés, puis Accessibilité.
4. Ajustez la taille de l'affichage en faisant glisser le curseur qui se trouve sous la rubrique Mise à l'échelle texte.

   Une valeur de 100 % indique que le texte sera affiché normalement, c'est-à-dire en respectant les prescriptions de la page Web. Mais vous pouvez aussi forcer les textes à être plus grands en faisant glisser le curseur vers la droite, ou inversement plus petits en le faisant glisser vers la gauche.

Vous pouvez vous faire une idée du résultat en regardant ce qui est affiché dans le cadre Aperçu.

Options de confidentialité et de sécurité

En termes de sécurité, mon avis est que la prudence devrait l'emporter, et qu'il faut toujours réfléchir avant de faire quoi que ce soit d'inconsidéré sur le Web. Le bon sens doit primer. L'une des armes les plus efficaces des méchants gars de l'Internet, c'est d'utiliser une sorte de robot à visage (prétendument) humain pour essayer de vous pousser à faire quelque chose que vous ne feriez pas en temps normal, pas exemple cliquer sur un lien qui vous promet de gagner beaucoup d'argent sans rien faire, ou bien encore de passer une soirée sexy avec une star du grand écran. Franchement, vous y croyez à ça, vous ? Non ? Alors pourquoi cliquez-vous ? Sachez résister à la tentation.

Les réglages par défaut de Chrome devraient déjà offrir un niveau de sécurité suffisant. En particulier, le blocage des pop-ups est normalement activé, ce qui devrait vous permettre d'échapper à la plupart des fenêtres publicitaires intempestives.

Si la question des cookies enregistrés sur votre système par les pages Web est un problème pour vous, vous pouvez les refuser (mais sachez que certains sites refuseront aussi dans ce cas de s'afficher). Pour cela, reprenez les Étapes 1 et 2 ci-dessus, puis choisissez Paramètres de contenu et décochez la ligne Accepter les cookies.

Pour autant, je vous conseille tout de même de laisser en l'état les réglages par défaut (voir la Figure 7.7)

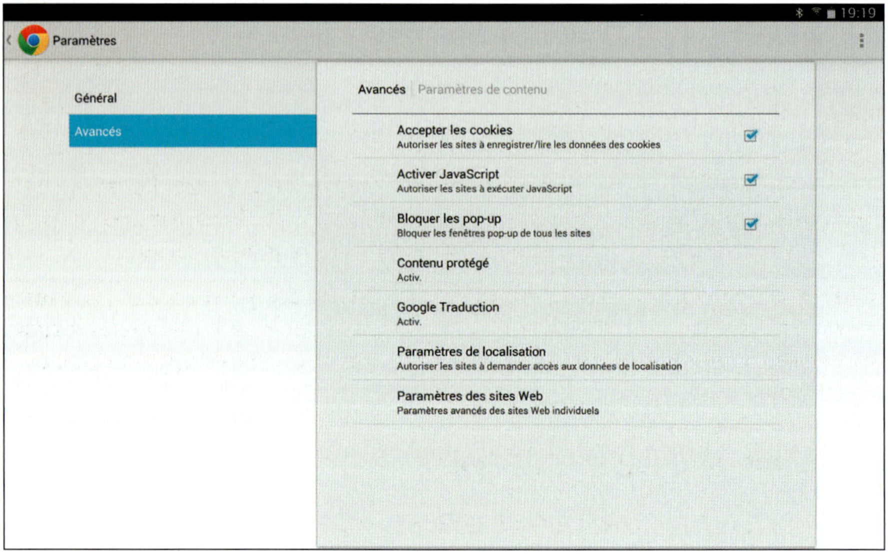

Figure 7.7 : Les paramètres de contenu par défaut de Chrome.

Dans la catégorie Général, vous avez la possibilité de ne pas trop en dire en ne complétant pas votre profil ou les informations sur votre carte de paiement afin de ne pas vous faire piéger si par malheur quelque malfrat volait votre belle tablette (c'est dans la section Saisie auto pour formulaires). Pour assurer totalement vos arrières, touchez le bouton Activé, en haut et à droite, pour qu'il indique Désactivé. Le même principe s'applique évidemment à l'enregistrement des mots de passe.

Enfin, les sites Web en général et Google en particulier aiment bien savoir où vous vous trouvez. C'est pourquoi les paramètres avancés, dans la rubrique Paramètres du contenu, puis Paramètres de localisation, contiennent une option intitulée Mise à jour de la position Google (celle-ci peut se faire via le GPS incorporé ou par d'autres méthodes logicielles plus ou moins précises). Ceci sert également à localiser des professionnels ou des contacts autour de vous. Personnellement, je n'y vois pas de problème de sécurité particulier (il ne faut tout de même pas sombrer dans la paranoïa, et expliquez-moi l'intérêt de disposer d'un GPS si c'est pour refuser de s'en servir). Mais vous avez parfaitement le droit de faire glisser le bouton de la page Localisation sur la position Off !

NOTE

La rubrique Général vous permet aussi de choisir un moteur de recherche par défaut. Bien entendu, le choix prioritaire, c'est Google... Mais vous pouvez parfaitement opter pour ses concurrents Bing et Yahoo !.

Rechercher en dictant

Nous avons vu plus haut que vous pouviez vous servir de la barre d'adresse de votre navigateur préféré non seulement pour ouvrir un site Web, mais aussi pour effectuer une recherche écrite avec le clavier virtuel, ou même vocale.

Mais votre tablette Galaxy ne s'arrête pas là. La recherche y est un peu partout, qu'elle soit accessible avec un bouton en forme de loupe que vous retrouvez dans de nombreuses applications ou sur le clavier virtuel, ou via des applications et widgets dédiés.

Google Now vous veut du bien

Vous trouvez par défaut un widget qui affiche le mot Google sur la page principale de votre écran d'accueil. Mais son vrai nom, c'est Google Now, celui qui cherche à en savoir toujours plus sur vous. Il vous suffit alors de le toucher pour pouvoir saisir le critère de votre choix, ou de toucher l'icône de microphone pour l'énoncer vocalement.

> NOTE
>
> En fait, vous obtenez le même résultat en faisant un appui long sur le bouton Accueil de la tablette.

> NOTE
>
> Google Now est censé apprendre à vous connaître de mieux en mieux au fil du temps, et donc vous proposer ce que vous êtes censé avoir envie de savoir. Plus vous posez de questions à Google Now, plus vous l'utilisez, et donc mieux il vous connaît, et plus il affiche de « cartes » correspondant à vos pratiques habituelles. Il peut s'agir de météo, de trajets, d'informations, etc. Mais les possibilités de personnalisation sont extrêmement limitées. Dans le monde de Google (comme des autres maîtres des communications), la simple curiosité n'est pas bien vue…

Que l'on apprécie ou pas la méthode, Google Now est là, et il est difficilement contournable (voir la Figure 7.8). Il n'y a plus qu'à l'essayer en touchant le champ Google ou le bouton du micro.

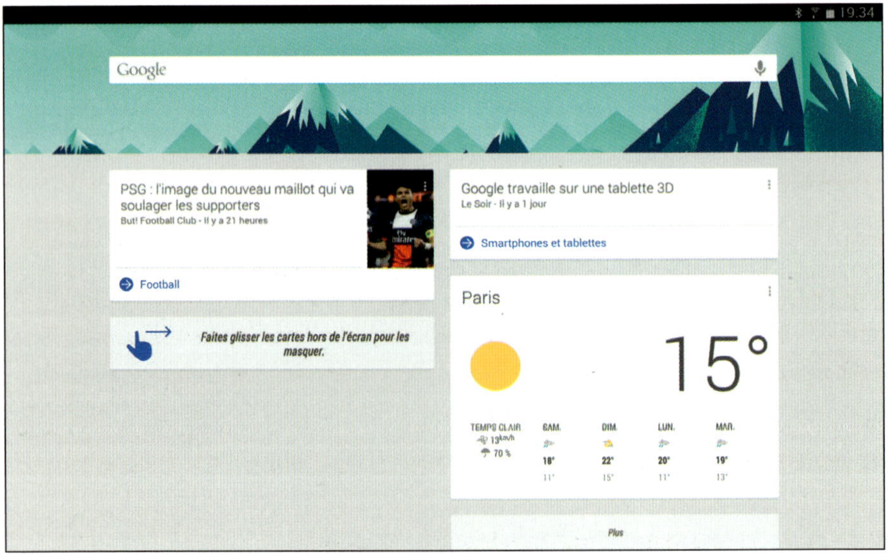

Figure 7.8 : Google Now à votre service !

Supposons par exemple que vous ayez saisi ou dicté comme critère « Victor Hugo ». Vous allez voir s'afficher une page semblable à celle qui est illustrée sur la Figure 7.9. Par défaut, vous obtenez une série de réponses trouvées sur le Web.

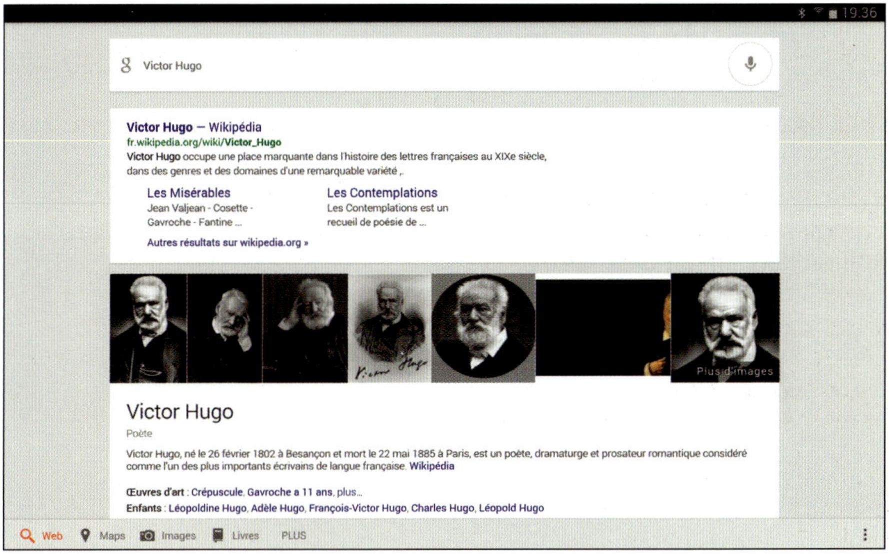

Figure 7.9 : Effectuer une recherche à l'aide de Google Now.

> **NOTE** L'application mémorise vos précédentes recherches. Touchez le champ Rechercher pour obtenir de nouvelles suggestions.

Vous remarquez, en bas de l'écran, une série de boutons qui vous permettent d'effectuer différents types de recherches à partir d'un critère donné. Vous pourrez d'ailleurs noter certaines similitudes avec la page d'accueil de Google telle qu'elle se présente dans le navigateur Internet. Touchez un des boutons pour orienter autrement votre recherche :

- **Web :** c'est le mode de recherche par défaut.
- **Maps :** pour rechercher un lieu ou créer un itinéraire (Maps est étudié au Chapitre 10).
- **Images :** pour trouver sur le Web des images supposées répondre aux mêmes critères.

- **Livres :** si je vous dis que les réponses sont essentiellement centrées sur l'immense bibliothèque numérisée par Google, serez-vous vraiment étonné ?
- **Vidéos :** c'est le même principe que pour les images, mais en plus dynamique. Bien entendu, YouTube est particulièrement mis à l'honneur.
- **Actualités :** pour ceux qui veulent s'informer (ou se désinformer, au choix).
- **Applications :** *bis repetita placent*… Vous voilà dirigé vers Play Store (voir le Chapitre 15).
- **Tablette :** pour rechercher des informations en local, sur votre tablette Galaxy. Vous pouvez préciser ce que vous voulez localiser depuis l'option Paramètres du bouton Menu (en bas et à droite de l'écran). Choisissez l'option Recherche sur la tablette, puis activez ou désactivez les critères à appliquer ou non. Par exemple, il est intéressant de conserver les contacts ainsi que les applications installées, mais sans doute beaucoup moins les diverses boutiques Google. Voyez également ce que vous acceptez ou non de communiquer dans la rubrique Comptes et confidentialité.

> NOTE — Restons bons amis : les paramètres vous permettent de désactiver Google Now pour ne conserver que le classique moteur de recherche Google.

Recherche vocale, version Samsung

Google et Apple ne sont pas les seuls à proposer une application de recherche vocale censée comprendre tout ce que vous dites et vous fournir des réponses, informations ou directions adaptées, efficaces et cohérentes.

Bien. Cela, c'est la théorie. En pratique, les outils de recherche ou de commande à la voix existent depuis longtemps. Ils se sont grandement améliorés, mais bien du chemin reste encore à parcourir pour se rapprocher de la perfection.

> NOTE — À l'évidence, dicter vocalement nécessite un environnement plutôt calme, de parler distinctement et l'emploi de termes pas trop complexes.

La recherche vocale version Samsung s'appelle S Voice. Vous la trouverez en touchant le bouton Applications puis en ouvrant le dossier Samsung.

Touchez le bouton du micro et parlez. Quand vous avez terminé, laissez passer quelques instants et le moteur de reconnaissance vocale va vous proposer soit une recherche sur Internet, soit de préciser votre critère, soit afficher les bonnes (?) informations.

Le registre des commandes vocales supposées être reconnues par S Voice est impressionnant (voir la partie droite de la Figure 7.10). Parfois, le système fonctionne très bien. Mais d'autres fois, il est tout à fait énervant.

Figure 7.10 : Faire des recherches ou lancer des commandes avec S Voice.

À vous de voir si vous aimez ou pas ce genre d'outil. En fait, S Voice est parfois très surprenant de justesse, mais aimerez-vous être pris en flagrant délit de conversation privée avec votre tablette ? Je crois que non. Mais cela n'interdit pas de s'amuser en privé avec des questions qui sortent du commun.

> NOTE
>
> Bien entendu, les recherches vocales sont surtout une vitrine pour les leaders des nouvelles technologies. Vous ne vous en servirez peut-être jamais. Mais là n'est pas le problème. Il s'agit surtout d'une compétition dans laquelle les utilisateurs sont pris, si ce n'est en otage, du moins en grands témoins. Qui est selon vous le meilleur : Google, Samsung avec S Voice, ou Apple avec Siri ? Aucun d'entre eux ne lâchera la rampe. Au final, cela ne fait que procurer des fonctionnalités que vous ne payez pas plus cher, et que vous utilisez ou non selon vos besoins et vos envies. Pourquoi s'en priver ?

NOTE

N'oubliez pas de vérifier la configuration de la reconnaissance et de la synthèse vocale dans l'option Langue et saisie de vos paramètres (sous l'onglet Contrôle). En particulier, vous pouvez installer un module linguistique de qualité sur votre tablette Galaxy en touchant le bouton Paramètres, sur la ligne Moteur de synthèse vocale Samsung. Choisissez alors Installer les données vocales. Sélectionnez Français (France) Femme/Haute qualité (eh oui, c'est *une* tablette). Il ne vous reste plus qu'à toucher le bouton Télécharger, à droite de l'écran. La reconnaissance vocale ne fonctionnera pas forcément mieux, mais la voix qui vous répondra sera à coup sûr plus agréable...

Chapitre 8

Une vie de réseaux sociaux

Dans ce chapitre :

- Se connecter avec Google+
- Utiliser Facebook
- Partager sa vie sur Facebook
- Et voici Twitter
- Tweetez !
- Explorer d'autres réseaux sociaux

Je suppose que les réseaux sociaux sont la manière ultime de se faire des amis. Enfin, amis, c'est un nom générique… Il est possible d'avoir des centaines et des centaines de proclamés « amis », de savoir qui est en ligne et ce que chacun fait, mais sans jamais rencontrer personne pour de vrai. Quelle géniale invention ! Songez à tout cet argent épargné en déodorants et en pastilles mentholées !

Équipé de votre tablette Galaxy, vous aussi, vous pouvez tenter une incursion dans le monde excitant des réseaux sociaux en ligne. D'accord, je ne suis pas un grand fan de tous ces nouveaux moyens de communication, du moins d'une manière générale. Mais il est évident que c'est un outil assez formidable pour rester en contact et pour partager, par exemple, des événements familiaux. Ce chapitre vous présente différentes options qui vous permettront de partager vos instants privés (ou non) avec la planète toute entière.

Google veut que vous utilisiez Google+

Lorsque l'on dit « réseaux sociaux », le premier mot qui vient à l'esprit de la plupart des gens est Facebook. On ne peut pas y échapper. Peut-être que certains citeront en premier Twitter. Mais ce qui contrarie Google, c'est que peu de monde songera à répondre Google+, le propre réseau social maison de Google.

> Google+, un réseau condamné à disparaître ? C'est effectivement la question que l'on peut se poser aujourd'hui. Succès plutôt médiocre, départ du principal responsable… Quel est l'avenir du réseau social version Google ? Bien malin qui pourrait le dire !

Bien sûr, comme vous avez une tablette Android, donc estampillée Google, vous avez à votre disposition une application Google+ préinstallée pour vous aider à débuter votre voyage dans le monde des réseaux sociaux, et, bien entendu, vous n'avez pas échappé à la création d'un compte Google. Vous ne trouverez rien d'autre dans le même genre, à moins de l'installer vous-même. Le message est clair.

Je ne suis pas un grand utilisateur de Google+, mais celui-ci possède certaines fonctionnalités qui peuvent être assez pratiques. C'est pourquoi je vais m'y attarder (mais pas trop) dans cette section.

Configurer Google+

Même si vous avez déjà un compte Google, et vous en avez forcément un pour utiliser votre tablette Android, vous allez tout de même devoir en passer par la configuration de Google+ sur votre Galaxy. La procédure se présente ainsi :

1. Lancez l'application Google+.

   Vous la trouverez en ouvrant le dossier Google présent sur votre page d'accueil, ou encore le bouton Applications.

2. Choisissez votre compte Google dans la liste.

   Normalement, vous devriez sélectionner ici votre compte Google principal.

3. Choisissez dans la liste proposée ce que vous voulez synchroniser dans votre espace Google+ en cochant ou en décochant les lignes voulues.

4. Acceptez d'ajouter vos « amis » sur Google+ à vos contacts, et éventuellement de laisser Google vous suggérer de nouvelles relations. Touchez le bouton Suivant pour continuer.

5. Google+ vous propose de synchroniser automatiquement vos photos et vidéos sur Internet. C'est vous qui voyez. Personnellement, je vous conseille de ne pas activer cette option tout de suite. De toute manière, il vous sera toujours possible de changer d'avis plus tard et de réactiver cette synchronisation dans les paramètres de l'application.

6. Touchez le bouton Terminer.

Une fois cette configuration de départ terminée, vous devriez voir s'afficher l'écran de Google+, avec des tas de propositions de nouveaux amis, d'éléments d'information, voire de photos déjà postées par vos relations, *etc.* C'est incroyable comme on est vite reconnu !

> NOTE — Si vous changez d'avis sur certains réglages que vous avez définis lors de la première configuration, touchez simplement le bouton Menu, en haut et à droite de l'application Google+, et choisissez Paramètres. Par exemple, la synchronisation des photos et des vidéos peut être réactivée ou désactivée à tout moment.

> NOTE — Les informations sur votre profil sont récupérées à partir de celles que vous avez fournies en créant votre compte Google. Pour les modifier, le mieux est d'ouvrir dans votre navigateur Web habituel la page de votre compte Gmail. Une fois connecté, cliquez sur votre nom, en haut et à droite de la page et choisissez Afficher mon profil. Vous pouvez alors éditer à loisir toutes les informations qui vous concernent, en évitant tout de même de vous dévoiler au-delà du raisonnable.

Les réseaux sociaux vous permettent même de changer très simplement de sexe… virtuellement. Au fait, comment dit-on *Autre* en langage extraterrestre ?

> NOTE — Lorsque vous demandez à éditer votre profil dans Gmail, vous constatez que vous êtes *déjà* dans Google+. On n'échappe pas aussi facilement que cela à Google !

Utiliser Google+

Lorsque vous vous connectez à Google+, vous voyez s'afficher un écran semblable à celui qui est illustré sur la Figure 8.1. Si nécessaire, touchez le bouton qui se trouve en haut et à gauche de l'écran pour afficher tous vos « cercles » d'ami(e)s dans la partie droite de la fenêtre et la barre de navigation sur la gauche de celle-ci. D'autres commandes sont disponibles, par exemple pour partager des photos ou encore créer des événements. En particulier, les *hangouts* peuvent remplacer votre application de messagerie habituelle, mais ils sont en fait surtout conçus pour communiquer à plusieurs.

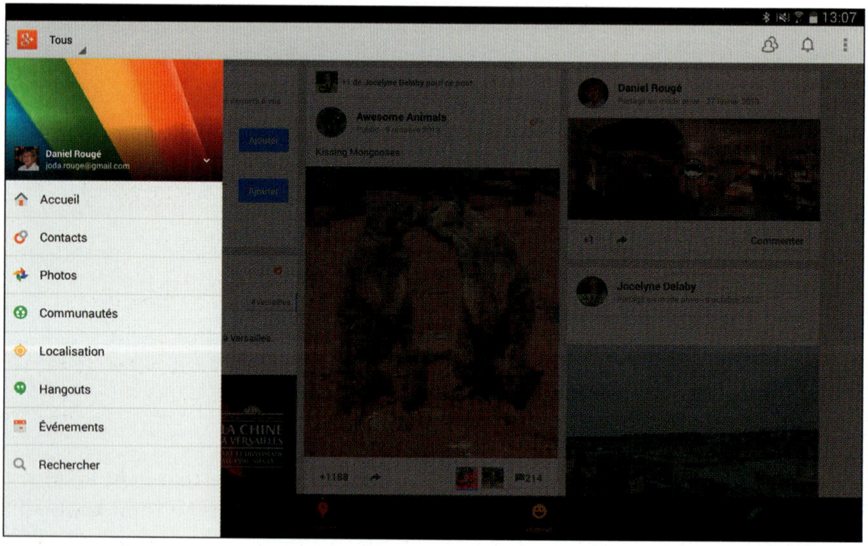

Figure 8.1 : Google+ et sa barre de navigation.

Pour partager des éléments ou composer un nouveau post, effleurez si nécessaire l'écran vers le bas pour afficher quatre icônes colorées vous permettant de partager des photos, votre position, de rédiger un billet d'humeur ou un message quelconque (voir la Figure 8.2).

Si vous demandez par exemple à publier un message, touchez le bouton Rédiger. Choisissez la publicité que vous voulez donner à votre prose en touchant la ligne qui devrait indiquer par défaut Famille. Google+ utilise la notion de cercles pour restreindre la diffusion à des groupes de personnes que vous aurez définis comme étant de vos amis, de votre famille, de simples connaissances, et ainsi de suite.

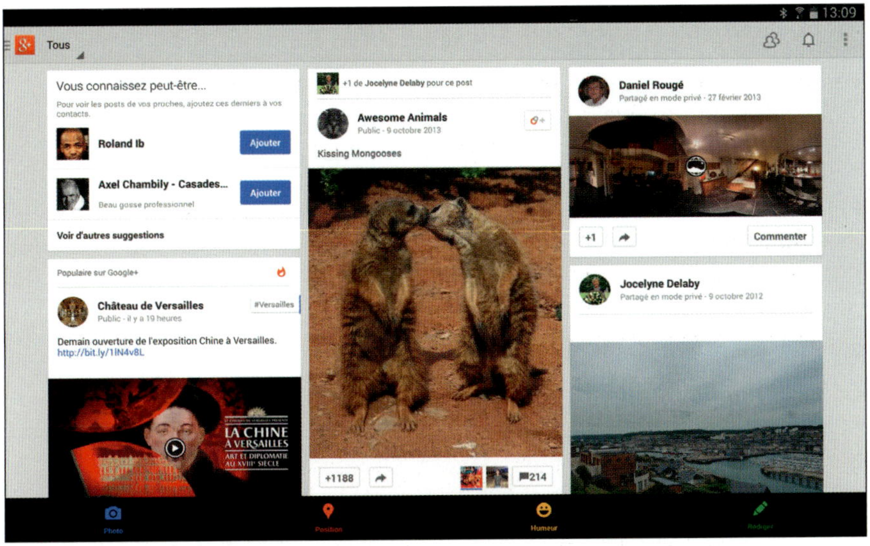

Figure 8.2 : Créer et gérer des posts.

Il ne vous reste plus alors qu'à saisir votre texte (faites court) et à insérer une photo ou une vidéo, un lien Internet, ou bien encore un petit dessin humoristique (?). Quand vous avez terminé, touchez le bouton Partager, et tous les destinataires de votre billet pourront le lire, le « liker » et éventuellement le commenter.

- Pour ajouter un contact à un cercle, il est en fait beaucoup plus facile de le faire sur un ordinateur en ouvrant votre page Gmail. Cliquez sur le bouton Accueil, et choisissez Contacts dans le menu qui s'affiche. Cliquez ensuite sur Vos cercles. Chaque cercle est représenté par un rond (logique !). Il vous suffit de sélectionner celui que vous voulez compléter, puis de cliquer sur le bouton Ajouter un contact. Vous pouvez tout aussi bien accepter les suggestions faites par Google+ lui-même, ou profiter de toute occasion où l'ajout d'un contact à un de vos cercles vous est proposé.
- Comme il se doit, Google+ est prioritairement destiné à celles et ceux qui ont un compte Gmail. D'autres adresses de messagerie peuvent être choisies, mais les options de partage sont alors plus limitées.

Votre vie sur Facebook

Facebook est le roi de tous les réseaux sociaux. C'est l'endroit en ligne où il *faut* être pour avoir des tas d'amis (ou supposés tels), envoyer des messages, jouer, et gaspiller bien plus de temps que vous ne pensiez en disposer.

- Bien que vous puissiez accéder à Facebook depuis votre navigateur Chrome, je vous recommande vivement de vous servir de l'application dédiée présentée ici.
- Facebook n'est pas préinstallé sur votre tablette Galaxy ? Il est facile de l'obtenir, comme je l'explique un peu plus loin.
- Facebook, comme Google+, et d'ailleurs comme le reste du monde, évolue. Il est tout à fait possible que l'interface ait été modifiée au moment où vous lirez ce livre. Mais cela ne devrait pas en changer fondamentalement les principes généraux.

Configurer votre compte Facebook

Pour utiliser Facebook, il vous faut un compte Facebook. Et pour avoir un compte Facebook, le mieux est d'ouvrir la page `www.facebook.com` sur votre ordinateur. Créez votre compte en définissant un nom d'utilisateur et un mot de passe.

NOTE : N'oubliez pas votre nom d'utilisateur et votre mot de passe !

Les robots de Facebook vont certainement envoyer un message de confirmation à l'adresse e-mail que vous avez indiquée. Vous cliquez sur le lien pour répondre au message, et voici que vous rejoignez les rangs serrés de cette immense communauté qui attendait depuis si longtemps votre arrivée…

Une fois votre compte opérationnel, et vos options configurées à votre convenance, vous êtes paré pour accéder à Facebook sur votre tablette Galaxy. Vous pourriez le faire directement dans Chrome (ou dans l'application Navigateur). Mais, pour obtenir le meilleur de Facebook, vous avez besoin de son application officielle.

Il est très important de définir correctement ses paramètres Facebook, et en particulier les règles de confidentialité. Sur Facebook, tout ce qui n'est pas explicitement privé ou en accès restreint est considéré comme public. Ne l'oubliez jamais sous peine d'avoir de mauvaises surprises…

Devant des flots de critiques toujours plus vives concernant le (non) respect de la vie privée, Facebook a indiqué que le mode par défaut serait privé pour tous les nouveaux inscrits. C'est en fait la moindre des choses, non ?

Installer l'application Facebook

L'application Facebook n'est pas installée par défaut sur votre tablette Galaxy. Mais il est très facile de la trouver (gratuitement bien sûr) sur Play Store. Cette application est le tapis rouge que Mark Zuckerberg (le fondateur de Facebook) déroule devant vous pour vous faire entrer dans le royaume des réseaux sociaux, là où tout le monde est l'ami de tout le monde.

Une recherche dans Play Store portant sur le nom *Facebook* fournit toute une liste d'applications. La seule vraie s'appelle Facebook, elle est produite par l'entreprise Facebook et elle arbore le logo officiel de… Facebook. Difficile de se tromper. Pour plus d'informations sur Play Store, voyez le Chapitre 15.

Accéder à Facebook

La première fois que vous lancez l'application Facebook en touchant son icône, vous allez normalement devoir vous connecter. Pour cela, saisissez l'adresse de messagerie que vous avez spécifiée lors de la création du compte, ainsi que votre mot de passe Facebook. Confirmez, et c'est lancé.

L'application propose par défaut de consulter son fil d'actualités, autrement dit les statuts postés par vos multiples amis (voir la Figure 8.3). Mais vous disposez également d'une barre de navigation accessible en touchant le bouton de menu, sur la droite de l'écran (voir la Figure 8.4).

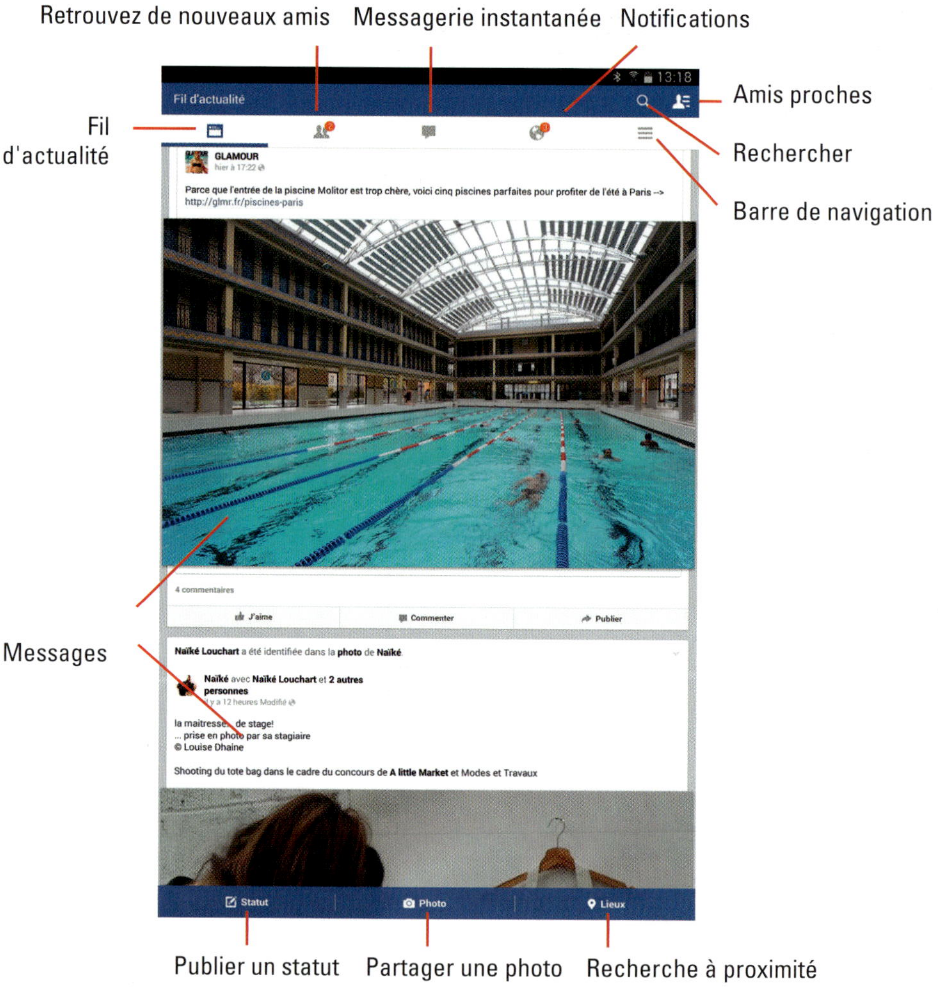

Figure 8.3 : Facebook à la une sur la tablette Galaxy.

> Lorsque vous avez fini vos pérégrinations sur Facebook, touchez le bouton Accueil de la tablette pour revenir à l'écran principal.

Figure 8.4 : Tout Facebook.

En fait, l'application continue son travail en arrière-plan jusqu'à ce que vous vous déconnectiez, que vous l'arrêtiez explicitement ou que vous éteigniez la tablette.

Pour vous déconnecter, ouvrez la barre de navigation, faites défiler son contenu jusqu'en bas, puis touchez le bouton Déconnexion.

- Si vous voulez placer un raccourci vers l'application Facebook sur votre écran d'accueil, le Chapitre 3 vous explique comment procéder.
- Facebook a aussi son widget. Celui-ci affiche les dernières actualités de votre compte et vous permet de publier vos pensées du jour directement depuis l'écran d'accueil.
- Les fils d'actualité peuvent être mis à jour en faisant glisser l'écran vers le bas.

- Les dernières nouvelles fraîches sont signalées par l'affichage d'une icône en forme de *f* dans la barre des notifications de votre tablette Galaxy.

Publier un statut

La première motivation de votre présence sur Facebook, hormis le fait d'avoir plus d'amis que n'importe qui d'autre, est de publier des statuts (poster des messages, si vous préférez). C'est le meilleur moyen de partager vos pensées avec l'univers entier. C'est quand même beaucoup moins cher que d'envoyer une carte postale à tout le monde !

Pour publier un statut avec l'application Facebook, suivez ces étapes :

1. Touchez le bouton Statut, en bas de l'écran.

> **NOTE** Si vous ne voyez pas ce bouton, faites défiler légèrement l'écran vers le bas.

L'écran Publier un message va s'afficher (voir la Figure 8.5). Vous pouvez y saisir votre rêverie ou votre pensée profonde du moment.

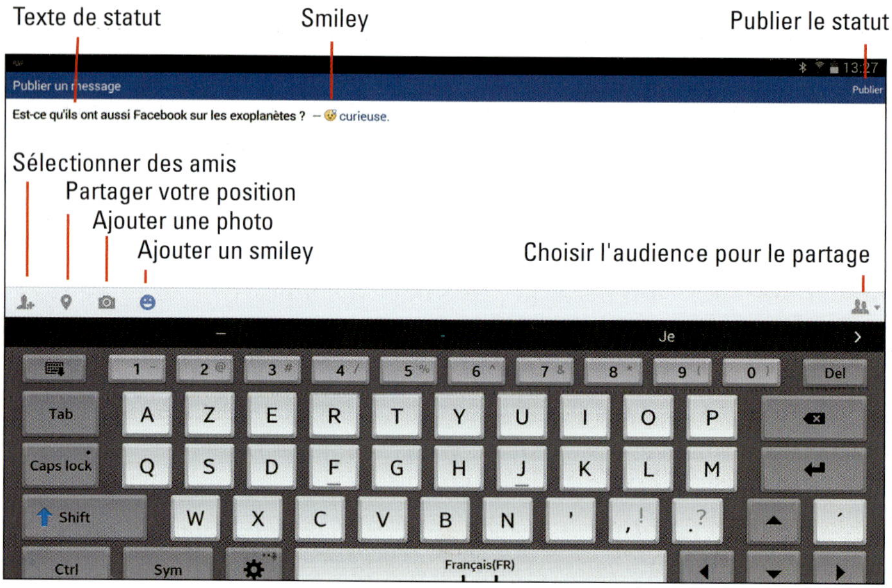

Figure 8.5 : Composer un statut Facebook.

2. Saisissez quelque chose de concis, si possible intéressant, ou encore commentant une information (ou un statut, ou ce que vous voulez) que vous avez lue sur Facebook.
3. Touchez le bouton Publier.

Si vous avez ajouté le widget Facebook à votre écran d'accueil, vous pouvez également définir votre statut en touchant le champ Exprimez-vous. Reprenez alors les Étapes 2 et 3 ci-dessus.

Publier une photo sur Facebook

Une activité très répandue sur Facebook, c'est la publication de photographies d'événements, de lieux et autres situations. Bien entendu, l'application Facebook sait parfaitement faire cela.

La procédure est simple. Suivez ces étapes :

1. Touchez le bouton qui représente un appareil photo.

   Vous pouvez le retrouver en bas des fils d'actualité, en bas de l'écran de composition du statut (reportez-vous à la Figure 8.5), ou encore dans votre page personnelle (touchez votre nom en haut de la barre de navigation de l'application).

2. Les photos et vidéos stockées dans la mémoire de votre tablette Galaxy vont apparaître. Pour publier une photo existante, touchez sa vignette.

   Vous pouvez bien sûr ajouter plusieurs photos. Chaque image sélectionnée est entourée d'un cadre bleu comportant un numéro d'ordre.

> NOTE : Pour retirer une photo de la sélection, touchez à nouveau sa vignette.

3. Pour visualiser une photo, faites simplement un appui long sur l'image. Si vous le souhaitez, tapez une fois dessus pour saisir un nom parmi vos amis, des relations communes (ou pas) suggérées par Facebook, voire un texte à votre convenance. Touchez le bouton quadrillé, en haut et à gauche de l'écran, pour revenir à la galerie de photos.

> NOTE : N'abusez pas de la fonction d'identification pour ne mettre personne en péril !

> Si l'image est mal orientée, touchez le bouton de rotation, en bas et au milieu de l'écran, pour la remettre dans le bon sens.

4. Pour prendre un instantané, touchez dans la fenêtre de la galerie l'icône de l'appareil photo. Visez et touchez le déclencheur. Confirmez en touchant le bouton Enregistrer.

> Il est aussi possible d'enregistrer une séquence vidéo en touchant le bouton de caméra.

Une fois votre photo (ou votre vidéo) prise, vous revenez à la galerie en touchant le bouton quadrillé. Vous pouvez alors l'ajouter à votre publication.

> Vous retrouverez les clichés pris directement dans l'application Facebook dans un dossier appelé... Facebook de la Galerie.

5. Quand vous avez terminé, touchez le bouton Utiliser, en haut et à droite de l'écran.

6. Tapez le texte de votre message, exactement comme nous l'avons vu pour le statut.

   Vous pouvez ajouter d'autres informations, comme un partage de position.

7. Touchez le bouton marqué d'une silhouette double, en bas et à droite de l'écran. Choisissez alors la portée de votre message. La photo est-elle destinée à être admirée par la planète entière ? Par vos amis Facebook ? Uniquement par vos relations proches ou votre famille ? Définissez ici l'audience que vous voulez donner à votre statut.

> Ne négligez pas cette étape. Elle est essentielle. Est-il vraiment raisonnable que tout un chacun puisse voir la photo du petit dernier ? Savez-vous que des personnes ont perdu leur travail pour en avoir trop dit ou trop montré sur Facebook ?

8. Touchez le bouton Publier.

Votre ou vos images sont publiées dès que le transfert sur Internet est terminé, et elles sont immédiatement digérées par Facebook.

La ou les images peuvent être retrouvées dans la mise à jour de votre statut ou dans vos flux d'actualité.s

Depuis l'option Photos de la barre de navigation de Facebook, vous avez également la possibilité de gérer vos photos, de créer et gérer des albums personnels, ou encore de synchroniser des photos sur Internet.

Toutes les images qui apparaissent dans la galerie ne sont pas obligatoirement téléchargeables sur Facebook. C'est par exemple le cas des albums Picasa partagés.

De nombreuses applications disposent d'un bouton Partager. Bien entendu, Facebook est proposé dans la liste des partages possibles. Touchez son bouton pour envoyer ce que vous êtes en train de voir ou de faire. Il ne vous reste plus qu'à choisir l'audience, entrer un commentaire et toucher le bouton Publier.

Configurer l'application Facebook

Les commandes qui contrôlent Facebook sont accessibles dans la barre de navigation de l'application. Touchez le bouton Menu, en haut et à droite de l'écran principal de l'application et faites défiler le contenu de la barre pour accéder à la rubrique Paramètres. Touchez le bouton Paramètres des applications.

Choisissez d'abord l'intervalle d'actualisation des notifications. Si vous trouvez qu'une heure, c'est bien trop long tellement vous êtes impatient de découvrir ce que vos amis ont publié, raccourcissez ce délai. Et si vous ne voulez pas être dérangé à tout bout de champ, choisissez Jamais.

D'autres options définissent la manière dont votre tablette Galaxy réagit aux actualisations de Facebook :

- **Vibreur :** fait vibrer la tablette (étrange sensation !).
- **Sonnerie de notification :** joue un son prédéfini (Facebook Pop est fait pour) ou personnalisé.

Il est également possible de désactiver les alertes sonores en choisissant l'option Aucune.

Touchez le bouton Retour de l'appareil pour quitter les paramètres et revenir à l'écran principal de Facebook.

> NOTE
>
> Je vous conseille de gérer les paramètres de votre compte de préférence sur votre ordinateur.

> NOTE
>
> Nous laisserons ici de côté la messagerie instantanée maison Facebook Messenger, qui nécessite le téléchargement depuis Play Store d'une application complémentaire.

Gazouiller avec Twitter

Twitter est un site de réseau social, comparable à Facebook si ce n'est que les messages, les *tweets*, y sont bien plus courts. Sur Twitter vous rédigez essentiellement de courts jets de texte qui expriment une pensée, une observation, un commentaire ou qui servent à partager un lien. Vous pouvez aussi utiliser Twitter en tant que *follower*, pour suivre les tweets d'autres personnes.

- Soyez branché : un message posté sur Twitter est un *tweet*, autrement dit un gazouillis, et celui qui suit les tweets de quelqu'un d'autre est un suiveur ou abonné, bref un *follower*. Renvoyer un tweet vers d'autres personnes se dit *retweeter*.
- Un tweet ne peut pas comprendre plus de 140 caractères, y compris les espaces et la ponctuation, plus vingt caractères servant à vous identifier. Le principe de base, c'est celui du SMS.
- Vous pouvez poster des messages sur Twitter et suivre d'autres abonnés.
- Comme sur Facebook ou Google+, il est également possible de joindre des images aux tweets.
- Il se dit que, sur l'ensemble des quelques centaines de millions de personnes qui ont un compte sur Twitter, seule une petite proportion utilise le service de manière active.

Configurer Twitter

La meilleure manière d'utiliser Twitter sur votre tablette Galaxy, c'est de posséder déjà un compte auprès de ce service. Voyez pour cela la page Web `twitter.com` et suivez les instructions qui vous sont données.

Une fois votre compte Twitter créé et confirmé, il vous reste encore à installer l'application correspondante sur votre tablette (celle-ci ne la propose pas par défaut). Pour cela, ouvrez Play Store et faites une recherche sur *Twitter*. L'application officielle est marquée d'un petit oiseau bleu et provient directement de chez Twitter, Inc. D'autres applications sont également estampillées Twitter, mais il s'agit en règle générale de compléments venant ajouter des fonctionnalités plus ou moins intéressantes.

Lorsque vous lancez l'application Twitter pour la première fois, touchez le bouton Connexion. Saisissez alors votre nom d'utilisateur Twitter, ou l'adresse de messagerie avec laquelle vous avez créé le compte, ainsi que votre mot de passe. Touchez ensuite le bouton Connexion, et acceptez ou non les propositions qui vous sont faites.

La connexion reste active jusqu'à ce que vous vous déconnectiez explicitement ou que la tablette soit éteinte.

La Figure 8.6 montre l'écran principal de l'application Twitter, avec un flux de tweets en cours.

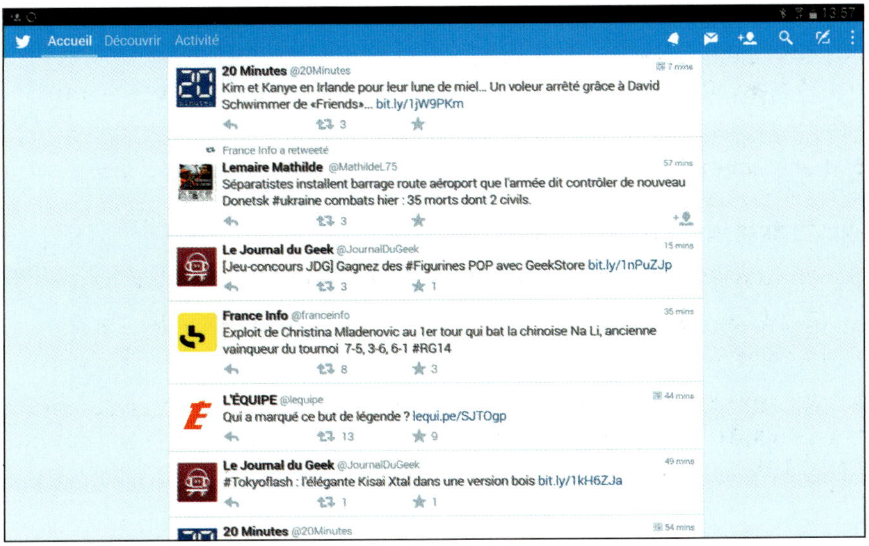

Figure 8.6 : L'application Twitter.

Voyons maintenant comment *tweeter* ou mettre à jour votre profil depuis l'application Twitter.

Tweeter avec la Galaxy

L'application Twitter propose une interface simple et efficace pour accéder à toutes ces excellentes choses que propose ce service. Bien entendu, les deux tâches de base sont la lecture et l'écriture des tweets.

Pour lire les tweets, touchez le bouton Accueil afin de voir le fil des messages envoyés selon vos abonnements. La liste se présente dans l'ordre chronologique, les plus récents étant affichés en premier. Faites défiler la liste vers le bas pour voir les autres messages.

Pour lire un tweet particulier, touchez la ligne correspondante (reportez-vous à la Figure 8.6). Utilisez le bouton illustré d'une plume pour composer votre propre tweet (voir la Figure 8.7).

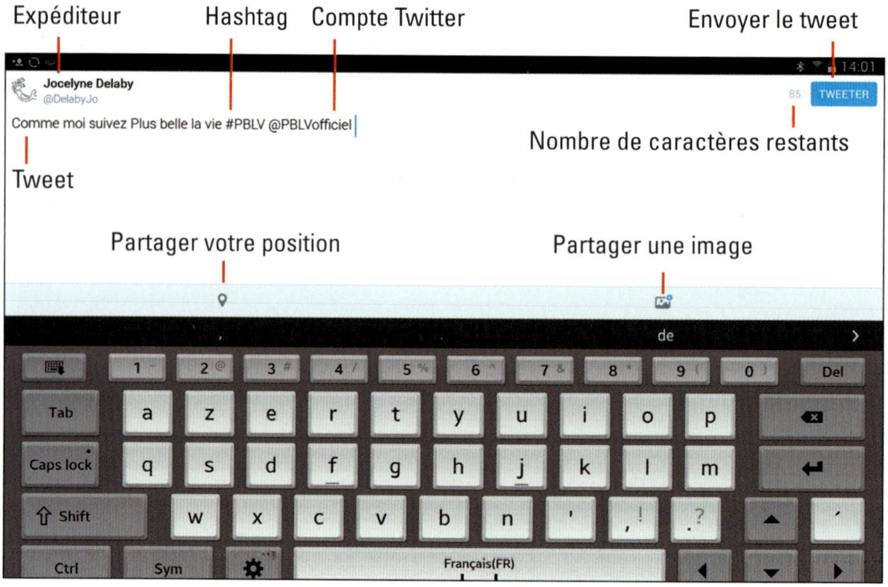

Figure 8.7 : Créer un tweet.

Touchez ensuite le bouton Tweeter pour envoyer votre profonde pensée dans le « twittervers ».

Votre tweet ne peut pas dépasser 140 caractères, espaces et ponctuation incluses.

- Le compteur de caractères affiché en haut et à droite de l'écran vous permet de savoir combien de place il vous reste pour votre texte.
- Twitter est en soi une machine à produire du texte. Mais il est possible de joindre des images ou des vidéos qui vont alors se présenter sous la forme de liens. Les images et vidéos seront hébergées par les bons soins de Twitter.
- L'application Twitter est parfaitement capable de se servir des capacités photographiques de votre tablette Galaxy pour joindre une image ou une vidéo à votre tweet.
- Vous pouvez également accepter d'associer à vos tweets des informations de localisation en touchant le bouton correspondant.
- La fenêtre d'affichage d'un tweet comporte quatre boutons servant respectivement à répondre au message, le retweeter, le marquer comme favori et le partager avec d'autres.

De nombreuses applications disposent d'un bouton Partager. Twitter devrait donc être proposé dans la liste des partages possibles. Touchez son bouton pour envoyer ce que vous êtes en train de voir ou de faire (généralement sous la forme d'un lien). Il ne vous reste plus qu'à compléter votre tweet et à toucher le bouton Publier.

Les adresses Twitter sont précédées du caractère @. Une autre notation, appelée hashtag, sert à regrouper des fils de messages se rapportant à un certain point d'intérêt. Un hashtag se signale par la présence du préfixe #.

- De plus en plus, les responsables de Twitter essaient de se débarrasser de ces préfixes un peu ésotériques qui limitent l'expansion de cette société aux dents longues. La concurrence est très rude dans le milieu des réseaux sociaux, et amis ne veut pas dire pour la vie…

Toujours plus de réseaux sociaux

L'Internet regorge d'opportunités de participer à des réseaux sociaux. Facebook peut être aujourd'hui le roi, mais il y a des tas d'autres prétendants à la couronne, à commencer par Google. On dirait que tout se passe comme si un nouveau réseau dit social surgissait chaque semaine. Parmi les noms les plus connus, il faut citer LinkedIn, Pinterest, Snapchat ou encore Tumblr, mais aussi les sites dits de rencontres, de partage de photographie comme Flickr, et ainsi de suite. En fait, bien d'autres services offrent des fonctionnalités qui s'apparentent plus ou moins à celles des réseaux sociaux.

Je vous conseille dans tous les cas de configurer votre compte sur n'importe quel réseau social depuis votre ordinateur, exactement comme je l'ai expliqué à plusieurs reprises dans ce chapitre. Après cela, recherchez sur Play Store une application adaptée pour votre nouveau réseau social. Configurez cette application pour vous connecter avec votre compte.

- Si vous ne trouvez pas d'application dédiée à tel ou tel réseau, il vous reste toujours la possibilité de vous connecter depuis Chrome ou Navigateur.
- Voyez le Chapitre 15 pour plus d'informations sur Play Store.
- Comme avec Facebook et Twitter, votre réseau social peut (et devrait même) apparaître quand vous touchez le bouton Partager dans de multiples applications. Ceci vous permet facilement d'échanger informations, images ou bonnes adresses avec vos ami(e)s en ligne.

Chapitre 9

Dialogues en tous genres

Dans ce chapitre :

- Conférences à plusieurs avec Google+
- Tchatcher ave Skype
- Skype, l'as de la visiophonie
- Utiliser Skype pour téléphoner

D'accord, votre tablette n'est pas, ou plus que probablement pas, un téléphone. Mais la nouvelle du jour est que vous *pouvez* vous en servir pour lancer des appels téléphoniques. Et même des appels téléphoniques en vidéo. Le secret ? Savoir quelles applications utiliser. Ces applications convertissent votre tablette (et sa caméra frontale, voire dorsale) en un dispositif de communication portable digne du XXIe siècle.

Google+ et ses hangouts

Vous vous souvenez de Google+, abordé au Chapitre 8 ? Sachez alors qu'il est capable de relier de multiples personnes pour tenir une sorte de visioconférence, appelée ici *hangout*. Multiples, c'est peut-être un grand mot. Disons, plus de deux. Bien entendu, votre ou vos contacts doivent également utiliser Google+ et disposer d'un appareil qui possède au moins une caméra frontale. Tout ce qu'il y à faire, c'est de lancer un hangout, ou d'en rejoindre un quand on y est invité.

Pour lancer un hangout, ouvrez l'application Google+ et suivez ces étapes :

1. Choisissez Hangouts dans le menu principal de l'application.

> **NOTE** Vous pouvez aussi ouvrir le dossier Google sur votre écran d'accueil et toucher l'icône Hangouts. Le résultat est le même.

La fenêtre de création de hangout apparaît (voir la Figure 9.1). Elle vous permet d'inviter, ou d'alerter, des « amis » en ligne à votre hangout, et potentiellement d'avoir le plaisir de les voir vous rejoindre.

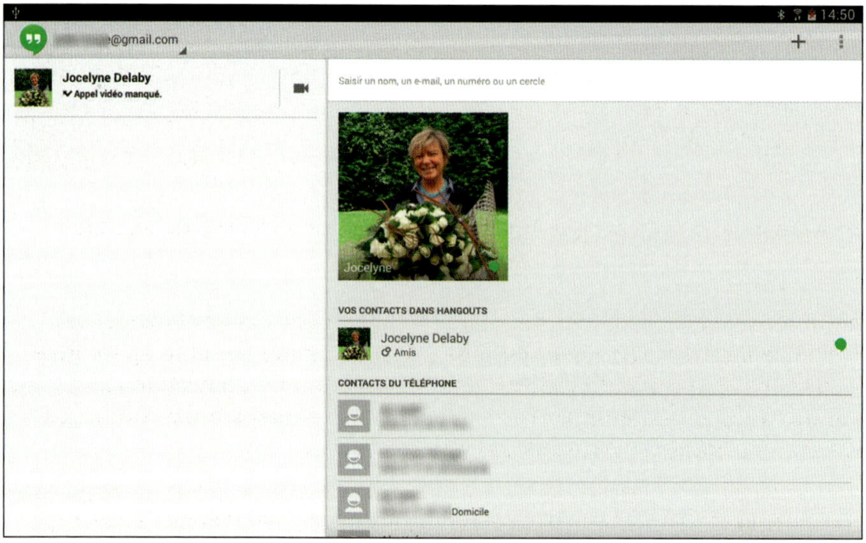

Figure 9.1 : Inviter des gens dans votre hangout personnel.

> Si vous avez plusieurs comptes Google, vérifiez celui qui est utilisé par défaut dans la liste affichée en haut et à gauche de la fenêtre. Si nécessaire, touchez le nom qui est affiché et choisissez un autre compte.

2. Invitez des personnes à rejoindre votre hangout.

   Le champ de texte qui se trouve en haut est votre liste potentielle d'invités. Il ressemble au champ À d'un message électronique. Vous pouvez taper un nom, utiliser le bouton marqué d'un signe plus, ou bien toucher une des images affichées dans la partie centrale de l'écran pour lancer vos invitations (de la même manière qu'un message peut être envoyé à une liste de contacts).

   Si vous touchez le bouton Plus, vous pourrez sélectionner des invités à partir de vos cercles Google+. Cochez les noms des cercles ou des individus que vous voulez inviter.

   Si vous voyez une liste intitulée Suggestion de contacts, sachez qu'elle propose une série de noms que vous pouvez inviter rapidement en touchant les icônes ou images correspondantes. Dans ce cas, l'icône est entourée d'un trait épais, et son nom est ajouté à la liste des invités.

> Si votre contact n'est pas encore inscrit dans vos cercles, l'application vous demandera si vous souhaitez l'inviter à utiliser Hangouts. Après, c'est à vous (et à lui ou elle) de voir…

3. Ouvrez la séance en touchant le bouton marqué d'un symbole de caméra.
4. Attendez.

   Vos invitations sont transmises aux personnes que vous avez choisies. La tablette va se mettre à sonner, comme si vous lanciez un appel téléphonique et que votre correspondant ne décrochait pas. Au bout d'un certain temps, un premier invité va vous rejoindre (du moins, ce serait mieux pour vous). Les autres feront certainement de même un peu plus tard.

> Vous pouvez désactiver cette sonnerie un peu trop stridente en touchant le bouton qui représente un haut-parleur, en bas de l'écran.

Si personne ne vous rejoint dans la minute qui suit (voire même un peu moins), la fenêtre se referme, et vous revenez à la page Hangouts.

5. Bla, bla, bla.

   Faites et dites ce que vous voulez à vos amis. Parlez de la pluie et du beau temps, évoquez les derniers ragots du quartier, faites des grimaces, demandez des nouvelles du petit dernier, etc. C'est comme si vous preniez un verre ensemble, sauf que vous êtes devant votre tablette.

   Vous pouvez en passant ajouter d'autres personnes en touchant le bouton qui représente une silhouette frappée d'un signe Plus, en haut et vers la droite de l'écran. Il est aussi possible à tout moment de couper le son et/ou l'image en touchant les boutons de micro et de caméra.

6. Pour terminer la conversation, embrassez-vous virtuellement et touchez l'icône rouge du combiné de téléphone.

   Comme vous êtes l'hôte du hangout, tous vos correspondants sont immédiatement déconnectés. Une série d'échanges de politesses est donc vivement conseillée.

En tant que citoyen Google+, vous êtes totalement susceptible de recevoir un jour une invitation de quelqu'un que vous connaissez (ou même de quelqu'un que vous ne connaissez absolument pas). Selon le cas, vous pouvez voir s'afficher une notification en haut de votre écran, ou, si l'application Google+/Hangouts est ouverte, apparaître une fenêtre d'invite. Faites glisser l'icône de caméra vers la droite ou acceptez l'invitation. Il ne vous reste plus qu'à participer au débat vidéo. Pour quitter le hangout, touchez l'icône de déconnexion du téléphone.

Se connecter au monde entier avec Skype

Pour transformer votre tablette en un téléphone à l'écran démesuré, vous avez besoin d'une application spécialisée, comme Skype. C'est l'un des programmes de communication sur Internet parmi les plus populaires. Il vous permet, comme Google+ et d'autres (par exemple Tango), de dialoguer sous forme de texte, vocalement ou en vidéo. Mais ce n'est pas tout : Skype est en plus capable d'appeler de *vrais* numéros de téléphone.

Installer Skype

Skype n'est pas préinstallé sur votre tablette. Pour le trouver, vous devez donc le rechercher sur Play Store et le télécharger. Si plusieurs noms sont proposés, vérifiez bien que l'application est l'original *made in* Skype. Pour plus d'informations sur Play Store, voyez le Chapitre 15.

> NOTE — Skype, c'est qui ? Google, encore ? Pas du tout, c'est Microsoft ! Amusant, non ?

Pour utiliser Skype, vous avez besoin d'un compte spécial (une version maison, voire un compte Microsoft Live existant). Vous pouvez le créer après avoir lancé l'application, ou le faire depuis le site `www.skype.com` sur un ordinateur.

> NOTE — Il est aussi possible de s'inscrire sur Skype à partir d'une adresse Facebook. Vous devrez accepter (ou ignorer) un certain nombre de propositions pour obtenir un identifiant Skype.

Lorsque vous lancez Skype pour la première fois, vous voyez s'afficher divers écrans de démarrage, le plus important étant de saisir correctement votre nom d'utilisateur et votre mot de passe. Laissez l'application consulter votre carnet d'adresses pour y localiser de possibles contacts joignables via Skype. Cela vous permet de gagner du temps pour la suite des événements.

> NOTE — Skype est gratuit à l'installation, et gratuit à l'utilisation. Sauf pour lancer des appels téléphoniques. Vous devez pour cela acheter des « crédits » Skype ou prendre un abonnement.

Chatter avec un autre utilisateur Skype

Dialoguer en mode texte avec Skype est une procédure semblable à ce que nous avons déjà vu plus haut avec Google+. La principale différence, c'est que l'autre personne doit également posséder un compte Skype, et avoir installé cette application sur son ordinateur ou son appareil portable.

Votre compte Skype étant opérationnel, suivez ces étapes :

1. Depuis l'écran principal de Skype, touchez le bouton Skype.
2. Choisissez un contact.
3. Touchez le bouton de la messagerie texte, en haut et vers la gauche de l'écran.

4. Touchez le champ qui apparaît en haut de l'écran et sélectionnez un ou plusieurs contacts Skype.
5. Vous pouvez ensuite saisir votre texte dans le champ qui se trouve en bas de l'écran (il indique Entrez un message ici).
6. Touchez le bouton du retour à la ligne sur le clavier virtuel (ou le bouton fléché placé à droite du champ de saisie) pour envoyer le message.

   Si votre correspondant Skype est en ligne et d'accord pour engager la conversation, le dialogue va débuter instantanément.

Tout à fait à droite du champ de texte, vous voyez un petit symbole de *smiley*. Touchez-le pour choisir une icône censée décrire votre état d'esprit ou votre rumeur.

- La notification illustrée en marge apparaît lorsque quelqu'un vous a envoyé un message afin d'engager la conversation avec vous. Si vous laissez Skype de côté, elle vous permet facilement de vous apercevoir que l'on essaie de vous contacter. Ouvrez la barre des notifications, lisez le message et touchez la ligne correspondante pour revenir à la fenêtre de Skype et répondre.
- Si vous le souhaitez, vous pouvez ajouter d'autres contacts au fil de la conversation. Pour cela, touchez le bouton marqué d'une silhouette et choisissez dans le menu l'option Ajouter des personnes. C'est un chat de groupe !
- Pour arrêter le chat, touchez le bouton Retour de la tablette. Les messages sont mémorisés par Skype, et vous pouvez donc en retrouver la liste, même une fois votre ou vos contacts déconnectés.
- Bien entendu, la personne que vous voulez contacter doit être en ligne, être disponible et avoir lancé Skype pour qu'elle puisse vous répondre…

Chatter avec Skype, mais en visiophonie

Le principal intérêt de Skype, c'est de pouvoir dialoguer gratuitement (Wi-Fi opérationnel et si possible très rapide exigé !) en vidéo. Pour cela, rien de plus simple : vous touchez le nom d'un contact Skype, puis le bouton qui représente une caméra. Skype va contacter votre correspondant, et celui-ci va apparaître sur votre écran dès qu'il aura accepté l'appel en touchant son propre bouton de caméra.

Si la personne souhaite simplement discuter sans être filmée, il lui suffit de toucher le bouton du téléphone vert. Voire le téléphone rouge pour couper court à toute conversation…

C'est moins joli sur l'image, mais plus pratique dans les faits : un casque si possible avec micro facilite grandement les échanges.

Il ne vous reste plus qu'à parler tout en utilisant la caméra de votre tablette Galaxy pour voir et être vu, ou pour montrer tout autre chose.

La Figure 9.2 vous montre les fonctionnalités dont vous disposez pendant la communication.

Figure 9.2 : La visiophonie version Skype.

- Pour faire réapparaître les boutons, touchez simplement l'écran.
- Pour inverser la prise de vue entre caméra frontale et dorsale, touchez le bouton correspondant, puis choisissez l'option Changer de caméra.
- Pour inverser les images entre appelant et appelé, tapotez deux fois de suite sur la petite fenêtre vidéo.
- Faites glisser la petite fenêtre vidéo pour la repositionner sur l'écran.
- Pour la faire disparaître, touchez une fois le bouton de la caméra et choisissez l'option Désactiver la vidéo.
- Pour incruster la vue Skype en réduction sur votre écran, touchez le bouton Retour de la tablette. Touchez-la deux fois de suite pour revenir au mode plein écran.

NOTE

Ceci vous permet de lancer une autre application sans stopper votre communication Skype. En supposant par exemple que vous êtes en train de convenir d'un rendez-vous, vous pouvez donc parfaitement lancer l'appli S Planner pour remplir immédiatement votre agenda.

Envoyer un SMS avec Skype

Il est possible d'envoyer un SMS sur le numéro de portable d'un contact en touchant sa vignette, puis le bouton qui se trouve à gauche du champ Entrez un message ici et en choisissant cette option. Procédez ensuite exactement comme pour un chat classique : saisissez votre message et touchez sur le clavier virtuel le bouton de retour à la ligne.

NOTE

En plus des SMS, il est aussi possible de partager avec vos contacts des photos, des messages vidéo, et même des fichiers.

D'accord, l'envoi de SMS par Skype n'est pas la panacée. Le premier inconvénient, c'est que la personne à qui vous envoyez le message ne reconnaîtra probablement pas le numéro de téléphone entrant. Vous devriez donc placer dans votre SMS une phrase qui permette de vous identifier.

Le second problème, c'est que votre destinataire ne sera tout aussi probablement pas capable de vous répondre. Il peut essayer, mais il n'y a aucune garantie que vous recevrez la réponse.

Et le troisième inconvénient, c'est que ces SMS ne sont pas gratuits. Chaque message peut vous coûter quelques centimes, ce qui, à force, n'est pas forcément négligeable.

- Pour acheter des crédits, touchez le bouton Profil dans l'écran principal de Skype. Touchez ensuite l'option Crédit Skype et suivez les instructions qui vous sont données.

> NOTE
> SMS signifie Small Message Service, ou service de message court. Mais, de nos jours, la plupart des gens disent simplement SMS, voire Texto (ce mot étant, de mémoire, une marque déposée).

Effectuer un appel téléphonique avec Skype

Et c'est là où on sort le grand jeu : grâce à Skype, il est possible d'utiliser votre tablette Galaxy comme téléphone portable. Incroyable, mais vrai. Et cela fonctionne plutôt bien. Suivez ces étapes :

1. Assurez-vous tout d'abord que vous disposez d'une quantité suffisante de crédits Skype.

   Vous ne pouvez pas appeler un « vrai » numéro de téléphone tant que vous ne disposez pas d'un certain nombre de crédits Skype. Pour cela, touchez le bouton Profil (celui qui montre votre message) puis la ligne qui devrait indiquer à ce stade un montant nul.

2. Depuis l'écran principal de Skype, touchez le bouton du téléphone, en haut et à gauche de l'écran.

   Vous allez voir s'afficher un grand pavé de numérotation, exactement comme si votre tablette était devenue un téléphone portable géant (enfin, avec certaines limites).

3. Tapez le numéro de téléphone que vous voulez appeler.

   Vous pouvez toucher le bouton Contacts, en haut et à droite du pavé de numérotation, pour choisir un membre de votre carnet d'adresses. Si celui-ci contient un champ associé à un numéro de portable, ce dernier sera placé dans la fenêtre d'appel. Touchez à nouveau le bouton d'appel, puis celui qui représente un téléphone.

> NOTE
>
> Vous devez saisir le numéro de téléphone que vous voulez appeler en entier, exactement comme si vous faisiez la même opération sur votre téléphone portable. En cas de problème, touchez autant de fois qu'il est nécessaire le bouton de correction de la fenêtre et ressaisissez les bons chiffres.

4. Tout va bien ? Touchez le bouton d'appel, autrement dit le téléphone bleu.

   Skype va utiliser la connexion Internet de votre tablette pour passer l'appel (voir la Figure 9.3).

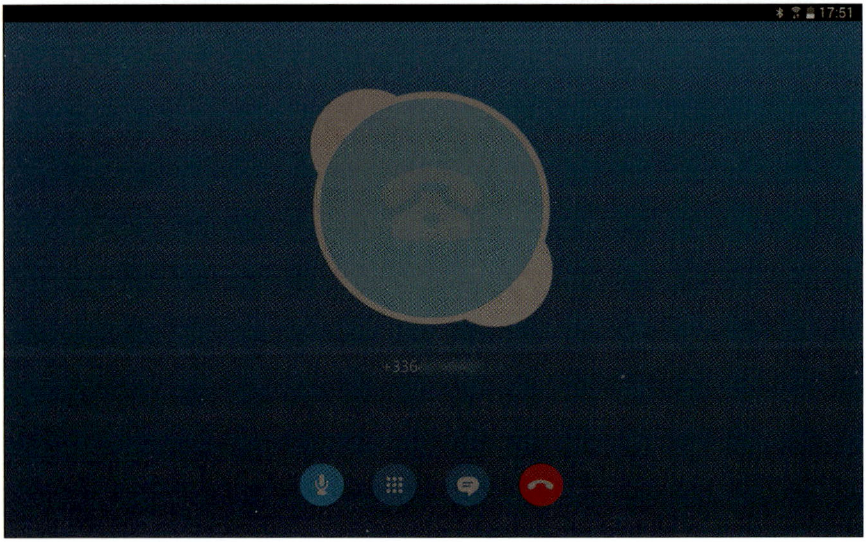

Figure 9.3 : Un appel Skype sur tablette.

5. Quand votre correspondant décroche, commencez à parler.
6. Pour terminer l'appel, touchez le bouton représentant un téléphone rouge.

> NOTE
>
> Si vous utilisez assez souvent Skype pour passer des appels téléphoniques, je vous recommande de faire l'acquisition d'un bon casque audio. Vous vous en féliciterez.

> NOTE
>
> Payer des crédits Skype est une chose. Voyez aussi ce que peut vous facturer votre opérateur de téléphonie pour ce type de petit plaisir.

Pour savoir combien peuvent vous coûter vos SMS et vos appels téléphoniques, voyez le site Web de Skype (`www.skype.com`). Il est vrai que certaines destinations peuvent être très intéressantes.

Chapitre 10

Maps à la carte

Dans ce chapitre :

- Explorer votre monde avec Maps
- Ajouter des calques à Maps
- Itinéraire en vue

Si vous avez activé les bonnes options et lancé les bonnes applications, votre tablette Galaxy sait où vous êtes, dans quelle direction vous allez, où vous voulez aller, et même ce que vous avez envie de rechercher.

Beaucoup d'applications utilisent la puce GPS intégrée à votre tablette pour vous situer, vous *géolocaliser*. Certaines le font à bon escient, comme Maps, Navigation et bien d'autres. D'autres non. Si c'est pour mieux vous aider et vous informer, très bien. Si c'est pour vous pister, non merci.

Votre tablette Galaxy, un GPS de poche

Votre tablette Galaxy sait décidément tout faire. Prendre des photos, diffuser de la musique ou des films, jouer avec vous, et tant d'autres choses encore. J'allais oublier : téléphoner (du moins avec quelques rares appareils ou une application spécialisée comme Skype), envoyer et recevoir des messages, communiquer sur les réseaux sociaux. Et aussi localiser à peu près tout ce que vous voulez et vous y conduire. Mais vous devez commencer par vérifier que la localisation est bien active sur votre appareil. Pour cela :

1. Ouvrez l'application Paramètres, puis ouvrez l'onglet Connexions et activez l'option Localisation.

   Bien entendu, vous avez parfaitement le droit de ne pas vouloir être localisé !

2. Consultez les informations de localisation (voir la Figure 10.1). Touchez l'option Mode et choisissez la manière dont la localisation doit s'opérer.

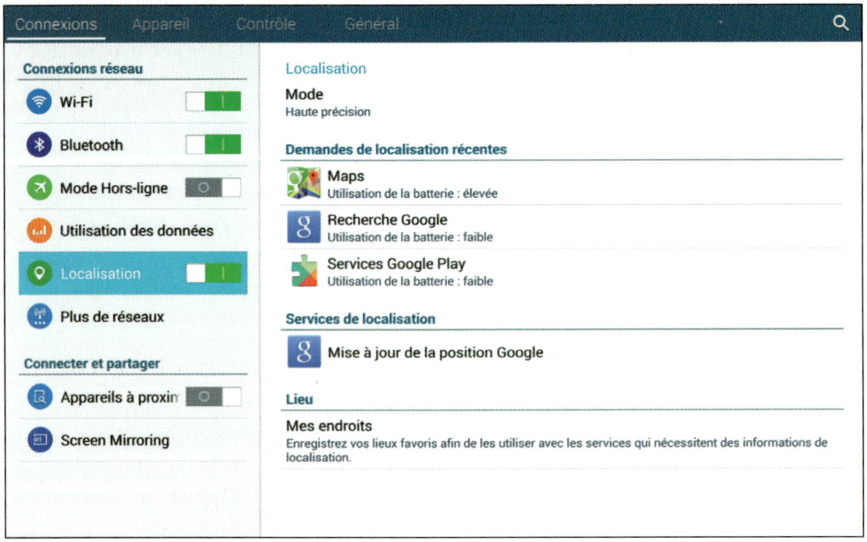

Figure 10.1 : Activer les services de localisation.

Comme le montre la Figure 10.1, vous disposez de plusieurs modes de localisation. Selon ce que vous faites, choisissez à chaque fois une option adaptée à vos déplacements et à vos besoins (par tous les moyens, en utilisant les réseaux mobiles et le Wi-Fi, uniquement le GPS intégré à l'appareil). Ou rien du tout en désactivant totalement la localisation… Enfin, on a le droit d'y croire… Au final, autant laisser l'option Haute précision si votre consommation de données ne dépend pas d'un opérateur de téléphonie, et donc si cela ne joue pas sur vos factures. Quitte à perdre en temps et en précision !

Pour pousser jusqu'au bout la localisation, vous pourriez ouvrir tout de suite Maps, puis définir vos coordonnées personnelles et professionnelles dans les paramètres de l'application. Mais nous allons largement revenir sur Maps dans ce chapitre.

> Si vous êtes en Wi-Fi sans activer le GPS, vous serez plus ou moins bien localisé. Mais où est l'intérêt ? En revanche, si vous voulez utiliser les fonctions de cartographie et de navigation fournies avec votre tablette sans être couvert par un signal Wi-Fi, vous allez consommer des *données mobiles*, autrement dit celles qui sont incluses (ou pas) dans votre forfait téléphonique. Et cette consommation peut rapidement devenir assez exponentielle. Votre facture aussi... Bien sûr, vous n'êtes pas concerné parce que votre tablette ne dispose d'aucun emplacement pour une carte SIM. N'est-ce pas ?

Pourquoi cette consommation à haute dose ? Tout simplement parce que Maps n'utilise pas de cartes enregistrées dans la mémoire de votre tablette. Il charge les informations voulues au fur et à mesure de ses besoins, ce qui se traduit évidemment par des flux importants de données.

Il existe cependant une possibilité, qu'il convient de manier avec modération, permettant d'enregistrer des portions de cartes. Pour cela, il suffit de toucher dans Maps le champ Rechercher. L'application va proposer diverses suggestions. Faites défiler l'écran vers le bas. Vous allez alors trouver une option appelée Enregistrer pour accès hors connexion.

Vous ne pouvez pas gérer vous-même les cartes que vous mémorisez de cette manière. Et ne me demandez pas pourquoi... Maps s'en resservira lorsqu'il en aura besoin. En revanche, si vous n'utilisez pas l'application très souvent, n'oubliez pas que le cache dans lequel vos plans sauvegardés sont stockés est vidé après 14 jours sans activité de localisation de la part de Maps !

> Pour utiliser sérieusement votre tablette en tant qu'outil d'aide à la navigation, donc comme un GPS classique, il est préférable d'installer une application (comme Navigon, CoPilot, Sygic et d'autres) qui enregistre ses cartes dans la mémoire de l'appareil, ou mieux encore sur la carte MicroSD. Mais, vous vous en doutez, le prix n'est plus le même (comptez environ 50 €). Il existe également des applications utilisant des cartes gratuites, mais elles sont généralement bien moins fiables.

> **NOTE**
>
> Si vous vous servez de votre tablette en voiture comme d'un GPS, achetez un raccord se branchant sur l'allume-cigare ou une prise 12 volts, et disposant de l'autre côté d'un port USB. Cela vous permettra d'y brancher le câble de votre appareil et de maintenir sa batterie en charge tout en roulant. Sinon, vous risquez fort de terminer votre trajet au jugé ! Et si vous êtes à pied, en vélo ou sur des skis, veillez à charger au maximum la batterie avant de sortir. Songez dans ce cas à vous procurer un chargeur solaire.

Voir le monde avec Maps

Pour accéder à Maps, ouvrez le dossier Google puis touchez le bouton de l'application (elle s'appelle fort opportunément Maps). Vous allez alors voir s'afficher un écran semblable à celui de la Figure 10.2.

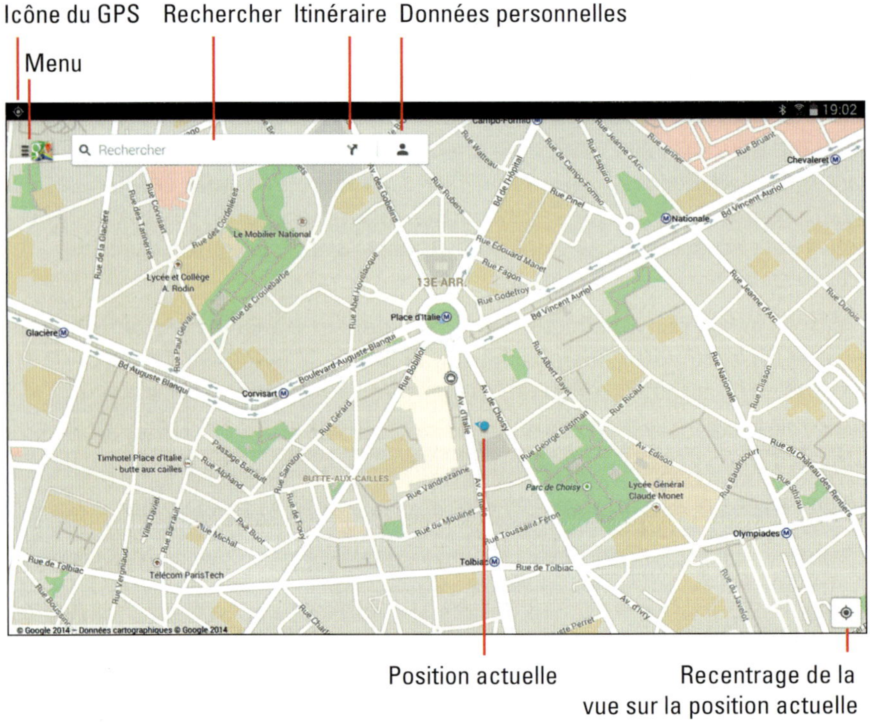

Figure 10.2 : Maps sait où vous vous trouvez.

> **NOTE** La localisation par GPS demande généralement un peu de temps, puisque l'appareil doit repérer un nombre suffisant de signaux satellites afin de calculer votre position. Maps est particulièrement performant de ce point de vue.

Se déplacer dans Maps

Une fois localisée, votre position est représentée par un symbole bleu au centre de l'écran.

- Effleurez l'écran dans la direction voulue pour vous déplacer sur la carte.
- Touchez l'icône de cible affichée en bas et à droite de l'écran pour recentrer la carte sur votre position.
- Touchez l'écran avec deux doigts et faites glisser vers le haut ou vers le bas pour passer en vue 3D ou 2D.

> **NOTE** L'orientation du symbole de position suit celle de l'appareil.

Maps et ses fonctions

Le haut de l'écran vous donne un accès direct à plusieurs fonctionnalités de base :

- **Rechercher :** c'est une recherche Google classique, écrite ou énoncée vocalement, mais portant sur une position géographique, sur une activité et ainsi de suite. Nous allons y revenir un peu plus loin.
- **Itinéraire :** pour calculer un itinéraire entre deux points. C'est l'objet de la dernière partie de ce chapitre.
- **Données personnelles :** le bouton représentant une silhouette donne accès à des données qui vous concernent, comme votre profil (Google+, évidemment), votre adresse personnelle et professionnelle si vous avez défini ces renseignements, ainsi qu'aux adresses que vous avez pu enregistrer ou que vous avez recherchées (voir la Figure 10.3).

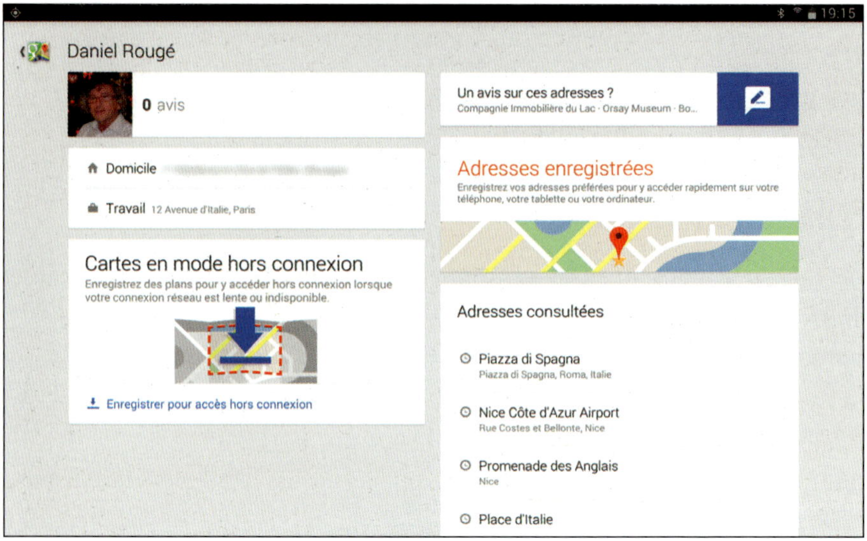

Figure 10.3 : Tout savoir sur moi (ou vous).

> NOTE — Si vous n'êtes pas familiarisé avec Google+, je vous conseille de consulter les informations disponibles en touchant le bouton de votre profil, puis le lien En savoir plus.

Le bouton Menu de l'application propose d'autres options (voir la Figure 10.4) :

- **Trafic :** pour afficher des informations sur les conditions de circulation courantes.
- **Transports en commun :** dans le même genre, pour afficher les lignes de métro ou encore d'autobus.
- **Vélo :** c'est à peu près pareil…
- **Satellite :** ajoutez un calque offrant une vue satellitaire de la position courante. C'est comme Google Earth, mais directement intégré à Maps.
- **Google Earth :** c'est presque pareil que Satellite, si ce n'est que cette option vous invite à télécharger la célèbre application de Google.

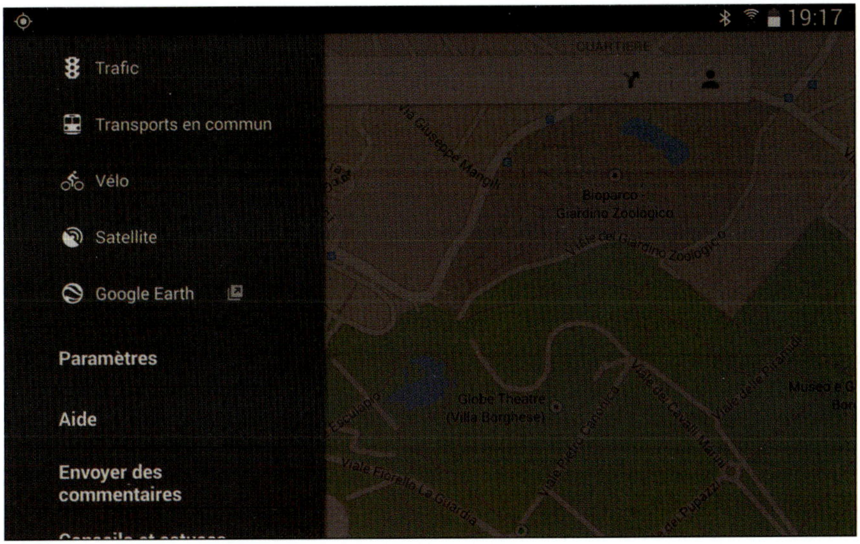

Figure 10.4 : Maps et ses options.

- **Paramètres :** choisissez ici votre compte Google par défaut ainsi que divers paramètres de configuration de Maps (voir la Figure 10.5).

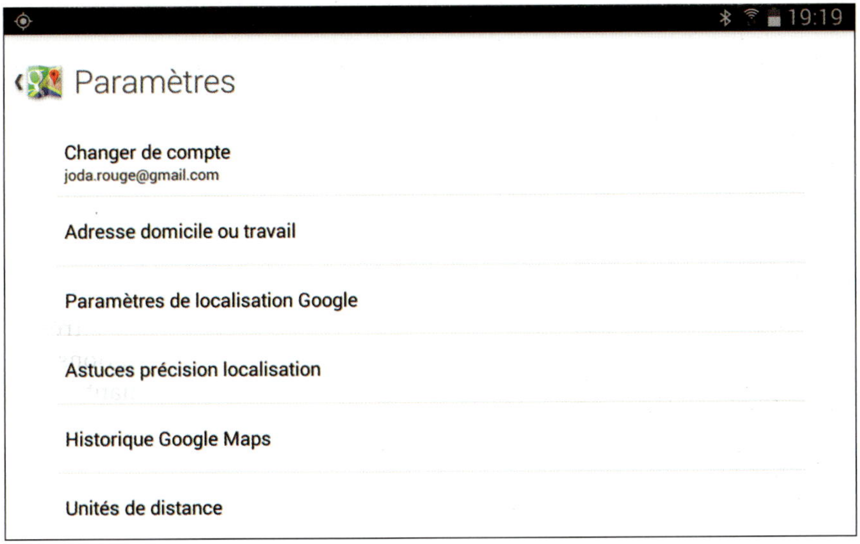

Figure 10.5 : Configurer les paramètres de Maps.

> NOTE : Vous pouvez aussi ouvrir le menu en effleurant l'écran vers la droite à partir de son bord gauche.

> NOTE : Ceux qui se souviennent des anciennes versions de Maps seront sans doute surpris du peu d'options disponibles. Effectivement, l'application fétiche de Google a perdu bon nombre de ses réglages. Certains diront que c'est pour mieux protéger la confidentialité des utilisateurs. D'autres affirmeront que c'est pour mieux vous attacher au réseau social maison, Google+. Et il est possible que tout le monde ait raison. Ou pas. Finalement, l'essentiel est peut-être que Maps est une excellente application.

Modifier l'échelle de la carte

Pour agrandir l'échelle de la carte, donc pour afficher davantage de détails, touchez l'écran avec deux doigts et écartez-les.

> NOTE : Vous pouvez aussi tapoter deux fois de suite sur l'écran pour zoomer. Si vous recommencez plusieurs fois, vous atteindrez progressivement l'agrandissement maximal, qui dépasse cependant les capacités de localisation du GPS…

Pour réduire à l'inverse cette échelle, donc pour afficher un plus grand espace, touchez l'écran avec deux doigts et effectuez un pincement.

> NOTE : Pour recentrer la carte sur votre position, touchez l'icône représentant une sorte de boussole, en haut et sur la droite de l'écran.

Les Figures 10.6 et 10.7 montrent un même lieu, mais avec deux échelles très différentes. Remarquez que, sur la seconde vue de droite, des informations supplémentaires sont affichées, en particulier les bâtiments environnants.

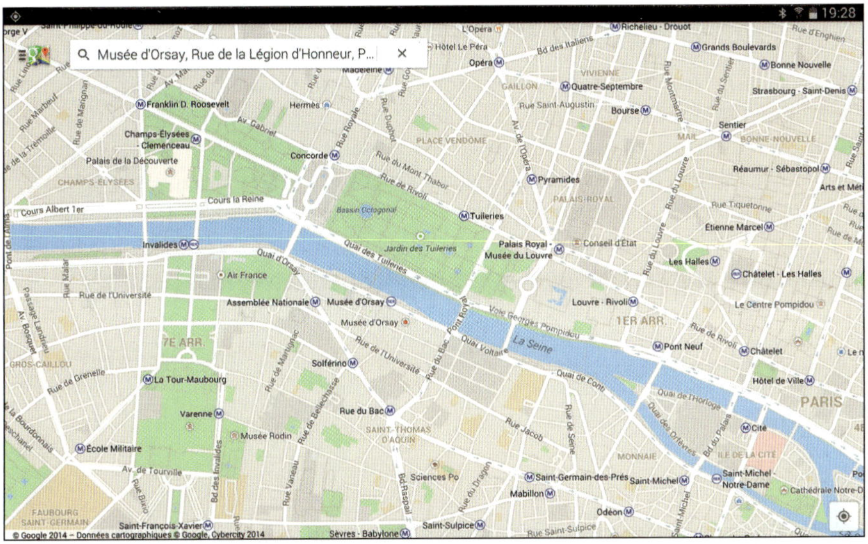

Figure 10.6 : Maps, une carte en plan large.

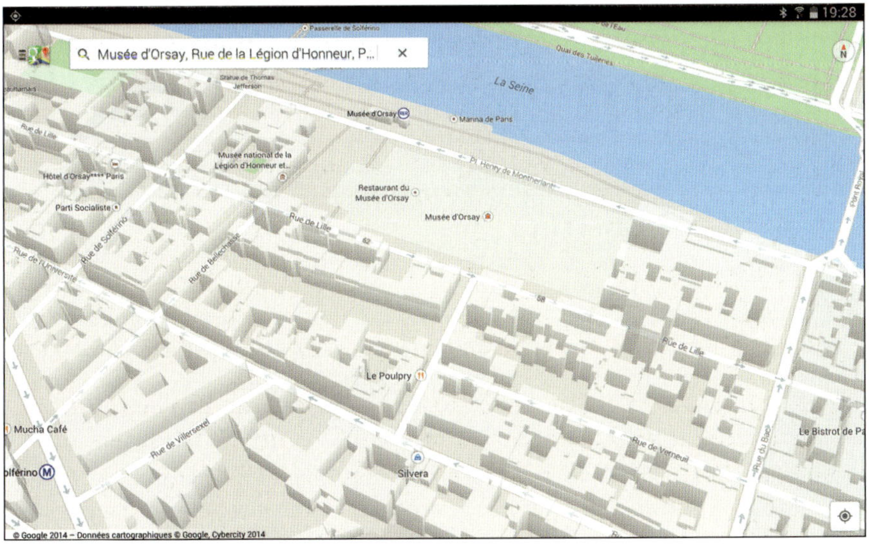

Figure 10.7 : Maps, une carte en plan serré et en 3D.

Rechercher un lieu ou un service

Les recherches dans Maps s'effectuent exactement comme partout chez Google. Touchez le champ Rechercher, et commencez à saisir le critère qui va définir le lieu que vous voulez localiser, comme la Promenade des Anglais à Nice sur l'illustration de la Figure 10.8. Vous disposez évidemment de toutes les ressources du clavier virtuel, et les propositions sont renouvelées chaque fois que vous entrez un nouveau caractère.

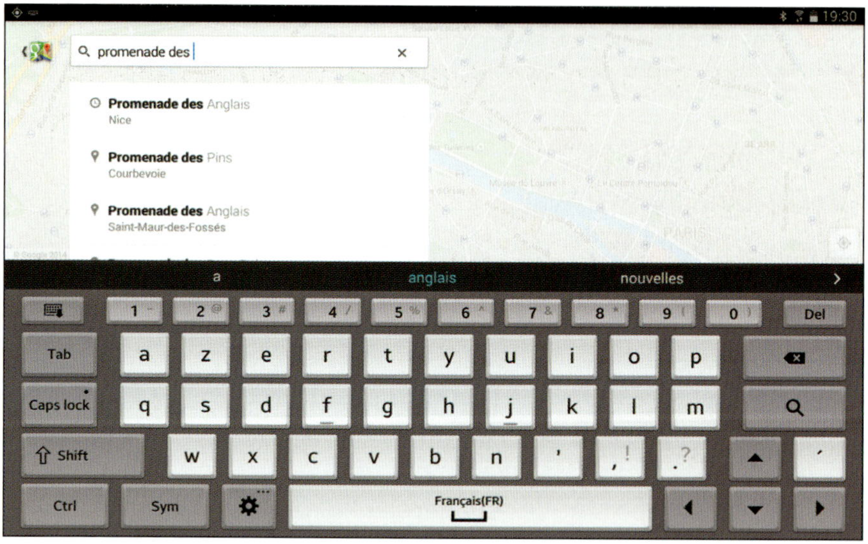

Figure 10.8 : Rechercher un lieu dans Maps.

> Si vous ne pouvez pas, ou ne voulez pas, vous servir du clavier virtuel, touchez le symbole de micro et énoncez votre requête à voix haute, distincte et surtout compréhensible par le moteur d'analyse vocale…

> L'éventail des critères de recherche que vous pouvez utiliser est très large, sachant que Google s'efforcera en priorité de vous donner des réponses gravitant autour de votre position actuelle. Rien ne vous interdit par exemple de saisir *sushi 75005* si vous recherchez un bar à sushis dans le cinquième arrondissement de Paris. Laissez donc libre cours à votre imagination !

Si vous souhaitez simplement retrouver *quelque chose* de particulier, appuyez sur le bouton Retour de la tablette après avoir touché le bouton Rechercher. Le clavier virtuel s'efface et vous pouvez constater que Maps vous propose d'explorer les environs (à partir de votre position, bien entendu) pour localiser un commerce ou un service (voir la partie gauche de la Figure 10.9). Si les quelques propositions par défaut ne vous suffisent pas, touchez le lien Afficher plus de catégories pour personnaliser les options (voir la partie droite de la Figure 10.9). D'accord, si vous recherchez un magasin de jouets pour calmer le petit dernier pendant le trajet, il vous faudra faire preuve d'un peu plus d'imagination…

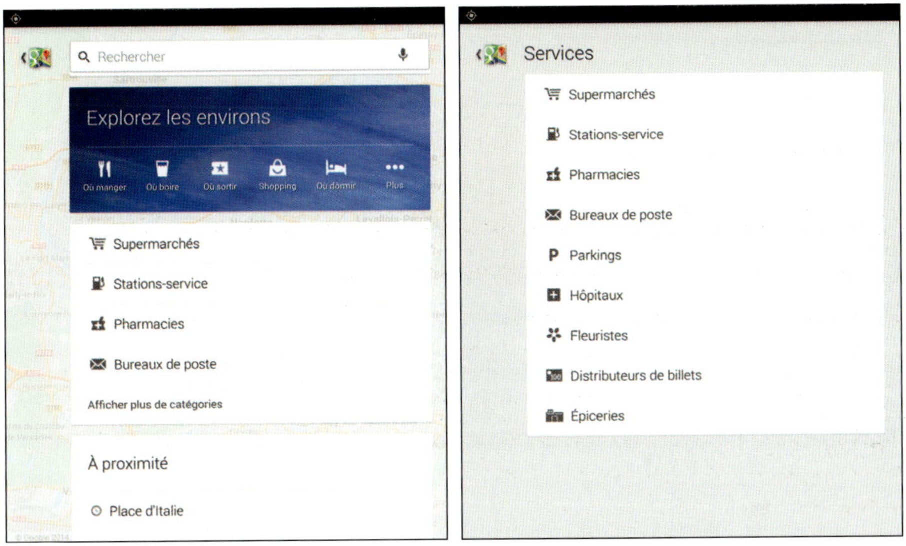

Figure 10.9 : Explorer les environs avec Maps.

Allons maintenant plus loin. Votre recherche a abouti, et vous voulez obtenir des informations plus précises, par exemple la liste des musées qui se trouvent à proximité du lieu trouvé (ou proches de vous si vous vous contentez d'afficher votre position). C'est très simple :

1. Touchez le bouton Rechercher, puis saisissez un critère définissant la nature de ce que vous voulez localiser.

   En l'occurrence, il vous suffirait de taper par exemple *musée*, ou encore *musée paris*, puis de toucher l'icône de loupe sur le clavier.

2. Si la recherche donne quelque chose, une bulle et des points rouges vont s'afficher.

Dans l'exemple de la Figure 10.10, vous obtenez tous les musées connus et accessibles sur la carte telle qu'elle est affichée.

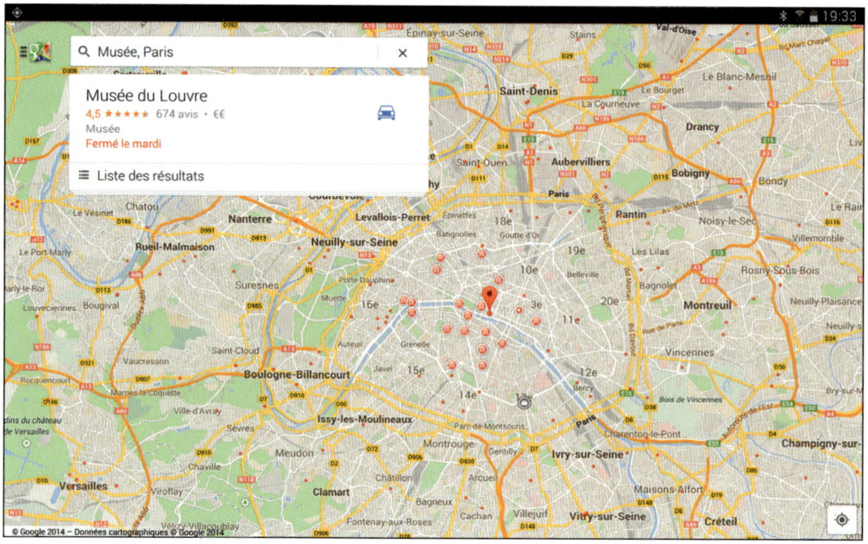

Figure 10.10 : Localiser un lieu et afficher les informations qui lui sont associées.

3. Touchez une bulle ou choisissez un lieu en touchant l'écran pour afficher les informations correspondantes (voir la Figure 10.11).

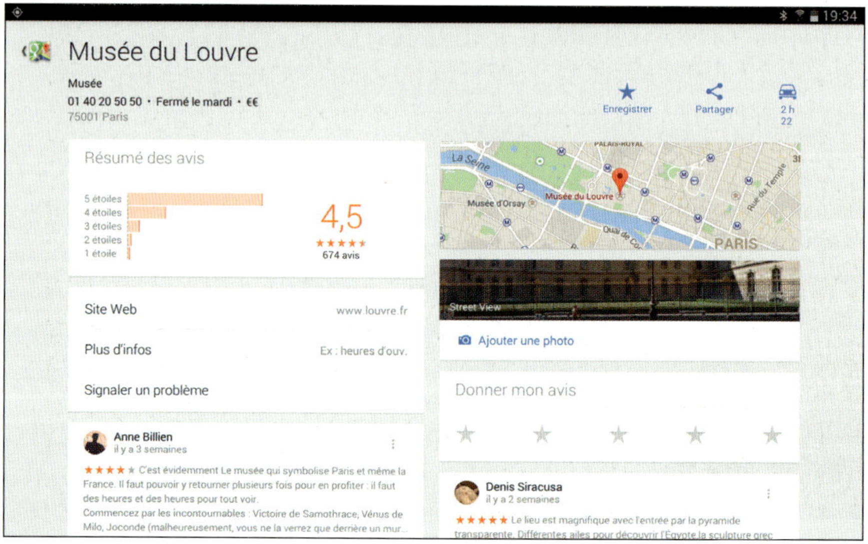

Figure 10.11 : Tout savoir sur un lieu dans Maps.

En touchant les diverses vignettes qui vous sont proposées, vous pouvez maintenant localiser précisément le lieu sur la carte, demander à calculer un itinéraire pour vous y rendre, lancer le cas (très) échéant un appel téléphonique, consulter les avis ou donner le vôtre, l'enregistrer comme favori ou partager le lieu, prendre et publier une photo du site, ouvrir un lien Internet ou encore effectuer en effleurant l'écran une visite virtuelle avec Street View. Et ainsi de suite.

> Vous cherchez un lieu particulier, dont vous pourriez définir le nom ? Ce n'est pas grave. Localisez-le approximativement sur la carte, puis faites un appui long sur celle-ci à un emplacement suffisamment proche. Très vite, Maps va vous proposer une adresse.

Pour mémoriser la carte environnante, servez-vous du lien Enregistrer pour accès hors connexion. Faites défiler l'écran vers le bas le cas échéant pour la retrouver.

Avec Street View, vous vous promenez dans les rues et les routes, à condition bien sûr qu'elles aient été balayées par les caméras de Google. Dans certains cas, vous aurez même droit à une visite virtuelle du lieu comme c'est le cas pour le musée d'Orsay ! Et pourquoi vous limiter à Paris alors que le monde entier vous tend les bras, comme les plages de Santa Monica sur l'illustration de la Figure 10.12…

Figure 10.12 : Voyagez dans le monde entier (ou presque) avec Street View.

Calculer un itinéraire et naviguer à vue

Maps est aussi un calculateur d'itinéraires entre deux points, et, comme votre tablette contient une puce GPS, il est aussi parfaitement capable de vous aider à voyager.

> Chaque fois que vous effectuez une recherche dans Maps, un bandeau vous propose de calculer votre itinéraire depuis votre emplacement actuel jusqu'au lieu repéré. Touchez ce bandeau pour obtenir un maximum d'informations, puis touchez l'icône de voiture pour passer en mode calcul d'itinéraire.

Calculer un itinéraire

Pour rechercher un itinéraire, vous disposez de plusieurs points d'entrée :

- Toucher dans Maps le bouton en forme de flèche coudée, à droite du champ Rechercher, et saisir la position de départ ainsi que celle d'arrivée.
- Toucher le bouton représentant une voiture, une fois la recherche effectuée. Il indique un temps de trajet estimé selon le mode de déplacement que vous choisissez.

> Dans une recherche, vous pouvez parfaitement saisir une adresse précise, une rue ou encore un nom de ville. Bien entendu, l'itinéraire sera plus ou moins exact selon la précision de vos points de départ et d'arrivée.

- Sélectionner l'adresse d'un contact (voir plus loin), puis demander à afficher sa position dans Maps.
- Ou bien encore, effectuer la même action en renseignant le champ Emplacement dans la définition d'un rendez-vous.

Il ne vous reste plus qu'à vérifier vos options de navigation, choisir le cas échéant un moyen de transport, puis toucher le cadre voulu pour que Maps calcule et affiche ce qu'il pense être le meilleur trajet (voir la Figure 10.13).

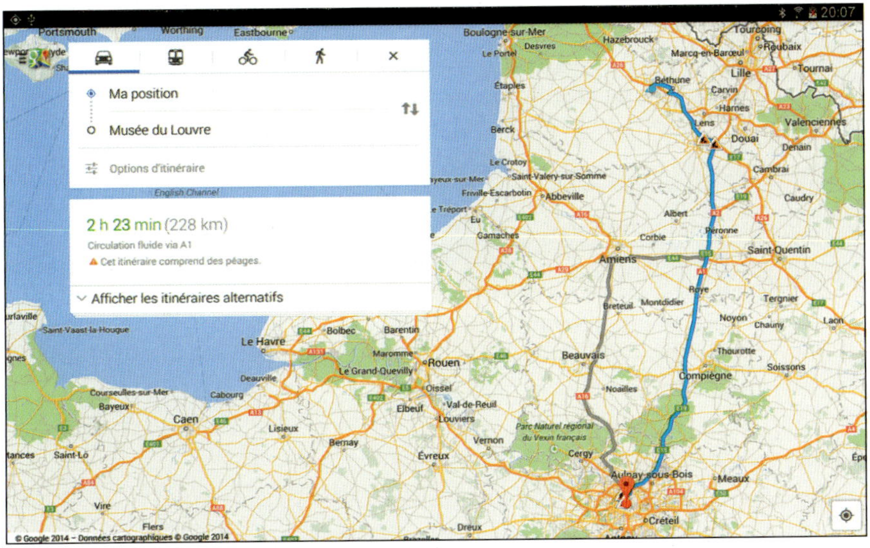

Figure 10.13 : Définir et calculer un itinéraire.

Il vous suffit maintenant de toucher la vignette qui indique le temps de trajet pour faire apparaître le détail du parcours proposé.

> NOTE : Pour voir un itinéraire alternatif, touchez un des tracés grisés sur la carte.

- **Étapes de l'itinéraire :** touchez la vignette qui indique le temps de trajet et le kilométrage, pour afficher les étapes de l'itinéraire proposé.
- **Localisation :** touchez la ligne indiquant une certaine étape pour afficher la position correspondante sur la carte (voir la Figure 10.14).

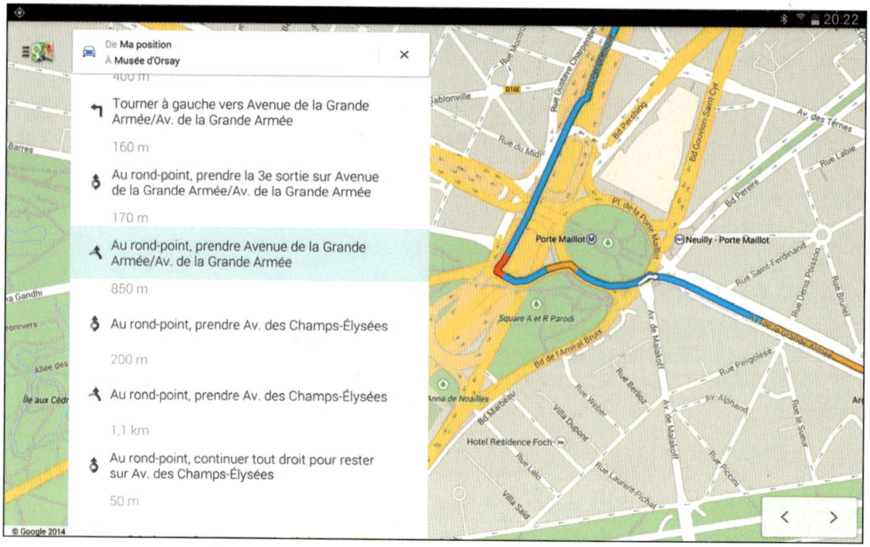

Figure 10.14 : Étapes et détails d'un itinéraire.

- **Navigation :** touchez la ligne d'une étape pour visualiser la portion de carte correspondante, ou Départ (si vous démarrez de chez vous) pour lancer la navigation.

> La navigation prend comme point de départ votre position actuelle, telle qu'elle est détectée par le GPS. C'est comme un vrai GPS, quoi !

Se rendre chez un contact

Une autre manière de calculer un itinéraire consiste à partir d'une adresse enregistrée dans vos contacts :

1. Ouvrez l'application Contacts.
2. Recherchez le contact chez lequel vous voulez vous rendre.
3. Si le champ Adresse a été renseigné, celle-ci va s'afficher parmi les coordonnées du contact. Touchez cette ligne.
4. Si la fenêtre Terminer l'action avec s'affiche (ce qui signifie que plusieurs applications installées sur votre tablette sont capables de répondre à votre

demande), touchez l'icône de Maps puis le bouton Cette fois seulement (on ne sait jamais).

5 Maps affiche la localisation du contact. Touchez le bouton qui affiche une voiture ainsi que (éventuellement) la durée du trajet (comme nous l'avons vu plus haut, il est possible que des itinéraires alternatifs vous soient proposés).

C'est tout !

Naviguer avec Maps

Pour passer en mode guidage, il vous suffit de choisir l'un des itinéraires proposés selon l'une des méthodes présentées plus haut dans Maps, puis de toucher le bouton qui correspond à l'itinéraire que voulez emprunter.

NOTE

Utiliser votre GPS et Maps pour vous conduire à votre destination est bien sûr parfaitement possible et tout à fait opérationnel. Mais n'oubliez pas les remarques faites au début de ce chapitre, notamment sur la consommation de la batterie et des données. D'autre part, un support avec ventouse est pratiquement indispensable pour la sécurité, sauf à confier à un ou une copilote le soin de regarder l'écran à votre place et de vous dicter votre conduite...

Nous venons de voir comment définir une destination, que ce soit en touchant le bouton coudé, à droite du champ Rechercher, en sélectionnant une destination dans ce même champ Rechercher, ou encore en touchant une position sur la carte.

NOTE

Lorsque la fenêtre de calcul d'itinéraire s'affiche, vous pouvez choisir un point de départ quelconque, qui ne vous permettra pas d'être guidé, ou sélectionner l'option Ma position, pour démarrer de votre emplacement actuel.

Pour résumer, afficher un itinéraire et toucher le bouton Départ est le point de lancement de votre voyage. C'est aussi simple que cela.

NOTE

Si entrer votre adresse personnelle vous ennuie, pourquoi ne pas faire appel à l'application Contacts ? Créez tout simplement un contact fictif ne contenant que votre adresse, et dont le nom serait par exemple simplement formé de zéro, ou de tout autre code simple à retrouver, du moins pour vous.

Une fois le guidage commencé, vous pouvez parfaitement anticiper les étapes suivantes (ou revenir aux étapes précédentes) en touchant la partie droite du bandeau affiché en haut de l'écran (voir la Figure 10.15). Pour revenir à votre trajet normal et continuer à vous laisser guider, touchez le bouton Reprendre.

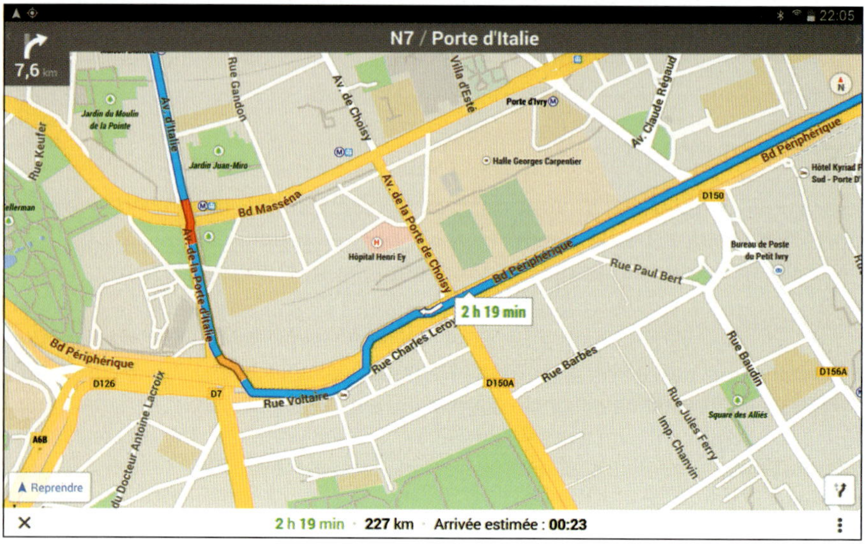

Figurez 10.15 : Navigation en cours, patron !

> Une autre méthode consiste à faire glisser le bandeau du haut vers la gauche ou vers la droite.

> Ne vous étonnez pas si votre écran devient tout à coup plus sombre : vous êtes passé en mode Nuit !

Se laisser guider

Il ne vous reste plus qu'à démarrer et suivre l'itinéraire (ou pas !) en respectant bien entendu les limitations de vitesse et les priorités, tout en ne déléguant pas à votre tablette vos responsabilités en tant que conducteur.

Votre écran étant interactif, vous disposez d'un certain nombre de fonctions et d'options en cours de navigation. Notamment :

- Dans le bandeau de navigation, en haut de l'écran, touchez l'un des boutons en forme de pointe pour passer d'une étape à une autre. Pour retourner à la navigation, touchez le bouton Reprendre, en bas et à gauche de l'écran.
- Le bouton Menu de l'application Navigation, en bas et à droite de l'écran, propose l'option Activer la vue satellite (ou inversement Désactiver la vue satellite). Elle permet d'obtenir un affichage graphique plus évolué. Mais attention à la consommation des données et à l'efficacité de la conduite ! Et n'espérez rien du côté des radars…
- Parmi les autres options du bouton Menu, notez en particulier l'activation/désactivation du guidage vocal.

> **NOTE** Personnellement, je trouve la voix de Mme Google plutôt désagréable. Pas vous ? Il est extrêmement tentant de toucher le bouton Désactiver le guidage vocal… En revanche, il peut être utile d'activer la vue du trafic. On n'est jamais trop vite arrivé…

- Pendant la navigation, vous pouvez changer l'échelle de l'affichage à l'aide des gestuelles classiques pincer/écarter. Ceci peut en particulier vous aider à repérer certains points d'intérêt utiles. Bien entendu, il vaut mieux stationner pour effectuer ce genre de manipulation, ou demander à la personne qui se trouve à côté de vous de le faire…

> **NOTE** À l'échelle de navigation par défaut, votre trajet est matérialisé par une ligne bleue. Si vous pincez l'écran pour élargir la vue, vous allez obtenir de nouvelles couleurs indiquant l'intensité du trafic (dans la mesure, bien sûr, où cette information est connue). Vert, c'est fluide, jaune, c'est ralenti, et rouge, c'est un bouchon !

- Normalement, l'axe de l'écran, donc de la carte, est lié à votre sens de déplacement. Mais vous pouvez toucher l'aiguille, à droite et vers le haut de l'écran, pour figer l'orientation selon un axe nord-sud, ou encore pour passer à un affichage de type 3D.

Chapitre 11

Photographier, filmer… et partager !

Dans ce chapitre :

- Photographier et filmer avec votre tablette Galaxy
- Partager vos photos et vos vidéos

Certes, les tablettes ne sont pas particulièrement adaptées au reportage photographique. Mais vous avez la vôtre sous la main, et il serait dommage de ne pas en profiter ! D'autant que la résolution du capteur arrière peut être classée selon le modèle entre honorable et très bonne, celle du capteur avant étant tout à fait suffisante pour discuter par exemple sur Skype (voyez à ce sujet le Chapitre 9) ou encore pour réussir de sympathiques selfies.

> NOTE
>
> La résolution du capteur dépend du modèle de votre tablette. Avec une Galaxy Tab 4, vous êtes limité à 3 MP d'un côté, et 1,3 MP de l'autre. Et le flash n'est pas au rendez-vous. Les modèles Tab Pro et Note font grimper la mise à 8 MP pour la caméra dorsale et 2 MP pour le capteur frontal, avec présence d'un flash LED. Bien entendu, la résolution de l'écran joue également un grand rôle dans la qualité d'affichage des photos.

> NOTE
>
> Dans ce qui suit, l'appareil pris comme référence est une Galaxy Tab Pro. Mais cela ne change rien aux grands principes de la photographie sur tablette (ou d'ailleurs sur smartphone). Alors, n'hésitez plus, souriez : vous êtes photographié et filmé !

Photo, s'il vous plaît !

Pour prendre un cliché, il vous suffit d'ouvrir l'application Appareil photo. Soit elle est déjà présente sur votre écran d'accueil, soit vous la trouverez facilement en ouvrant l'icône Applis. Touchez son icône, et c'est parti pour la photographie !

> Le Chapitre 3 vous explique comment accéder directement à l'appareil photo depuis l'écran de verrouillage.

Une fois l'appareil photo ouvert, votre écran devient votre visée et il vous suffit de toucher le bouton situé au milieu et à droite (voire à gauche, en bas ou bien en haut selon l'orientation de votre appareil) pour prendre un cliché. Vous disposez en même temps sur les côtés d'une importante gamme de réglages (voir la Figure 11.1).

Figure 11.1 : L'application Appareil photo.

1. Paramètres
2. Caméra avant/arrière
3. Incrustation
4. Autres réglages
5. Indicateur du flash
6. Rappel du mode de prise de vue
7. Caméra
8. Déclencheur
9. Choix du mode de prise de vue
10. Accès à la Galerie des prises de vue
11. Effets spéciaux

Pour prendre la photo, touchez le gros bouton rond qui affiche en son centre un appareil photo. La photo est enregistrée au format JPEG sur la mémoire interne de votre tablette ou sur votre carte MicroSD (le choix se fait en touchant plusieurs fois le bouton Paramètres de l'appareil photo – la roue dentée – et en faisant défiler les options vers le bas jusqu'à la ligne Stockage).

> Le dossier dans lequel sont placées les photos est appelé DCIM (aussi bien sur la carte MicroSD que dans la mémoire interne de la tablette), exactement comme avec un appareil photo numérique standard.

Une fois que vous avez pris un cliché, il est également disponible dans l'application Galerie. Nous y reviendrons plus longuement dans le prochain chapitre.

Partager des photos (Acte 1)

Avant même de se soucier des réglages de vos prises de vue, voyons comment vous pouvez les communiquer à d'autres. Vous venez donc de prendre une photo que le monde entier (disons plus simplement vos proches) doit *absolument* voir.

Suivez ces étapes :

1. Votre dernière photo est présentée dans une petite vignette située sur le bord gauche de l'écran. Touchez-la.
2. L'application Galerie s'ouvre. Elle affiche non seulement votre dernière photo, mais aussi toutes celles que vous avez déjà prises sous la forme de vignettes alignées en bas de l'écran (touchez celui-ci une fois si besoin est).

> Pour afficher une autre photo, touchez sa vignette ou faites glisser le doigt sur l'écran. Pour agrandir une image, tapez deux fois de suite sur l'écran, puis effleurez-le dans la direction voulue pour vous déplacer sur l'image. Touchez l'écran à nouveau deux fois de suite pour revenir à l'affichage initial.

La barre d'outils, en haut de l'écran, propose cinq types d'actions : envoyer la photo sur un autre appareil détecté en réseau, la partager (ou l'enregistrer par exemple sur Dropbox ou Picasa), la partager mais en utilisant directement la dernière méthode employée, la retoucher ou encore la supprimer (voir la Figure 11.2).

Figure 11.2 : Partager (ou supprimer) une photo.

> En touchant l'icône, en haut et à gauche de l'écran, vous remontez dans l'arborescence des photos gérées par l'application Galerie. Vous vous éloignez donc en même temps de l'appareil photo.

❸ Touchez le bouton Partager. Faites défiler la liste des modes de partage pour localiser celui que vous voulez utiliser (voir la Figure 11.3).

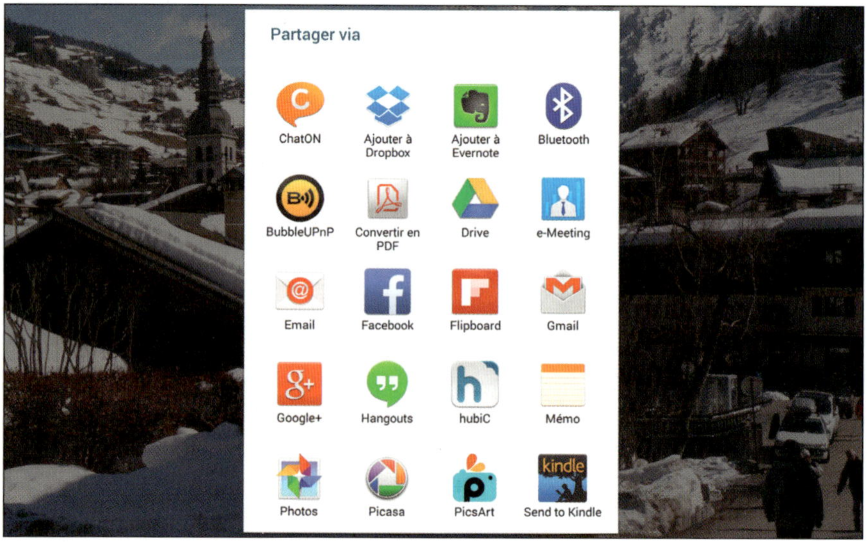

Figure 11.3 : Options pour le partage des photos.

❹ Choisissez le mode de partage voulu, puis suivez les instructions correspondantes.

Selon le nombre et le type des applications installées, les choix qui vous sont proposés risquent d'être assez nombreux. Voyons donc les principales options de partage dont vous disposez (elles valent pour les photos comme bien d'autres types de fichiers ou de messages) :

- **Wi-Fi Direct et Bluetooth :** pour partager la photo avec un appareil situé à proximité, et qui est reconnu comme étant synchronisé directement en Wi-Fi ou bien en Bluetooth. Nous y reviendrons notamment dans le Chapitre 17.
- **Messages :** permet de joindre la photo à un message électronique (Gmail ou autre). Les photos étant d'une taille importante, évitez de saturer la connexion de vos correspondants. Vous vous porterez mieux si vous copiez vos photos sur un ordinateur ou sur un espace de stockage Internet avant de les envoyer. L'avantage du stockage sur Internet, c'est que vous pouvez transmettre uniquement un lien qui permettra à vos contacts de télécharger les photos uniquement s'ils le souhaitent.
- **Réseaux sociaux :** si vous en avez envie, postez directement vos clichés sur votre réseau social préféré, qu'il s'agisse de Facebook, Google+, Twitter ou encore Flipboard.
- **Nuage Internet :** vous avez également la possibilité de synchroniser vos photos avec un compte ouvert sur un support de stockage Web tel que Google Drive, Dropbox, ou encore Picasa (ce dernier réduisant automatiquement la taille des photos à une résolution maximale d'un peu moins de 2 MP).

Qu'il s'agisse de messagerie, de réseau social ou de nuage Internet, vous devez bien entendu avoir ouvert et validé un compte d'utilisateur. Et comme tout cela est gratuit, vous ne risquez pas de manquer de choix en ce domaine.

Appareil photo, petit mode d'emploi

Finalement, votre tablette Galaxy, c'est comme un APN (appareil photo numérique), mais avec un objectif beaucoup plus petit que sur un appareil spécialisé, et même en fait avec deux objectifs (vous avez un APN avec deux objectifs, vous ?).

En plus, elle vous offre des quantités de réglages sans doute plus ou moins évolués, mais en tout cas plus que suffisants pour notre bonheur à tous. Voyons donc cela de plus près.

Cibler le sujet principal

Lorsque vous visez avec l'appareil photo, un cercle indique le sujet sur lequel se fait la mise au point. Celle-ci sert en particulier à déterminer la profondeur de champ, autrement dit la zone de netteté, en deçà et au-delà de laquelle l'image est plus ou moins floue. Quand ce cadre est rouge, l'appareil est incapable d'effectuer cette mise au point. Il vaut mieux changer de sujet. Quand il est blanc, cela signifie que le calcul est en cours. Vert, c'est le bon moment pour déclencher !

NOTE

Si vous voulez décentrer la mise au point, il vous suffit de toucher l'écran pour désigner le sujet que vous voulez mettre en valeur, puis de déclencher.

Choisir un mode de capture

Le bouton Mode propose de nombreux réglages qui définissent la manière dont vos photos sont prises. Par défaut, un appui sur le déclencheur se traduit par l'enregistrement d'un cliché unique. Pour changer de valeur, touchez le bouton Mode de lecture et sélectionnez un nouveau mode (voir la Figure 11.4) :

Figure 11.4 : Choisir le mode de capture.

> NOTE : Vous pouvez soit faire défiler les modes en effleurant l'écran, soit toucher le bouton qui représente une grille pour tous les afficher d'un coup.

- **Auto :** vous prenez une seule photo en appliquant tous les réglages courants (voir plus loin).
- **Beauté :** ce mode est censé éliminer les imperfections d'un visage. C'est à vous de juger !
- **Meilleures poses :** dans ce mode, un appui sur le déclencheur provoque la prise de huit clichés en rafale. Vous pouvez ensuite choisir votre ou vos photos préférées dans cette série. Ce mode est incompatible avec le flash et avec l'utilisation simultanée des deux objectifs.
- **Meilleure photo :** c'est le même principe que ci-dessus, mais orienté vers le portrait d'une personne ou une photo de groupe. La rafale est un peu plus lente et ramenée à cinq clichés. Les restrictions sont les mêmes que ci-dessus.
- **Son & prise :** permet d'enregistrer les bruits ambiants lors de la prise de vue.
- **Chronophoto :** réalise plusieurs clichés d'une personne ou d'un objet en mouvement puis les fusionne en une seule image.
- **Ton riche (HDR) :** cette technique (le *High Dynamic Range*) consiste à prendre une série de clichés d'un même sujet avec des expositions différentes. Un logiciel spécialisé permet ensuite de composer l'image finale en utilisant tous ces clichés pour obtenir une plage de couleurs très étendue afin de récupérer le maximum de détails dans les hautes comme dans les basses lumières. Ici, c'est un peu un gadget…
- **Gomme :** prend une série de cinq clichés, et élimine les personnages en mouvement, comme des passants dans la rue.
- **Panorama :** crée un panorama d'un simple appui sur le bouton de déclenchement. Vous visez une première extrémité du champ à capturer et vous touchez le déclencheur. Vous vous tournez ensuite lentement, et si possible parfaitement à l'horizontale. Le cadrage est signalé par un rectangle bleu. Chaque fois qu'une transition est détectée, une nouvelle photo est prise. Quand vous avez terminé, touchez à nouveau le déclencheur. L'application va « coller » toutes vos prises de vue pour ne plus en former qu'une seule. Le résultat est généralement convaincant, comme l'illustre la Figure 11.5.

Figure 11.5 : Prendre une photo panoramique.

- **Sports :** augmente la vitesse de prise de vue pour capturer des sujets qui se déplacent rapidement.

> NOTE — Il ne semble pas qu'il existe un moyen simple pour désactiver le bruit émis lors du déclenchement.

> NOTE — Il n'y a pas de mode dédié à la prise de vue en rafale. Pour l'activer, touchez le bouton des paramètres (la roue dentée), puis l'option Rafale et enfin Activé. Il suffit ensuite de laisser le doigt appuyé sur le bouton du déclencheur, et vous pourrez prendre jusqu'à vingt clichés d'affilée en un temps record ! « T'as vu la Formule 1 comment je l'ai eue nette ! ».

> NOTE — Une fonction spécifique de la Galerie permet de relire toute la séquence en continu.

Effets spéciaux

Le bouton des effets spéciaux (la pointe sur le bord de l'écran), vous propose diverses manipulations pour donner un cachet particulier à vos clichés (voir la Figure 11.6). Touchez ce bouton, choisissez l'effet voulu et déclenchez.

Figure 11.6 : Choisissez un effet spécial parmi onze propositions.

> **NOTE** Au-dessus des vignettes d'aperçu des effets spéciaux, vous trouvez deux boutons. L'un indique ce qui est installé, l'autre vous offre la possibilité d'ajouter de nouveaux filtres à votre collection, certains gratuits et d'autres payants.

Il est possible d'activer ou de désactiver des effets spéciaux en touchant le bouton qui représente un crayon.

> **NOTE** Les effets spéciaux, c'est bien pour partager tout de suite une photo. Et encore. Il vaut mieux passer par une application spécialisée comme Instagram ou PicsArt. Ou par un logiciel sur ordinateur pour produire quelque chose de plus sérieux.

Bien d'autres effets sont à portée de doigt en affichant un cliché et en touchant le bouton Modifier. Amusez-vous à tester les fonctions proposées (voyez à ce sujet le Chapitre 12). Pour le reste, reportez-vous à la remarque précédente…

Un don de double vue

Une des particularités des tablettes Galaxy, c'est de pouvoir activer en même temps ses deux objectifs de manière à superposer prise de vue arrière et frontale. Une façon de « signer » ses photos, surtout celles qui ont vocation à être partagées (voir la Figure 11.7).

Figure 11.7 : Coucou, c'est moi qui t'envoie la photo !

C'est très facile à faire :

1. Activez si nécessaire le mode de prise de vue Auto.
2. Touchez le troisième bouton dans la barre des outils (le premier se contente d'inverser les objectifs).
3. Cadrez sur vous la vignette qui apparaît.

   Vous pouvez la toucher pour la faire glisser, ou encore la redimensionner à l'aide des quatre poignées blanches situées dans les coins du cadre.
4. Déclenchez.
5. Touchez à nouveau le second bouton pour désactiver ce mode.

Utiliser le flash

Le flash est indispensable si les conditions d'éclairement sont faibles, et à condition que le sujet principal ne soit pas trop éloigné. Le bouton correspondant propose trois options (touchez deux fois la roue dentée dans la barre des outils pour y accéder) :

Tous les modèles de tablettes ne sont pas équipés d'un flash.

- **Désactivé :** le flash est, comment dire… désactivé.
- **Activé :** le flash se déclenchera systématiquement quelles que soient les conditions de prise de vue.
- **Auto :** vous laissez l'appareil décider lui-même s'il y a ou non besoin d'illuminer la scène. C'est sans doute le bon choix à faire.

Le flash a beau être de type LED, il consomme beaucoup d'énergie. Évitez de l'utiliser à tout bout de champ, sinon votre batterie risque de vous lâcher juste avant le meilleur moment de la soirée !

Pour profiter vraiment du flash, il faut que le sujet visé ne soit pas trop éloigné, et surtout qu'il ne soit pas en mouvement. En effet, dans des conditions de faible éclairement, il y a un temps de latence sensible entre le moment où vous touchez le bouton du déclencheur et celui où la photo est prise. Même avec le stabilisateur activé, le risque d'obtenir une image floue est donc élevé…

Paramètres

Le bouton Paramètres (la roue dentée de l'application) propose un très grand nombre de réglages (voir la Figure 11.8).

Vous remarquerez que certains paramètres recoupent des options déjà rencontrées plus haut.

Bon nombre de paramètres concernent aussi des réglages avancés pour désactiver les automatismes et personnaliser l'exposition, la balance des blancs, la sensibilité ISO ou encore la résolution et la qualité de prise de vue, accepter ou non la géolocalisation, définir le dispositif de stockage sur lequel les photos sont enregistrées, choisir aussi le type de mesure utilisée pour le cadrage (pondérée, spot ou matricielle), activer le stabilisateur dit « intelligent » ou un retardateur (2, 5 ou 10 secondes) pour que vous puissiez être sur la photo, activer aussi le déclenchement à la voix ou du doigt, activer ou désactiver la prise de vue en rafale, le mode de partage, etc.

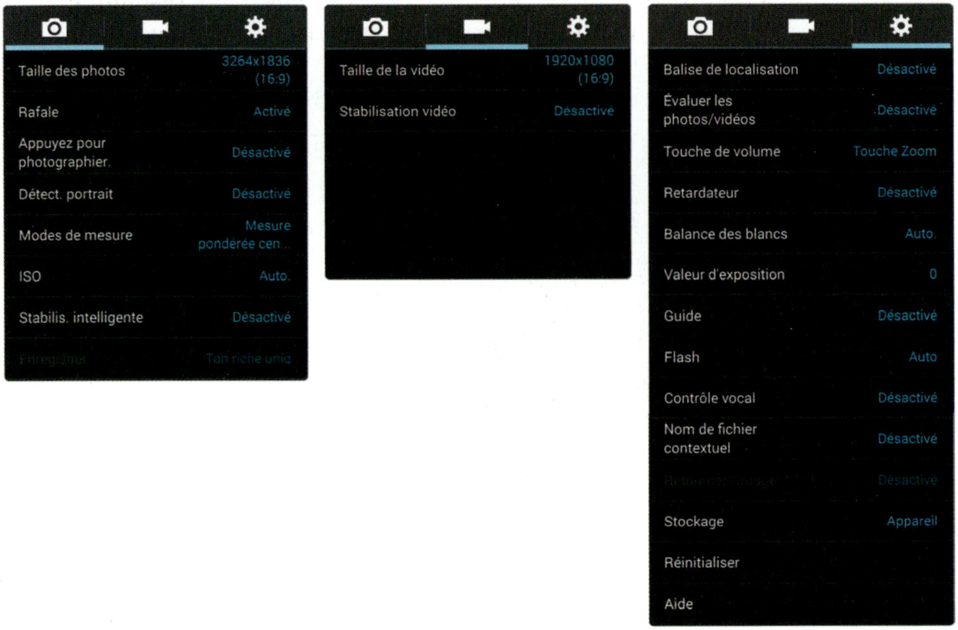

Figure 11.8 : Les paramètres par défaut de l'appareil photo.

Quand les conditions d'éclairement sont bonnes, il est préférable de régler la valeur ISO à 100 plutôt que de la laisser sur la valeur Auto. Vous devrez pour cela désactiver d'abord la stabilisation dite intelligente.

Faire un zoom avec le bouton de volume, l'idée est bonne (sinon, le geste écarter/pincer marche aussi). Sauf que les zooms numériques trop poussés ne sont pratiquement jamais de bonne qualité (n'oubliez pas en même temps d'activer le stabilisateur). Il vaut mieux faire un cadrage un peu large puis rogner les bords de la photo. Tant pis si elle est un peu plus petite à l'arrivée (mais comme la résolution native de l'appareil photo principal est supérieure à celle de l'écran, il y a de la marge !).

Comme il est impossible de tout étudier en détail, voyons simplement trois points particuliers.

Résolution de prise de vue

Si, avec une tablette Pro ou Note, le capteur arrière offre bien une résolution de 8 mégapixels, le réglage par défaut ne vous en propose en fait « que » 6. Pourquoi ? Parce que Samsung privilégie le format 16:9 (soit 3264 x 1836 pixels) au détriment du 4:3 (soit 3264 x 2448 pixels) dans la meilleure résolution. Le menu Taille des photos vous propose encore d'autres options (voir la Figure 11.9).

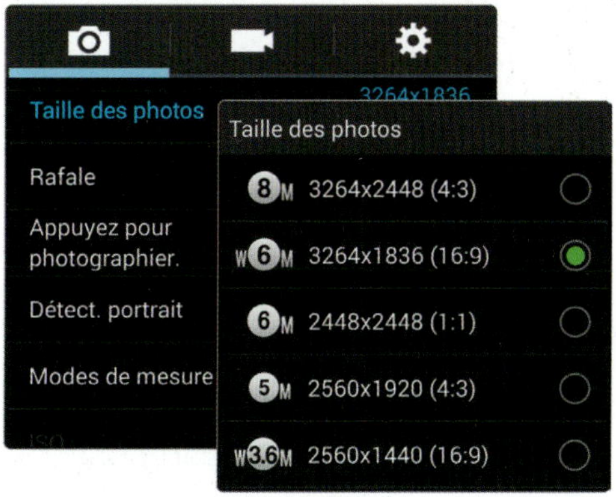

Figure 11.9 : Choisir la résolution de l'image.

Modes de prise de vue

Les modes de prises de vue décrits plus haut sont en réalité des configurations prédéfinies de différents réglages. Dans bien des cas, vous ne pouvez donc pas modifier grand-chose.

En mode Auto, cependant, je vous conseille, si le stabilisateur est désactivé, de sélectionner de préférence une valeur ISO de 100 si les conditions d'éclairement sont satisfaisantes. Cela permet de réduire le grain potentiel sur les photos.

Par exemple, une scène de plage ou de neige est réputée être largement illuminée, donc sans avoir besoin du flash, et avec une sensibilité ISO la plus basse possible. Un feu d'artifice est une scène de nuit, mais le stabilisateur y est indispensable. Etc.

Macros

L'autofocus de l'objectif est performant, y compris pour faire des prises de vue nettes d'un sujet en vous plaçant à quelques petits centimètres de celui-ci (voir la Figure 11.10). Il n'y a donc pas besoin d'une option de mode Macro spécifique.

Figure 11.10 : Prise de vue rapprochée.

Souriez, vous êtes filmé !

Votre tablette Galaxy est non seulement un appareil photo, mais aussi une caméra. Il vous suffit pour devenir vidéaste de configurer la résolution de prise de vue dans les paramètres, voire de vous limiter volontairement, par exemple si vous voulez joindre votre petit film à un message (voir la Figure 11.11).

Touchez le bouton qui représente la caméra, et c'est parti !

Silence, on filme

Quand vous voulez marquer un temps d'arrêt, touchez le bouton barré de deux traits pour mettre en pause. Pour reprendre, touchez le bouton marqué d'un point rouge. Pour arrêter de filmer, touchez le bouton frappé d'un carré. C'est aussi simple que cela.

> NOTE : Pour éviter de saturer la mémoire interne de la tablette, offrez-vous une carte MicroSD et choisissez-la comme support d'enregistrement dans les paramètres de l'application.

Figure 11.11 : Filmer avec la tablette Galaxy.

La tablette Galaxy est une excellente caméra. Par défaut, celle-ci est configurée en Full HD, c'est-à-dire 1920 x 1080 pixels, ce qui est remarquable. Mais n'attendez tout de même pas des miracles pour l'enregistrement du son. Celui-ci ne peut évidemment pas être comparé avec un matériel dédié, possédant notamment un micro directionnel.

Les vidéos sont enregistrées au format MP4, ce qui veut dire qu'elles sont lisibles sur à peu près n'importe quel appareil moderne.

Une vidéo qui vient d'être enregistrée est immédiatement visible en touchant l'image d'aperçu, sur le bord de l'écran. Vous pouvez donc la partager (si possible), la transférer vers un nuage Internet ou l'envoyer en tant que pièce jointe dans un e-mail. Pour un partage sur un réseau social, il vaut mieux sélectionner dans les paramètres d'enregistrement un format plus réduit. Pour cela, touchez le bouton Paramètres, puis l'icône de caméra et enfin l'option Taille de la vidéo.

> **NOTE** Vous filmez où vous voulez. Mais pour transférer, vous devez accéder à un réseau Wi-Fi performant.

> **NOTE** Tout en filmant, vous pouvez prendre un cliché instantané en touchant le symbole d'appareil photo, en haut et à droite de l'écran.

Lorsque vous visionnez une vidéo que vous venez de filmer (par défaut, avec l'application Lecteur vidéo), vous avez la possibilité de l'afficher en mode plein écran ou dans une fenêtre venant se superposer aux autres applications (en touchant le bouton affiché en haut et vers la droite de l'écran). En fait, c'est exactement la même chose pour un film quelconque…

Configurer la vidéo

Vous avez beaucoup moins de choix que pour les photos, ce qui est après tout normal. Voyons donc rapidement cette question :

- **Choix de la caméra :** comme pour les photos, vous pouvez basculer entre objectif arrière et frontal (le mode Autoportrait). « Je m'aime, toi non plus ».
- **Flash :** en mode vidéo, le flash devient comme une lampe torche. C'est pratique, mais bien sûr extrêmement gourmand en énergie.
- **Mode d'enregistrement :** vous disposez de formats allant du mode Full HD au très classique VGA, soit une résolution de 640 x 480 pixels, souvent bien suffisant s'il s'agit essentiellement de partager un instant (voir la Figure 11.12).

Figure 11.12 : Configurer l'enregistrement des vidéos.

- **Double prise de vue :** c'est exactement la même chose que pour les photographies.
- **Balance des blancs :** elle détermine le rendu et l'équilibre des couleurs. Un réglage adapté peut faire toute la différence (voir la Figure 11.13). Pour filmer par exemple en intérieur, choisissez Incandescent ou Fluorescent selon la nature de l'éclairage. Sinon, vos blancs risquent fort de prendre une tournure rouge orangé très peu agréable.

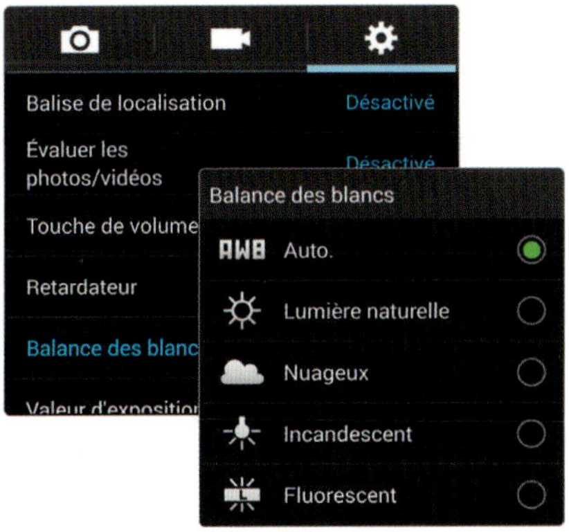

Figure 11.13 : Configurer la balance des blancs.

L'idéal, si vous ne voulez pas être considéré comme un fieffé égoïste, c'est de partager vos vidéos sur l'écran de la télévision familiale… Vous pouvez le faire grâce aux fonctionnalités AllShare intégrées dans votre tablette et dans votre téléviseur, ou en faisant appel à des dispositifs complémentaires.

Mais, en attendant, intéressons-nous à ce que vous pouvez faire avec toutes ces images…

Une galerie de photos et vidéos

Photos, vidéos… C'est magnifique. Et après ? C'est votre affaire et celle de l'application Galerie.

> NOTE
> En fait, deux applications vous sont proposées : Galerie et Photos. La première est faite maison par Samsung, et la seconde est celle que Google veut promouvoir pour vous attacher solidement à ses espaces de stockage Internet. Dans ce qui suit, nous laisserons Photos de côté.

L'application Galerie, votre défilé de mode

Nous avons vu que, si vous demandez à visualiser une photo ou une vidéo que vous venez de prendre, vous accédez en fait à l'application Galerie. C'est le centre de stockage de votre tablette Galaxy. Vous pouvez bien entendu y accéder directement depuis l'écran d'accueil ou la page Applications pour visualiser vos clichés, les partager sur Facebook, Google+ ou autre, les copier vers votre ordinateur (par exemple pour imprimer facilement vos photos) ou vers un nuage Internet quelconque, les afficher sur l'écran de votre téléviseur, et ainsi de suite.

> NOTE
> Accéder à l'application Galerie depuis votre appareil photo et depuis l'écran d'accueil ne donne pas le même résultat. Dans un cas, vous voyez uniquement les photos et les vidéos prises avec l'appareil. Dans l'autre, vous accédez à toutes les images disponibles sur ou via votre tablette Galaxy. Et cela peut faire une énorme différence.

> NOTE
> L'application Galerie peut très bien vous proposer de visualiser des photos qui ne sont pas enregistrées physiquement sur votre tablette, tout simplement parce qu'il s'agit de fichiers stockés automatiquement sur Google Drive, Dropbox, Picasa, ou bien partagés sur votre réseau, *etc.* Et, pour les mêmes raisons, il n'est pas impossible que des photos ou des vidéos apparaissent en double dans différents dossiers de la Galerie.

Lorsque vous ouvrez l'application Galerie, elle vous propose autant de vues que votre appareil contient d'*albums*, disons pour simplifier de dossiers, ainsi que de nombreuses options disponibles depuis son bouton Menu (voir la Figure 12.1).

Figure 12.1 : L'application Galerie.

Le bouton Menu, en haut et à droite de la Galerie, vous propose d'autres modes d'affichage, dont un diaporama plutôt sympathique. Cependant, celui-ci ne vous indique pas d'où proviennent les images, ce qui n'est pas forcément très pratique.

> NOTE
>
> Les vignettes d'aperçu peuvent être agrandies ou réduites par un geste classique écarter/pincer.

> NOTE
>
> Les photos et vidéos prises avec la tablette Galaxy sont stockées par défaut dans un sous-dossier appelé Camera. Il se trouve sous le classique dossier DCIM, sur la mémoire interne ou sur la carte MicroSD, selon le choix que vous avez fait dans les paramètres de l'appareil photo. Les images sont au format JPEG et les vidéos au format MP4. Pour le reste, la Galerie peut très bien afficher des tas et des tas d'autres dossiers dont vous vous demanderez certainement d'où ils viennent... Regardez alors le symbole qui est affiché dans le coin inférieur droit de chaque album. Par exemple, un *F* indique un partage sur Facebook, une sorte de dossier bleu un album Dropbox, un dossier blanc perforé un stockage interne, ou un cercle multicolore un album Google/Picasa.

Pour voir l'origine de chaque album ou modifier la présentation, touchez le bouton Albums, en haut et à gauche de l'écran, puis choisissez une des options proposées. En fonction des choix que vous aurez effectués, ou des repérages réalisés par la tablette Galaxy elle-même, vos photos seront affichées ou triées de différentes manières (voir la Figure 12.2).

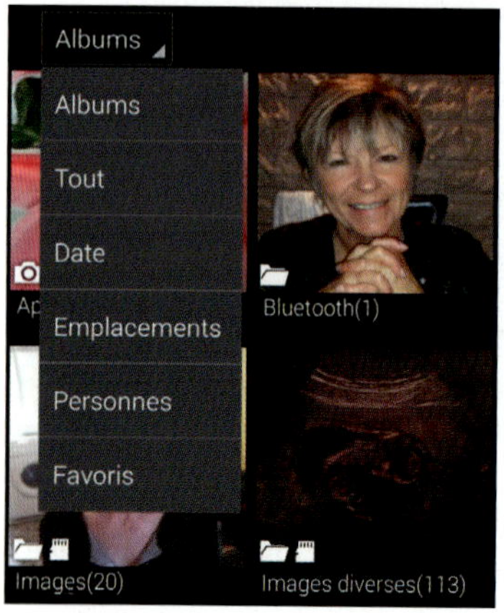

Figure 12.2 : Choisir le mode de présentation des images dans l'application Galerie.

> NOTE : Si des dispositifs (ordinateur avec serveur multimédia ou disque dur) sont partagés sur votre réseau, ils pourront être détectés en Wi-Fi et leur contenu affiché dans la galerie. Voyez pour cela les commandes Rechercher des périphériques ou Afficher les appareils AllShare dans le menu de l'application.

Afficher des photos ou des vidéos dans Galerie

Suivez ces étapes :

1. Touchez la vignette qui correspond à l'album que vous voulez regarder (si nécessaire, effleurez l'écran pour faire glisser les vignettes vers le haut ou vers le bas, ou bien vers la gauche ou vers la droite). Le contenu de l'album s'affiche (reportez-vous à la Figure 12.1).

> NOTE : Pour mieux voir le contenu d'un dossier ou d'une simple image avec une tablette Note, laissez le stylet survoler la vignette voulue. Grâce à la fonction Air View, un aperçu agrandi va immédiatement apparaître. Dès que vous effleurez l'écran, l'action correspondante se déclenche. C'est qu'elle est sensible, votre tablette !

2. Touchez la vignette de la photo (ou de la vidéo) que vous voulez regarder.

> **NOTE** Pour faire apparaître les vignettes des autres images de l'album courant ainsi que les options dont vous disposez, touchez simplement l'écran (voir la Figure 12.3).

Figure 12.3 : Comment tu t'appelles ?

> **NOTE** Les vidéos disposent d'un bouton de lecture qui lance par défaut l'application maison Vidéo.

3. Orientez l'écran dans le sens qui convient le mieux.
4. Faites défiler les photos en effleurant l'écran vers la gauche ou vers la droite.
5. Agrandissez ou réduisez la taille de l'image affichée avec deux doigts, selon le classique mouvement pincer/écarter. Pour accéder au reste de l'image lors d'un zoom, effleurez l'écran dans toutes les directions.

Vous pouvez aussi tapoter deux fois sur l'écran pour effectuer un agrandissement de l'image, ou inversement revenir à l'image initiale.

Pour accéder directement à une autre photo pendant un zoom, tapez une fois sur l'écran, puis sur une nouvelle vignette dans le bandeau défilant qui apparaît en bas de la page.

Pour revenir à un album, puis à la galerie, appuyez deux fois sur la touche Retour de la tablette.

C'est tout simple !

Gérer les albums

Nous avons vu un peu plus haut que l'application Galerie propose un album par défaut, et qu'il est possible de choisir une présentation par date ou selon un certain filtrage.

> NOTE
>
> Les images stockées sur un nuage Internet ne peuvent pas être enregistrées dans les favoris, ni d'ailleurs être modifiées (sauf bien entendu à les télécharger sur votre tablette).

Il est possible de n'afficher que certaines sources de stockage via l'option Contenu à afficher du bouton Menu de l'application. De même, vous pouvez partager entièrement un ou plusieurs albums en choisissant dans le menu l'option Sélectionner album, et en cochant ceux que vous voulez communiquer ou recopier vers un autre appareil compatible via par exemple Bluetooth. Notez en passant l'option Diaporama, ainsi que le bouton Créer un album (le dossier marqué d'un signe « + »).

Ce bouton répond à un objectif *a priori* simple : vous donnez au nouvel album un nom à votre convenance, puis vous changez de dossier, vous faites un appui long pour passer en mode sélection (il est possible de continuer la sélection en choisissant plusieurs emplacements), vous faites à nouveau un appui long sur une vignette déjà cochée pour terminer la sélection, et vous faites glisser tout le paquet sur votre album tout frais. Pour le reste, c'est à vous de voir si cela vous sert à quelque chose…

> NOTE
>
> Pour supprimer un album personnalisé, ou créé automatiquement par une certaine application, ouvrez-le. Sélectionnez la totalité de son contenu, puis supprimez cette sélection. L'album sera également détruit.

Travailler avec les images

Vous savez comment afficher, partager ou encore supprimer des photos (la corbeille est présente dès lors que vous affichez un élément ou que vous effectuez une sélection).

En outre, vous avez d'autres actions à votre disposition en touchant le bouton Menu de l'application (voir la Figure 12.4). Passons rapidement en revue les principales :

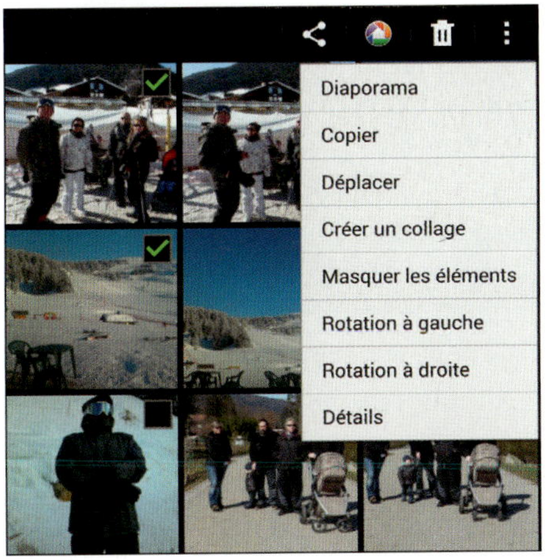

Figure 12.4 : Travailler avec les photos d'un album.

- **Diaporama :** j'y reviendrai un peu plus loin.
- **Copier :** enregistre la sélection dans un autre dossier de la mémoire de la tablette ou de la carte MicroSD, ou encore dans un nouvel album.
- **Déplacer :** c'est en fait la même chose que ci-dessus, si ce n'est que la sélection n'est pas copiée, mais déplacée.
- **Créer un collage :** fusionne les photos sélectionnées pour en produire une nouvelle. Vous disposez de plusieurs styles prédéfinis, la plupart vous permettant de configurer la taille et la répartition des éléments du montage (voir la Figure 12.5).

Figure 12.5 : Coller plusieurs photographies pour créer un montage.

> NOTE
> Les collages sont enregistrés dans un dossier spécifique de la tablette, Collage pour ne pas le nommer.

- **Masquer les éléments/Afficher les éléments masqués :** c'est sans doute pour éviter de montrer des photos compromettantes…
- **Rotation :** fait pivoter l'image d'un quart de tour vers la gauche ou vers la droite.
- **Renommer :** pour changer le nom d'un fichier d'image.
- **Détails :** affiche des informations sur la photo ou la vidéo actuellement sélectionnée (voir la Figure 12.6). Si plusieurs éléments sont sélectionnés, seule leur taille totale est indiquée.

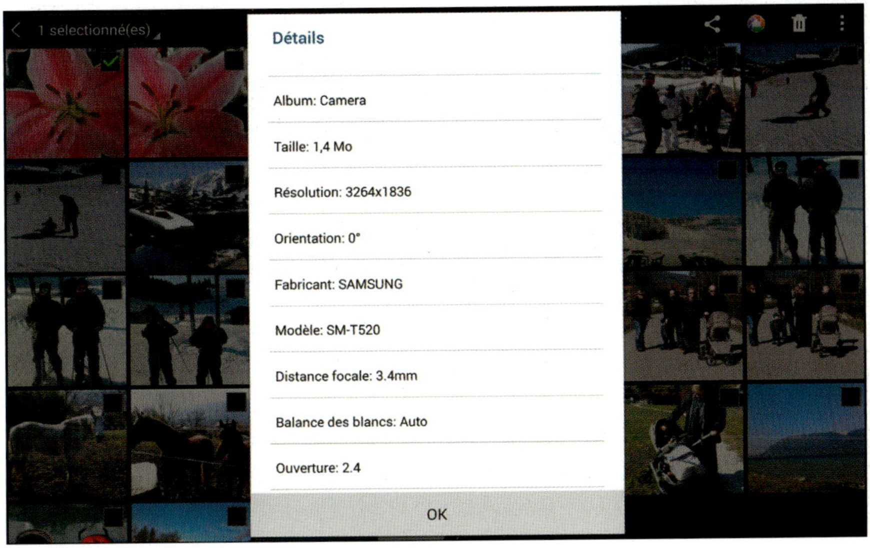

Figure 12.6 : Afficher des informations sur une photo.

Éditer les photographies

Lorsque vous affichez une photo, vous avez à votre disposition plusieurs boutons bien connus, dont un (le crayon) qui donne accès aux fonctions de retouche de la galerie. Nous allons y revenir bientôt. Voyons pour l'instant les options dont vous disposez dans le menu de l'application.

Une photo au menu

Le menu de la Galerie propose toute une série d'options, certaines déjà rencontrées, et d'autres plus spécifiques à l'édition des images :

- **Favoris/Retirer des favoris :** marque l'image comme étant un favori, ce qui l'affuble d'une étoile. L'opération inverse est bien entendu possible.
- **Diaporama :** comme son nom l'indique…
- **Cadre photo :** pour légender la photo courante (voir la Figure 12.7). Vous pouvez configurer à loisir votre « crayon ». Mais il est évident qu'un vrai stylet est bien plus pratique que le doigt. Avantage donc aux tablettes de la série Note !

Figure 12.7 : Légender une image avec l'option Cadre photo.

> Les cadres photos sont enregistrés dans un dossier spécifique de la tablette appelé Photo frame. Bien entendu, l'original est conservé à sa place.

- **Note photo :** une option bien pratique pour ajouter un commentaire ou une légende à l'arrière d'une photo qui n'apparaîtra que quand vous toucherez le coin replié en haut et à droite d'une image ainsi annotée. Vous disposez des mêmes outils que pour les cadres photos. Là encore, un vrai stylet rend l'écriture beaucoup plus facile.

> Les images annotées sont mémorisées sur place. Pour annuler cette légende, affichez la photo, puis touchez le coin supérieur droit pour accéder à la note. Depuis le bouton Menu de l'application, choisissez Supprimer et confirmez.

- **Copier dans le presse-papiers :** vous permet ensuite de coller la photo ailleurs, par exemple dans un message.
- **Imprimer :** ou bien vous disposez d'une imprimante compatible (Samsung ou HP), ou bien vous devrez vraisemblablement vous contenter d'un enregistrement au format PDF sans intérêt particulier.

- **Renommer :** bien entendu, c'est pour changer le nom du fichier de l'image courante.
- **Partage de photo d'ami :** si la photo a été répertoriée via le système de reconnaissance de visage, vous pouvez l'envoyer par e-mail à la personne en question. Nous allons revenir un peu plus loin sur la détection de visages.
- **Rotation :** fait pivoter l'image d'un quart de tour vers la gauche ou vers la droite.
- **Rogner :** recadre une image en positionnant un cadre de sélection et en faisant glisser les poignées carrées ou en forme de losange qui l'entourent.

NOTE

Rassurez-vous : votre photo est intacte ! En fait, la photo rognée est simplement enregistrée sous un nouveau nom en ajoutant un suffixe à celui du fichier original.

- **Définir comme :** c'est pour choisir votre splendide photo comme fond d'écran, ou bien vous en servir pour l'associer à un contact.
- **Détails :** affiche des informations sur la photo (reportez-vous à la Figure 12.6).
- **Paramètres :** donne accès aux réglages de l'application. En particulier, vous pouvez définir les comptes pour lesquels une synchronisation est possible. La rubrique Tags vous permet d'ajouter à l'image des informations de localisation et de date, voire sur les conditions météo de la prise de vue, ou encore d'activer ou de désactiver la reconnaissance des visages (appelée ici libellé de portrait).

L'art de la retouche

Le bouton Modifier vous fait accéder aux outils de retouche de la Galerie (voir la Figure 12.8).

Figure 12.8 : Retoucher une photo.

Vous y trouvez les classiques fonctions Pivoter et Rogner, pour retourner ou recadrer l'image, mais aussi d'autres modes de retouche plus ou moins sophistiqués.

En particulier, les modes Couleurs et Effet peuvent ne s'appliquer qu'à une zone sélectionnée. Celle-ci peut être dessinée au doigt ou au stylet selon différentes méthodes, la plus simple étant sans doute le pinceau et la plus performante lorsque c'est possible étant le lasso magnétique, qui ne retient que des teintes réputées proches (voir la Figure 12.9). Cela étant dit, nous ne sommes pas dans Photoshop, et il ne faut pas attendre des miracles, même si l'option Sélection vous permet d'affiner les contours choisis en ajoutant ou retranchant de nouvelles zones. En particulier, vous n'avez pas la possibilité de lisser une sélection pour qu'elle s'intègre en douceur dans le contenu d'une photographie.

> NOTE — Bien entendu, vous pouvez parfaitement appliquer un certain effet à la totalité d'une photo sans effectuer de sélection.

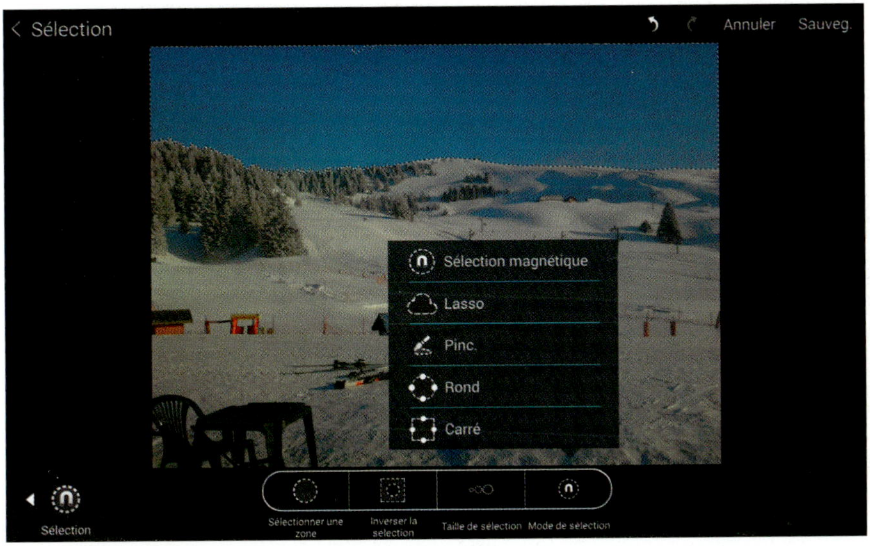

Figure 12.9 : Effectuer une sélection dans l'éditeur de photos.

Cela étant posé, vous disposez des modes de retouche suivantes :

- **Couleur :** pour ajuster la teinte, la saturation, la luminosité, le contraste, etc. Faites glisser le curseur vers la gauche ou vers la droite pour atténuer ou augmenter l'effet (voir la Figure 12.10).

Figure 12.10 : Retouche de la teinte d'une partie d'une image.

- **Effet :** propose une série d'effets spéciaux, au demeurant très classiques. Là encore, cet outil peut être appliqué localement en définissant une sélection (voir la Figure 12.11).

Figure 12.11 : Appliquer un effet spécial.

- **Autocollant :** fini les photos tristounettes ! Intégrez à vos images des cliparts ajustables et redimensionnables (voir la Figure 12.12).
- **Dessin :** tracez des illustrations personnalisées. C'est en fait la même chose que les options Cadre photo et Note photo. Donc, une fois de plus, un vrai stylet sera plus confortable et efficace que votre doigt.
- **Cadre :** pour terminer, il ne vous reste plus qu'à encadrer votre création pour lui donner la touche finale qui fera l'admiration de tous.

Amusez-vous avec les options de retouche de la Galerie. Mais sachez qu'il existe de bien meilleures applications de retouche tout autant gratuites sur Play Store, comme PicsArt.

Figure 12.12 : Ajouter des autocollants.

Jouer un diaporama

Le bouton Menu propose de lancer un diaporama dans certaines circonstances, en particulier dans la fenêtre des albums (tout est sélectionné), lorsqu'une image est affichée (pour le contenu de cet album) ou si vous effectuez une sélection en cochant des photos à la suite d'un appui long sur une vignette d'aperçu.

Sélectionnez ensuite les paramètres du diaporama. Vous disposez de huit effets de transition (voir la Figure 12.13). Vous pouvez également choisir un fond musical (prédéfini ou enregistré au format MP3) ainsi que la durée d'affichage des photos (une, trois ou cinq secondes).

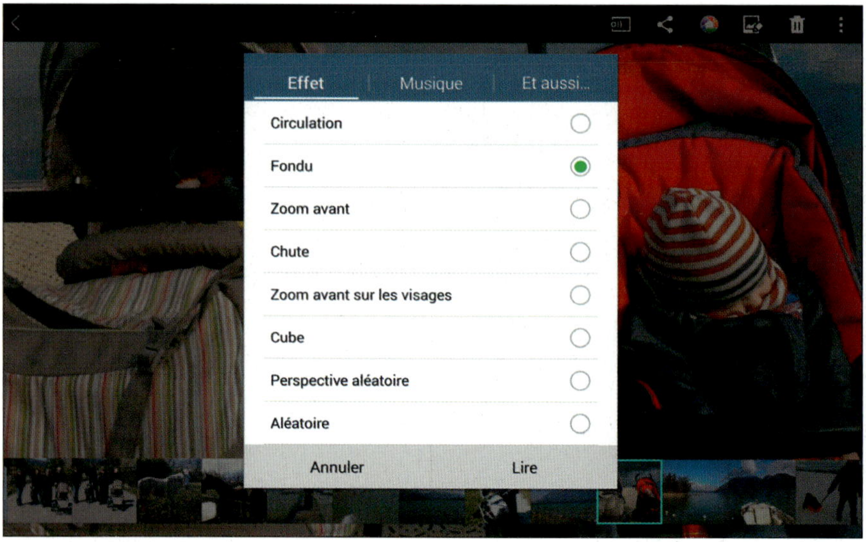

Figure 12.13 : Configurer le diaporama.

Il ne vous reste plus qu'à toucher le bouton Lire pour lancer le diaporama avec les paramètres que vous avez choisis.

Pour arrêter le diaporama, il suffit de toucher l'écran.

Détecter les visages

Cette fonction, devenue très courante, vous permet d'attribuer un nom aux personnes présentes sur une photo, ce qui sert éventuellement à les reconnaître sur d'autres clichés, mais surtout à associer un visage à vos contacts.

1. Ouvrez un portrait ou une photo de groupe.

> NOTE : Cette fonction est puissante, et détecte même parfois des visages là où vous ne vous y attendiez pas... Pour autant, un visage bien orienté, correctement éclairé et si possible sans signe distinctif particulier reste toujours largement préférable. Après tout, vos contacts le valent bien !

2. Touchez le bouton Menu de la Galerie, puis la ligne Paramètres. Vérifiez que l'option Libellé de portrait est bien activée dans la rubrique Tags (sinon, inutile de lire cette section !). Touchez le bouton Retour pour revenir à la Galerie.

3. Les visages des personnes détectées sont immédiatement entourés d'un cadre jaune (voir la Figure 12.14).

Figure 12.14 : Mais qui sont ces personnes ?

> **NOTE** Il est très possible qu'un visage ne soit pas détecté dans une photo, tout simplement parce qu'il est partiellement masqué, mal éclairé, de biais, affublé de lunettes de soleil, etc. Prenez une autre photo !

4. Pour associer un visage et un nom, touchez un des cadres jaunes. La Galerie propose alors deux choix (bien entendu pour une première reconnaissance) : Moi (c'est vous !) ou Ajouter un nom. Touchez le bouton Ajouter un nom.

5. Votre carnet d'adresses s'ouvre. Recherchez le nom de la personne et touchez la ligne correspondante.

> **NOTE** Si la personne n'est pas encore enregistrée dans votre carnet d'adresses, c'est le moment d'en profiter pour créer un nouveau contact.

6. À partir de maintenant, contact et libellé devraient (si tout va bien) être associés dans les autres photographies où le visage de la personne apparaît. Touchez le nom, et vous obtenez plus d'informations, ainsi que des boutons

qui vous permettent de lancer directement une action : envoyer un e-mail, se connecter à son compte Facebook, etc. Le bouton Paramètres (la roue dentée) vous permet de changer de contact (ou tag), d'associer le visage au contact dans le carnet d'adresses en cadrant le sujet ou encore de supprimer le libellé (voir la Figure 12.15).

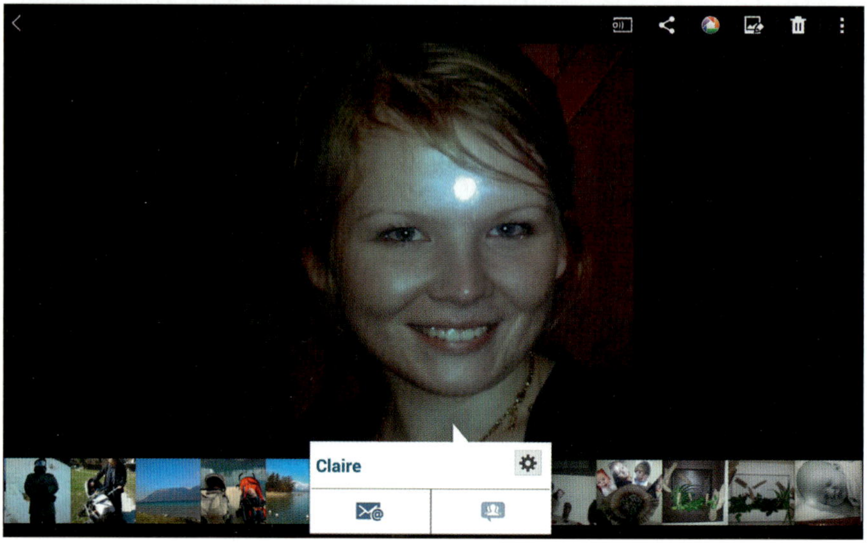

Figure 12.15 : Inutile de vous cacher, vous êtes reconnu !

> Tout n'est pas forcément parfait du premier coup. Aidez votre tablette Galaxy à mieux reconnaître les personnes. Si un visage est faussement détecté, ou si le système de reconnaissance a un doute (dans ce cas, le cadre délimitant le visage devient bleu, et un point d'interrogation s'affiche à la droite du nom supposé), touchez le nom peut-être incorrect, puis choisissez l'option qui convient dans la liste qui s'affiche.

7. Recommencez pour les autres visages détectés sur la photo, ou changez de photo et continuez à repérer vos contacts et connaissances.

Ou passez à autre chose…

> Lorsqu'un contact déjà reconnu et enregistré est repéré sur une nouvelle photographie, le cadre qui entoure son visage est bleu et son nom s'affiche. C'est le moment de vérifier qu'il n'y a pas erreur sur la personne…

Partager des photos et des vidéos (Acte 2)

Nous avons vu au début du chapitre précédent divers moyens de partager des photos (et bien sûr aussi des vidéos). Revenons maintenant sur le sujet, mais d'une autre manière. En effet, votre tablette Galaxy est aussi capable de faire office de serveur multimédia (sans doute pas le meilleur qui soit, mais autant savoir comment procéder).

Suivez ces étapes :

1. Ouvrez l'application Paramètres et choisissez l'option Appareils à proximité, dans la rubrique Connexions.
2. Touchez le gros bouton qui suit le nom de la rubrique pour l'activer.
3. Définissez ensuite les contenus partagés (photos, musique et/ou vidéos) ainsi que, le cas échéant, les appareils autorisés (ou non) à accéder à votre tablette (voir la Figure 12.16).

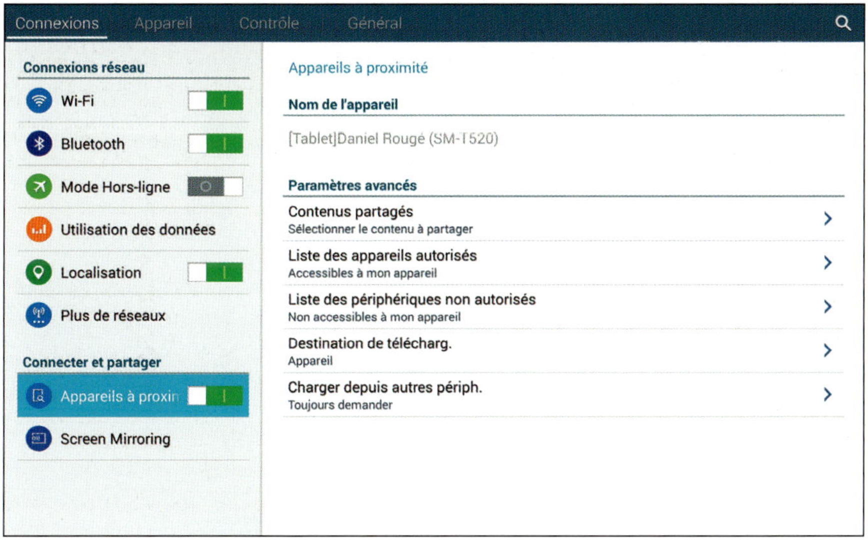

Figure 12.16 : Activer le partage de fichiers multimédias.

Vous pouvez maintenant ouvrir par exemple le Lecteur Windows Media sur votre ordinateur et y chercher dans la colonne de gauche la référence de votre appareil mobile, ou bien ouvrir un autre appareil mobile compatible (par exemple votre smartphone Android). Dans ce cas, vous devrez autoriser l'accès à vos fichiers sur votre tablette Galaxy.

Sur votre appareil mobile, ouvrez l'application voulue (la Galerie, le lecteur MP3 ou encore le Lecteur vidéo), et recherchez une commande appelée Appareils à proximité (ou son équivalent). Choisissez ensuite comme source votre SM-T520 ou autre (oui, votre tablette Galaxy porte en réalité un nom de ce genre).

Dans l'application Galerie, touchez le bouton de menu, puis choisissez l'option Afficher les appareils AllShare et touchez le nom de l'autre appareil.

> L'opération peut ne pas être fructueuse (ou simplement performante) selon l'appareil et l'application utilisés. Et y compris, entre certains modèles Samsung…

> Il est tout à fait possible d'accéder en Wi-Fi aux contenus partagés de votre tablette Galaxy sur un iPhone ou un iPad. Mais vous devrez installer sur celui-ci une application client *DLNA*. Si votre téléviseur ou votre lecteur Bluray dispose d'un accès réseau DLNA, vous devriez pouvoir profiter aussi de vos photos et vidéos sur grand écran. Mais, pour ce qui concerne la vidéo, le résultat n'est pas toujours évident…

Chapitre 13

Quand la musique est bonne (et le reste aussi)

Dans ce chapitre :

- Votre tablette Galaxy et le multimédia
- Écouter une chanson
- Copier de la musique depuis son ordinateur
- Acheter de la musique
- Organiser sa musique en listes de lecture
- Acheter, charger et regarder des vidéos
- Acheter, charger et lire des livres

Votre tablette Galaxy peut faire de la musique. Attention, je ne parle pas ici des sons qu'elle émet lorsque vous recevez un message ou des notifications, ou encore du bruit des touches du clavier virtuel. Non ! Je parle d'une tablette qui, aujourd'hui, fait office de lecteur MP3, d'écran vidéo, de liseuse ou encore de radio en ligne. Non seulement votre tablette est capable de diffuser tout cela, mais elle met en plus à votre disposition des fonctions de gestion de vos bibliothèques.

Pour autant, profiter au maximum de toutes ces merveilleuses choses audio et vidéo peut nécessiter un peu d'investissement dans du matériel supplémentaire. C'est par là que nous allons commencer.

La tablette Galaxy et les équipements pour le multimédia

Écouter, voir… En fait, vous avez déjà tout ce qu'il faut : des haut-parleurs stéréo, un écran haute définition ou à très haute définition selon le modèle, et même des écouteurs fournis dans la boîte.

Mais vous pouvez parfaitement avoir envie d'aller plus loin et de vous équiper d'accessoires encore plus sophistiqués. Voyons donc cela de plus près.

Choisir des écouteurs ou un casque

Il existe deux types d'écouteurs ou de casques audio : avec un fil, ou sans fil. Les premiers se branchent tout seuls. Les seconds doivent être connectés, *appariés*, mais sont aussi alimentés par une batterie et doivent donc être rechargés. Et, bien sûr, les prix ne sont pas les mêmes.

NOTE : Le branchement d'écouteurs sur une tablette Galaxy provoque par défaut l'activation dans la barre des notifications d'un bandeau spécial qui vous recommande certaines applications dédiées : lecteur MP3, lecteur vidéo, Internet ou encore YouTube. C'est le petit côté « promotion interne » qu'apprécie Samsung…

Avec un fil à la patte

Sur la tranche gauche ou supérieure de votre tablette Galaxy, vous trouvez une petite ouverture ronde. C'est le jack audio dans lequel vous pouvez insérer (à fond) des écouteurs ou un casque.

Une fois les écouteurs en place, tout le son passe automatiquement et par défaut par eux. Vos voisins dans le métro ou dans le bus vous diront merci !

Voyez si votre budget vous permet d'investir dans un casque plus haut de gamme. Après tout, la qualité de restitution sonore de votre tablette Galaxy est plus que correcte !

Personnellement, je déteste les petits écouteurs fournis avec les appareils électroniques. Je les trouve désagréables à porter, peu stables et salissants. Un casque léger et discret me semble donc être un bon investissement, et on en trouve de bonne qualité à des prix très raisonnables. De surcroît, c'est très tendance.

> **NOTE** Vous ne voulez ni l'un ni l'autre ? Regardez alors du côté des systèmes qui disposent d'un support venant reposer sur le cou, pour soulager les oreilles, ou qui viennent se pincer sur celles-ci.

Sans fil à la patte

Si vous n'aimez pas les fils, vous allez chercher du côté des casques Bluetooth. La plupart des modèles n'ont qu'une oreillette, avec ou sans micro incorporé, et sont destinés à ceux qui téléphonent beaucoup et partout (donc sans intérêt avec une tablette). Pour la musique, il faut bien sûr s'intéresser aux modèles stéréo.

L'association entre un casque Bluetooth et votre tablette Galaxy est très simple : vous mettez en marche, les deux appareils se détectent, vous acceptez la prise en charge du casque sur la tablette, et c'est parti (nous reviendrons sur l'appariement entre la tablette et des systèmes Bluetooth au Chapitre 17).

> **NOTE** N'oubliez pas qu'un casque Bluetooth, c'est un équipement de plus à recharger !

La Figure 13.1 illustre divers modèles de casques sans fil.

Figure 13.1 : À chacun son style de casque Bluetooth (comptez au moins 40 € pour un modèle de bonne qualité).

Se brancher sur une chaîne Hi-Fi ou des enceintes

Comme la qualité audio de votre tablette Galaxy est assez proche de celle d'un lecteur de CD, vous pouvez aussi envisager de la brancher sur votre chaîne Hi-Fi, votre système de *Home Cinema* ou encore sur des enceintes indépendantes.

Avec un fil à la patte

Comme pour les écouteurs, la méthode la plus courante consiste à disposer d'un câble ayant d'un côté une fiche à insérer dans la prise jack de la tablette, et de l'autre deux fiches de type cinch pour les canaux audio à brancher sur le dispositif de lecture (voir la Figure 13.2).

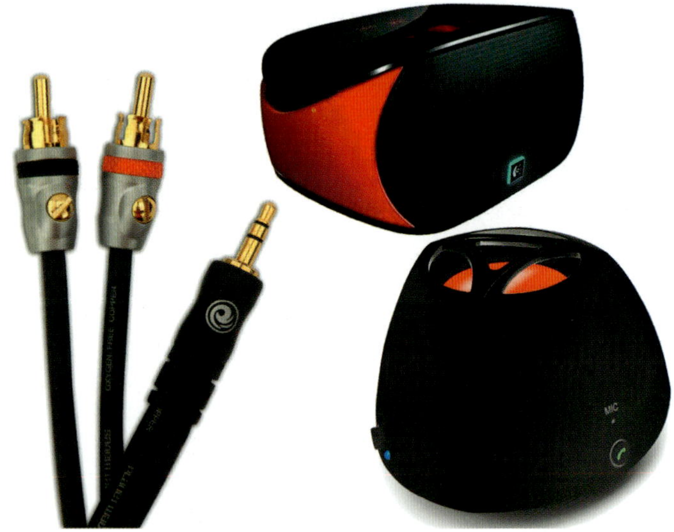

Figure 13.2 : Relier la tablette Galaxy à un ampli audio avec ou sans fil.

> **NOTE** Si le câble possède une troisième fiche jaune, sachez que celle-ci est réservée aux signaux vidéo. Oubliez-la.

Une fois le branchement effectué, vous pouvez lancer la musique sur votre tablette. Le son sera automatiquement transmis à votre chaîne.

Sans fil à la patte

C'est exactement le même principe que pour un casque audio, sauf que vous devez cette fois faire l'acquisition d'enceintes Bluetooth (voir la Figure 13.2).

Ma préférence va à des enceintes facilement transportables, ce qui permet de poser la tablette quelque part, et de se déplacer dans une autre pièce tout en continuant à écouter la musique (ou la radio). Mais il ne faut pas oublier que la portée du Bluetooth est relativement limitée, en gros à un rayon d'une bonne dizaine de mètres.

Se brancher sur la télé

D'accord, vous êtes peut-être totalement en réseau et les contenus de votre tablette sont accessibles sur grand écran grâce au Wi-Fi. Ou bien vous vous êtes équipé à 100 % chez Samsung et vous êtes un adepte de son système AllShare Cast (voyez la fonction Screen Mirroring dans les paramètres). Tant mieux pour vous, mais il faut aussi penser à l'immense cohorte de tous les autres utilisateurs...

De plus en plus de constructeurs de téléviseurs intègrent une fonction AllShare pour le partage des contenus.

Pas de miracle à attendre ici. Pour profiter au mieux de la diffusion de vos images sur votre téléviseur, il vous faut un câble de raccord HDMI (ce que l'on appelle aussi un câble MHL). Comme l'illustre la Figure 13.3, vous pouvez vous procurer cet appendice chez Samsung ou chez un autre fabricant proposant ce type d'accessoire.

Avant tout achat, vérifiez soigneusement que le câble est bien dédié à votre modèle de tablette. Une petite erreur de lecture ou de référence, et votre achat ne vous servira à rien. Et, tant qu'à faire, vous devez également vérifier que vous n'aurez pas besoin de racheter un câble HDMI supplémentaire...

Figure 13.3 : Raccorder une tablette Galaxy à un téléviseur en HDMI.

> Les tablettes Galaxy utilisent la norme MHL 2.0, qui ne nécessite pas le branchement de l'appareil sur le courant. Vous gagnez en liberté au détriment de la batterie. Il vous suffit en effet de relier un côté sur le port USB de la tablette, et l'autre sur une prise HDMI du téléviseur. Si vous possédez déjà un adaptateur MHL de première génération, rassurez-vous : il fonctionne très bien sans avoir à le relier au secteur ! Reste simplement à vérifier la résolution d'image supportée par l'adaptateur...

Il ne vous reste plus qu'à allumer votre téléviseur, choisir l'entrée HDMI qui convient, et c'est parti.

Comme vous obtenez sur votre téléviseur une reproduction exacte de l'écran de votre tablette Galaxy (avec sa sortie stéréo), vous pouvez profiter de tout son contenu. Et y compris vous en servir comme d'une manette de jeu avec gyroscope et accéléromètre !

L'idéal, c'est encore de posséder un ampli Home Cinema pourvu de plusieurs entrées HDMI. De cette manière, vous profiterez non seulement de l'image, mais aussi du son au meilleur de sa qualité. Pour votre confort, vous aurez peut-être besoin de vous procurer en plus un prolongateur HDMI, ou un raccord HDMI femelle de bonne qualité.

Des tubes à portée d'oreilles

Votre tablette Galaxy dispose de tout ce qu'il faut pour remplir vos loisirs audiophiles. Pour cela, connectez un casque ou des oreillettes à votre portable, démarrez l'application Play Musique, et choisissez la chanson à écouter. Si personne ne vous envoie en même temps un message, vous aurez vraiment l'impression d'utiliser un lecteur MP3.

NOTE

Si Play Musique est la centrale musicale par défaut des systèmes Android en général, ce n'est évidemment pas la seule, et vous trouverez sur Play Store de nombreuses applications dédiées à l'écoute musicale, à la lecture de vidéos ou encore à celle de livres électroniques. En dehors de tout critère de qualité, il y a une différence majeure : c'est que Google, lui, veut vous vendre des titres et des albums, des films ou encore des livres...

NOTE

D'accord, Samsung aussi aimerait bien vous garder chez lui. C'est pourquoi il vous propose ses applications Musique et Vidéo. Elles sont certes moins intrusives. Disons qu'il s'agit plutôt de lecteurs purs que de portails commerciaux. Mais comme il faut bien faire un choix, et qu'après tout vous écoutez de la musique *légale* et que vous regardez des films *légaux*, allons voir ce qui se passe du côté de chez Google.

Parcourir la bibliothèque des musiques

L'application Play Musique est le quartier général de vos musiques. Pour la démarrer, touchez son icône dans le panneau Applications ou celle du raccourci placée sur l'écran d'accueil (normalement dans le dossier appelé Google).

Une fois passée l'incitation tentatrice de la boutique de vente en ligne de Google, la Figure 13.4 illustre la page principale de Play Musique.

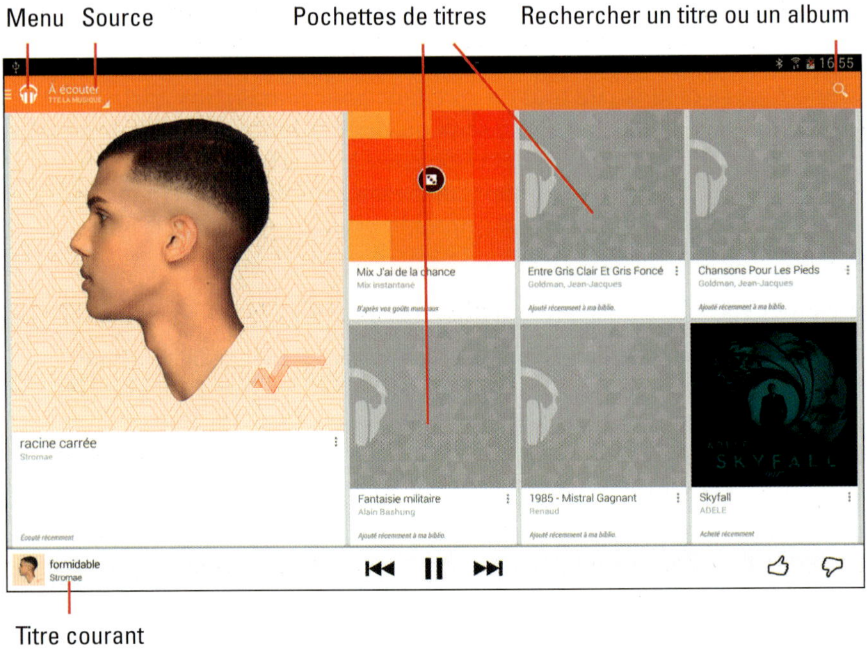

Figure 13.4 : La bibliothèque des musiques.

> Quand elle le peut, Play Musique affiche une image des albums que vous avez enregistrés ou achetés. Sinon, elle affiche à la place un cadre grisé.

Si vous touchez le bouton des options principales, en haut et à gauche de l'écran, puis le lien Ma bibliothèque, vous constaterez que Play Musique organise vos titres selon différentes catégories :

- **Genres :** chaque artiste, album ou morceau est associé à un genre musical plus ou moins judicieux. C'est une autre voie pour localiser tel ou tel titre.
- **Artistes :** les musiques enregistrées dans la mémoire de la tablette sont classées dans l'ordre des noms des artistes ou des interprètes.
- **Albums :** les musiques enregistrées dans la mémoire de la tablette sont rangées dans l'ordre des noms d'albums.
- **Titres :** c'est le même principe, mais titre par titre. Ce n'est sans doute pas le plus simple pour repérer une chanson particulière…

- **En cours de lecture :** cet élément, que vous retrouvez en bas de l'écran, n'est pas une catégorie, mais un lien vers la chanson en cours de lecture ou en pause.

Ces catégories permettent d'organiser la musique. Vous retrouvez ainsi facilement une chanson quand vous ne connaissez plus le nom d'un album ou d'un artiste.

- La musique est stockée dans la mémoire interne de la tablette et sur la carte MicroSD (s'il y en a une, bien sûr).
- La capacité de stockage limite le nombre de titres installés dans votre tablette.
- Lorsque Play Musique ne parvient pas à identifier un artiste, il applique la mention Artiste Inconnu. Cela arrive généralement quand vous copiez manuellement des titres sur votre tablette Galaxy. La musique que vous achetez, que vous importez, ou que vous synchronisez avec un ordinateur contient généralement des informations sur l'artiste et l'album.

Comme votre tablette Galaxy est peut-être encore vierge de toute musique, voyons de plus près comment installer votre propre bibliothèque et comment acheter des titres ou des albums en ligne.

En avant la musique !

Vous avez bien compris que Play Musique sert d'interface non seulement vers votre collection musicale, mais aussi (et surtout ?) vers la boutique en ligne Play Store. Cette application vous permet d'écouter vos contenus musicaux et audio dans de bonnes conditions (l'application Musique de Samsung offre un peu plus de réglages pour le son, mais ce n'est pas déterminant à mon sens).

> NOTE — La méthode d'installation de fichiers musicaux décrite dans la section qui suit vaut tout aussi bien pour tout autre type de fichier : vidéos, images, documents de travail, et ainsi de suite.

Copier de la musique depuis son ordinateur

Comment remplir votre tablette de bonnes et belles musiques ? La première méthode consiste à y copier tout ou partie de votre audiothèque personnelle depuis votre ordinateur ou depuis un disque externe relié à celui-ci :

1. Reliez le câble fourni avec votre tablette Galaxy à un port USB de votre ordinateur.

2. Déroulez la barre des notifications et regardez la ligne qui indique Connecté. Si vous lisez Connecté en tant que périphérique multimédia, c'est bon. Sinon, touchez la ligne de connexion et choisissez l'option Périphérique multimédia (MTP). Touchez ensuite le bouton Accueil. Sinon, votre tablette sera prise pour un simple appareil photo, ce qui ne vous aidera pas pour la musique.
3. Ouvrez l'Explorateur Windows et repérez l'icône de votre tablette Galaxy (elle devrait se trouver en bas de la fenêtre). Faites un double-clic pour l'ouvrir.
4. Faites un double-clic sur l'icône Tablet (c'est donc votre tablette).
5. Vous devriez voir un dossier appelé Music. Faites un double-clic dessus pour l'ouvrir. Pour l'instant, c'est bon du côté de la tablette et, à ce stade, le dossier devrait être encore vide (en réalité, Samsung y a déjà mis un titre).
6. Ouvrez dans une nouvelle fenêtre le dossier ou l'unité de disque qui contient votre bibliothèque musicale. Commencez votre sélection d'albums ou de titres, puis choisissez la commande Copier.
7. Revenez au dossier Music de la mémoire de votre tablette, puis choisissez la commande Coller.

> NOTE
>
> Cette méthode est non seulement simple, mais c'est aussi de loin la plus rapide.

8. Si une fenêtre vous demande de confirmer la copie, cochez la case Faire ceci pour tous les fichiers et cliquez sur Oui (voir la Figure 13.5).

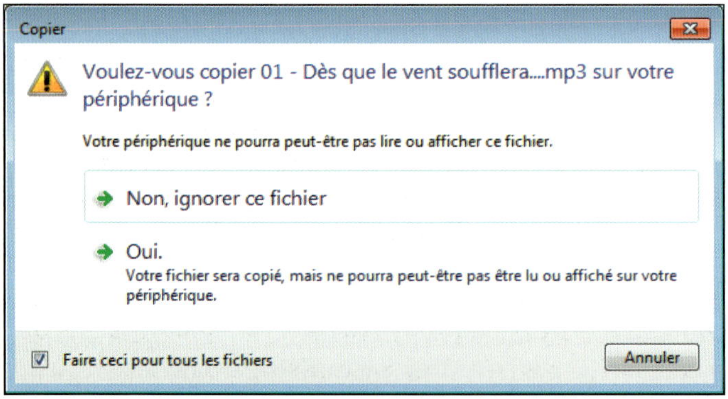

Figure 13.5 : Copier de la musique vers la tablette.

9. Recommencez les Étapes 6 à 8 autant de fois que nécessaire.

Vous pourrez plus tard reprendre ces étapes pour compléter votre collection, mais aussi pour supprimer ce dont vous ne voulez plus.

NOTE

En organisant bien votre collection musicale dans des séries de sous-dossiers classés par artiste et par album, vous faciliterez votre existence de mélomane.

La mémoire de votre tablette est importante, mais tout de même limitée. La possibilité d'ajouter une carte MicroSD de belle taille est évidemment un plus important. Mais n'espérez tout de même pas y copier des centaines et des centaines d'albums entiers ! Où stockeriez-vous ensuite toutes vos vidéos ?

NOTE

Play Musique (comme d'ailleurs Musique) a du mal avec les titres musicaux dont le nom ne lui plaît pas, en particulier ceux qui débutent par des chiffres, par exemple un numéro de piste. Vous risquez donc d'avoir à renommer manuellement une bonne partie de votre bibliothèque si les enregistrements n'ont pas été faits dans les règles... Vous irez beaucoup plus vite en faisant ce travail sur votre ordinateur, soit avant même de copier les fichiers, soit en ouvrant le dossier de la tablette qui contient les morceaux non détectés par Play Musique ou Musique.

Accéder à la musique sans câble

Vous, ou quelqu'un d'autre, avez stocké de la musique que vous avez envie de récupérer, mais seul le Wi-Fi et/ou le Bluetooth sont disponibles. Vous voulez donc effectuer un transfert sans fil. Voyons rapidement différents cas possibles :

- **Appareils accessibles en réseau ou en Wi-Fi :** il vous faut pour cela disposer d'un gestionnaire de fichiers capable de retrouver les disques, dossiers et contenus partagés sur votre réseau. La chance est peut-être avec vous. Touchez le bouton Applications, puis l'icône Mes fichiers. Pour l'instant, celle-ci vous donne accès au contenu de votre tablette Galaxy et de votre carte SD. Touchez maintenant le bouton Menu, en haut et à droite de l'écran, et choisissez la commande Rechercher des périphériques. Comme par miracle, les périphériques qui sont partagés sur votre réseau personnel vont être détectés et proposés en bas de la fenêtre de l'application. Touchez le nom d'une unité de stockage partagée. Il ne vous reste plus qu'à localiser puis ouvrir le dossier qui contient les titres que vous voudriez copier sur votre tablette Galaxy. Maintenant, touchez le bouton Menu et choisissez la commande Sélectionner. Cochez les titres qui vous intéressent. Quand c'est fait, touchez le bouton Télécharger, à gauche du menu (voir la Figure 13.6). C'est parti pour la copie.

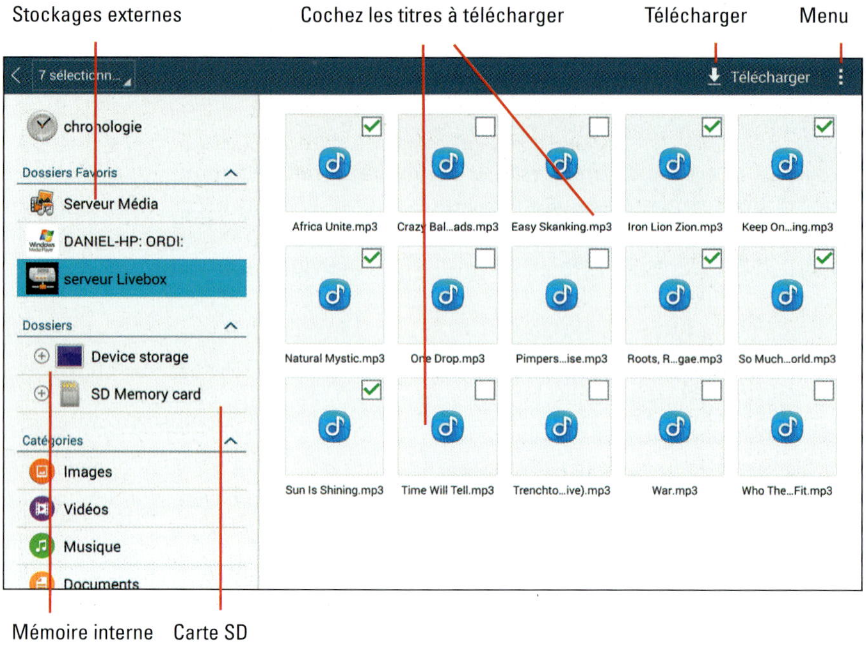

Figure 13.6 : Copier de la musique en réseau avec l'application Mes fichiers.

Question : où se trouvent ces belles musiques ? Dans le dossier Music ? Pas du tout. Pour le savoir, appuyez sur le bouton Retour de l'appareil, puis sur le symbole de la petite maison, en haut de l'écran, pour revenir à l'interface principale de Mes Fichiers. Touchez la ligne qui indique Device Storage (Stockage de l'appareil), puis Nearby. Vous retrouvez bien vos morceaux. Il vous suffit pour écouter un titre de le toucher, puis de choisir l'application avec laquelle vous voulez l'écouter (voir la Figure 13.7).

> **NOTE** Le dossier Nearby, ce n'est pas ce qu'il y a de mieux pour stocker de la musique. Choisissez Sélectionner dans le menu, puis cochez les titres que vous venez de télécharger. Touchez ensuite le bouton Menu puis la commande Déplacer. Il ne vous reste plus qu'à parcourir le stockage de l'appareil ou de la carte MicroSD pour sélectionner le dossier de destination et valider.

> **NOTE**
>
> Vous pouvez aussi partager vos morceaux, les supprimer, les copier, les renommer, les compresser dans un fichier Zip ou encore afficher quelques détails plus ou moins utiles.

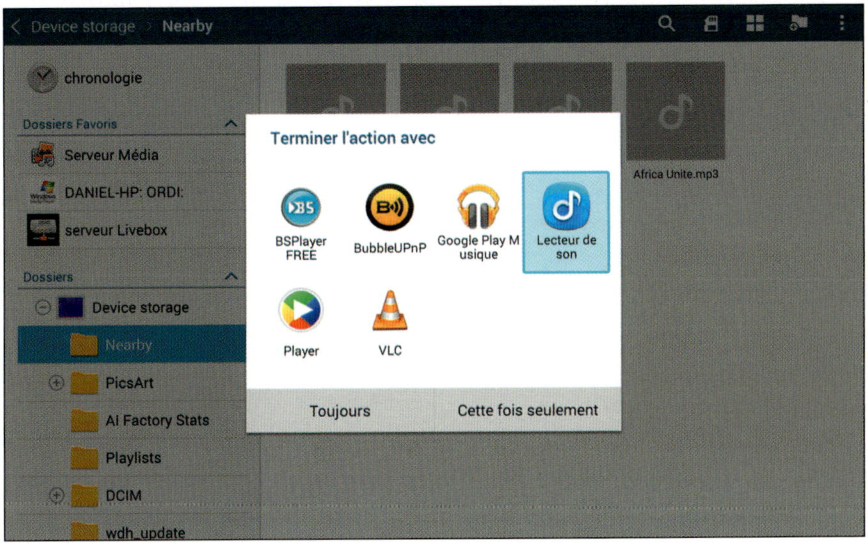

Figure 13.7 : Le meilleur lecteur, c'est celui que vous préférez.

- **Appareils disponibles en Bluetooth :** une fois vos tablettes/smartphones ou autres équipements appariés (voyez à ce sujet le Chapitre 17), vous pouvez faire un appui long d'un côté sur un titre puis choisir Partager via, Bluetooth et enfin sélectionner l'appareil qui va recevoir le fichier. Acceptez sur celui-ci la réception du morceau, et c'est parti.
- **Chargement depuis le nuage Internet :** si vos fichiers sont stockés sur un nuage Internet quelconque, il vous suffit d'ouvrir l'application correspondante sur votre tablette (par défaut, puisque vous avez un compte Gmail, vous disposez également d'un espace de stockage sur Drive, le bébé de Google, mais Dropbox, par exemple, est très bien aussi). Il vous suffit alors de sélectionner ce que vous voulez copier, puis de choisir une option du genre Télécharger, Partager ou encore Exporter.

Un fichier musical (ou une photo, ou un autre type de fichier reconnu par au moins une application) n'a pas nécessairement besoin d'être recopié sur votre tablette Galaxy pour être ouvert. Vous pouvez le lancer directement en *streaming*, c'est-à-dire en le lisant depuis un périphérique de stockage réseau ou depuis Internet. Bien entendu, la méthode Internet consomme des données, et donc potentiellement du forfait si votre appareil est de type cellulaire et que vous n'êtes pas en Wi-Fi.

Évidemment, il y a toujours la possibilité de joindre un ou des fichiers à un e-mail et de le récupérer ensuite sur le système qui reçoit le message, mais ce n'est pas une solution idéale.

De nos jours, disposer d'un espace de stockage gratuit sur Internet est facile, et même courant. Envoyer des fichiers sur ce nuage, puis communiquer à ses correspondants un lien pour le téléchargement est bien plus simple et efficace que l'utilisation de pièces jointes. En effet, vous ne transférez qu'une seule fois le fichier (placer un simple lien dans un message ne coûte rien), et les destinataires ne sont pas encombrés avec des pièces jointes qu'ils n'ont peut-être pas envie de télécharger...

Acheter de la musique

C'est la méthode légale pour se procurer des albums ou simplement des titres. Des géants comme Amazon, Google, FNAC, Virgin, Deezer et autres ont des catalogues énormes. Et les prix sont, du fait de la concurrence, pratiquement les mêmes partout.

Les titres individuels sont généralement vendus entre 0,99 € et 1,29 €. Le prix des albums tourne en moyenne autour de 9 ou 10 €, à plus ou moins 3 € et hors promotions. Et on trouve même parfois des titres ou des albums gratuits.

La méthode d'accès peut légèrement varier, mais le principe est pratiquement le même partout. En particulier, l'opération peut généralement être réalisée depuis votre ordinateur, tout en vous permettant d'accéder à vos achats/téléchargements sur tous vos appareils connectés.

Pour ce qui suit, nous allons prendre en exemple la boutique Play Store (mais vous pouvez tout aussi bien installer par exemple l'application d'Amazon pour acheter votre musique en ligne).

Suivez donc ces étapes :

1. Ouvrez l'application Play Store, et touchez le bouton Musique.

> **NOTE** Souvenez-vous que vous pouvez réaliser la même opération sur votre ordinateur. Les titres achetés étant synchronisés en ligne, ils vous suivront dans vos déplacements. D'autre part, nous supposerons ici que vous avez déjà configuré votre « portefeuille » pour payer vos achats Google. Sinon, voyez la procédure à suivre au Chapitre 15.

> **NOTE** Vous pouvez aussi accéder à Play Store depuis l'application Play Musique. Touchez le bouton en haut et à gauche de l'écran, puis choisissez l'option Acheter.

2. Touchez une des propositions de la sélection, ou bien faites défiler l'écran vers la gauche ou vers la droite pour changer de page. Il est possible de choisir un genre particulier, un « top » quelconque, ou bien encore de lancer une recherche, exactement comme si vous vouliez trouver une application.

3. Quand vous avez trouvé le titre ou l'album voulu, touchez la vignette correspondante. La page associée au titre ou à l'album va s'afficher (voir partie gauche de la Figure 13.8).

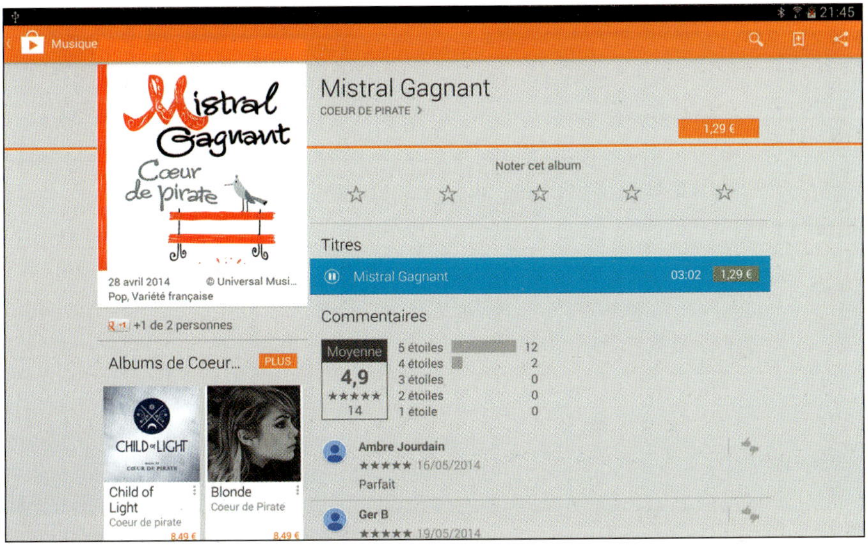

Figure 13.8 : Écoutez avant d'acheter.

4. Pour écouter un extrait, touchez le bandeau d'un titre, que ce soit dans un album ou pour un single. Génial, non ? Si vous piaffez déjà d'impatience, touchez le bouton orange qui affiche le prix, puis le bouton Continuer suivi d'Acheter dans la page qui suit. Vous allez vraisemblablement avoir à confirmer votre compte (ou à créer votre portefeuille Google). Touchez ensuite le bouton OK pour confirmer.

5. C'est fait ! Vous pouvez maintenant écouter tout de suite votre morceau avec l'application Play Musique de votre tablette, ou sur votre ordinateur en vous connectant au site play.google.com option Musique puis Ma musique (voir la Figure 13.9), ainsi que sur tout autre appareil Android où votre compte Gmail est déjà enregistré.

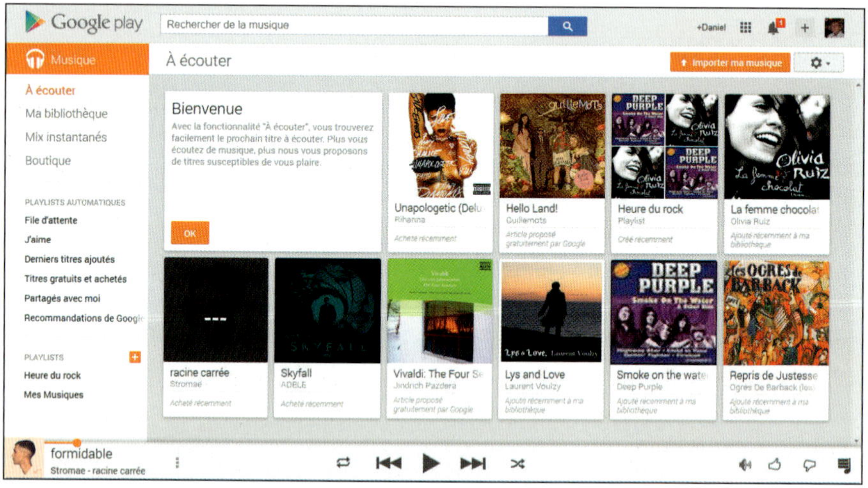

Figure 13.9 : La musique, c'est aussi sur l'ordinateur !

> **NOTE** L'application Play Musique reconnaît immédiatement votre achat. De plus, vous pouvez du coup écouter vos morceaux un peu partout, à condition de pouvoir vous connecter avec votre compte Gmail et de disposer d'un accès Wi-Fi.

> **NOTE** En fait, vous avez quand même le droit de vous éloigner du point d'accès Wi-Fi le plus proche. Pour cela, touchez le bouton Menu d'un album ou d'un titre, puis choisissez l'option Stocker sur l'appareil. Une fois le transfert terminé, votre sélection est signalée par une punaise orangée. L'opération inverse est également possible.

Un site comme Amazon propose une procédure comparable, si ce n'est que vous devez installer un programme supplémentaire sur votre ordinateur pour pouvoir y écouter le contenu de votre bibliothèque.

Écoute-moi (une histoire de playlist)

Votre bibliothèque audio étant remplie, il ne vous reste plus qu'à lancer Play Musique et à vous laisser porter par la musique.

Écouter un morceau (ou plusieurs)

Dans Play Musique, vous voyez par défaut s'afficher les titres et/ou albums de votre bibliothèque considérés comme récents, y compris vos derniers achats en date (reportez-vous à la Figure 13.4). Si nécessaire, touchez le bouton en haut et à droite de l'écran, et choisissez l'option Ma bibliothèque.

Pour écouter un titre, il vous suffit de faire défiler la liste vers la gauche ou vers la droite, vers le haut ou vers le bas, et de toucher la vignette ou la ligne voulue.

Qu'il s'agisse d'un titre unique ou d'un album entier, la manière de procéder est pratiquement la même. En fait, soit vous choisissez directement un titre, soit vous sélectionnez un album que vous ouvrez, puis vous touchez le nom du titre que vous voulez écouter.

Vous remarquerez que certains titres affichent la pochette de leurs albums, tandis que d'autres n'offrent qu'une image générique. Dans un cas, il a été possible de récupérer cette image (tout simplement parce qu'elle est enregistrée dans les fichiers MP3 eux-mêmes ou récupérable par des liens Internet), tandis que dans l'autre, l'appareil se débrouille avec ce qu'il pense être le genre musical du morceau. Malheureusement, il n'existe pas de moyen simple de personnaliser ces illustrations.

Le morceau courant s'affiche dans un bandeau en bas de l'écran. Vous trouvez en son centre un classique bouton Lecture/Pause. Mais vous pouvez changer l'affichage pour qu'il soit plus « festif ». Pour cela, touchez tout simplement le bandeau du titre actuel. Vous obtenez alors un écran semblable à celui qui est illustré sur la Figure 13.10.

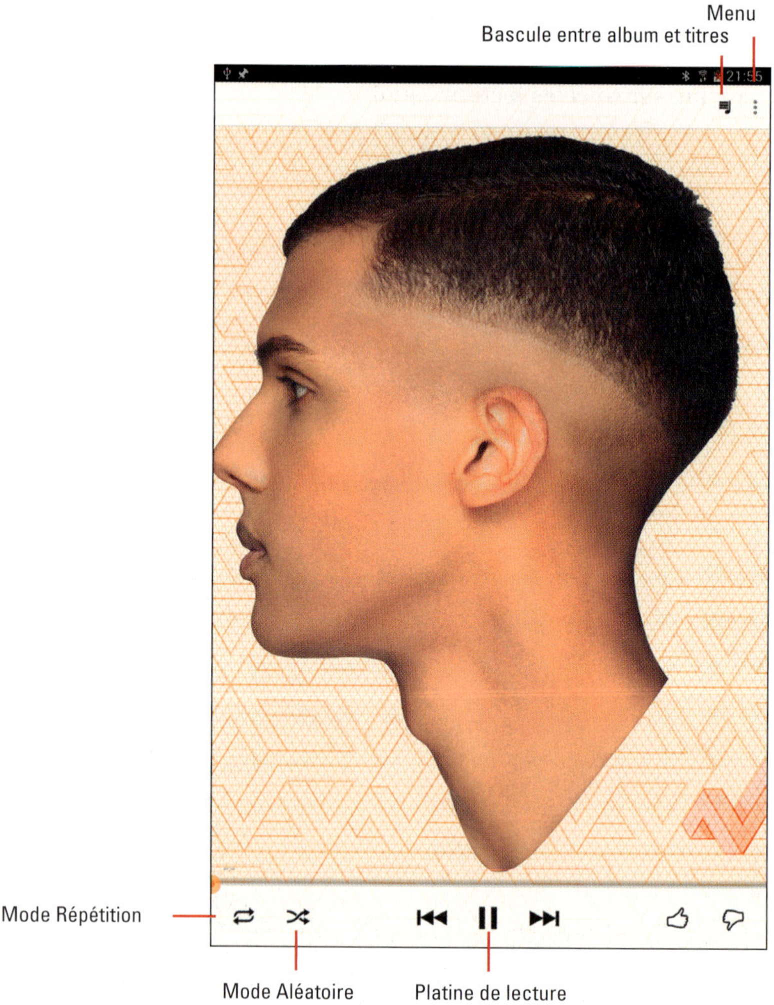

Figure 13.10 : Une platine MP3 sur votre tablette.

Vous disposez en bas de l'écran d'une série de boutons tout à fait classiques pour gérer votre heure musicale. En allant de gauche à droite :

- **Répétition :** relance en boucle la lecture du titre ou de la liste d'écoute.
- **Mode aléatoire :** joue au hasard les titres d'une liste de lecture.

- **Piste précédente :** joue le morceau précédent dans un album ou une liste de diffusion.
- **Jouer/Pause :** comme sur tous les lecteurs audio.
- **Piste suivante :** joue le morceau suivant dans un album ou une liste de diffusion.
- **J'aime/Je n'aime pas :** pour partager vos émotions, sur Google+ évidemment.

> Pour avancer ou reculer plus vite dans un morceau, faites glisser vers la gauche ou vers la droite la barre de couleur qui se trouve au-dessus de la rangée de boutons.

La lecture continue même si vous quittez Play Musique. Un bandeau supplémentaire apparaît alors dans la barre des notifications. Vous y retrouvez les boutons Précédent, Jouer/Pause et Suivant, et une croix pour arrêter. Touchez simplement le bandeau pour revenir à Play Musique.

> Lorsque votre tablette entre en veille, la diffusion musicale se poursuit, écran éteint. Ranimez-le pour afficher l'écran de verrouillage. Pour gérer directement la musique, il vous suffit de faire glisser vers le bas la barre des notifications (voir la Figure 13.11).

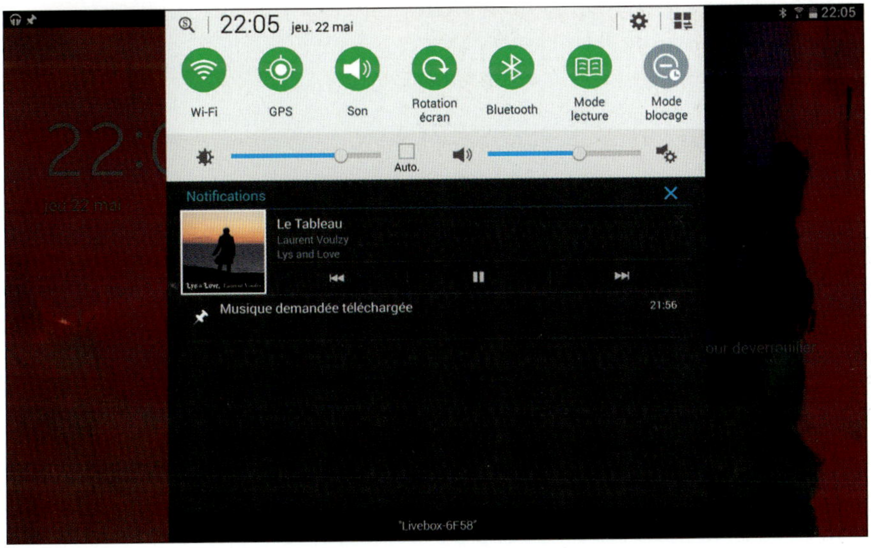

Figure 13.11 : La musique, c'est aussi depuis l'écran de verrouillage.

Pour basculer entre l'affichage plein écran du morceau courant et l'affichage des titres d'un disque ou d'une liste, touchez le bouton représentant une portée, en haut de l'écran. Il vous suffit alors de toucher le nom d'un autre titre pour changer de musique, ou encore de revenir au menu Ma bibliothèque pour passer à un autre album.

Pour améliorer la qualité de l'écoute, vous avez la possibilité d'activer un égaliseur audio. Pour cela :

1. Dans Play Musique, touchez le bouton de menu qui se trouve en haut et à gauche de l'écran. Choisissez ensuite l'option Paramètres.
2. Dans la liste des paramètres, touchez le bouton Égaliseur, puis Activé (pour le faire glisser sur la droite).
3. Choisissez un style prédéfini dans la liste disponible vers le haut et la gauche de la fenêtre (mais vous devrez brancher des écouteurs pour réellement en profiter), ou bien faites glisser les curseurs des fréquences pour régler les niveaux à votre convenance. Vous pouvez également demander à améliorer les basses et/ou la clarté, ou encore simuler un effet Surround (voir la Figure 13.12).

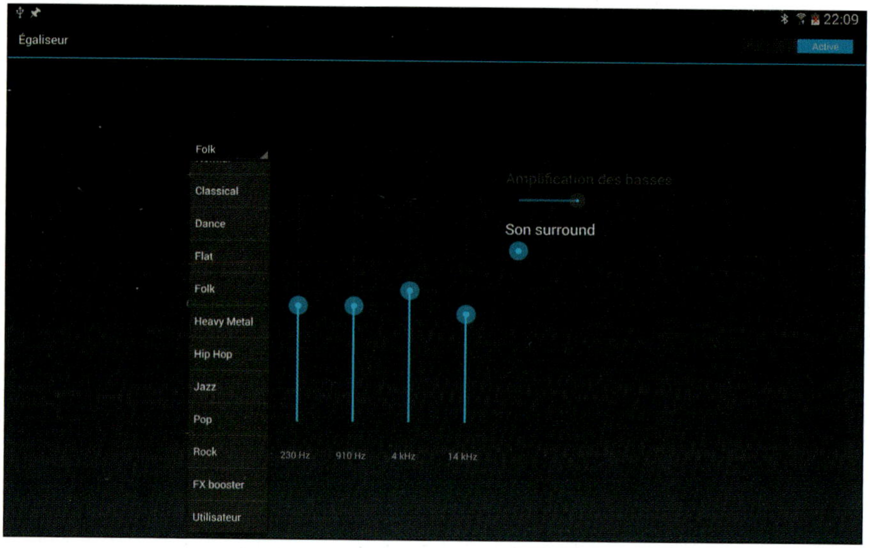

Figure 13.12 : Configurer l'égaliseur audio.

4. Quand vous êtes satisfait du résultat, touchez le bouton Retour de la tablette pour quitter les paramètres et revenir à l'écran principal de Play Musique.

> Si le résultat ne vous convient pas, il vous suffit d'ouvrir à nouveau l'égaliseur, puis de choisir un autre mode prédéfini ou bien de tout personnaliser avec l'option Utilisateur.

Créer et gérer des listes de lecture

Une liste de lecture, ou *playlist*, est un ensemble de titres provenant d'un ou plusieurs albums. Autrement dit, c'est ce qui vous permet de composer vos propres programmes musicaux.

> En plus des playlists, Play Musique vous propose aussi de créer des *mix* instantanés. Un mix, c'est une sorte de playlist automatique censée correspondre à vos préférences musicales. Personnellement, je préfère décider tout seul…

Pour créer ou compléter une playlist, le plus simple consiste à lancer l'écoute d'un titre. Touchez le bouton de menu situé sur la droite de l'écran, au-dessus du premier titre de l'album. Choisissez alors l'option Ajouter à une playlist.

> La même méthode s'applique à chaque titre individuel d'un album.

Si vous ne voulez pas ajouter tout ou partie du contenu d'un album, mais uniquement un titre, touchez le bandeau qui se trouve en bas de l'écran, puis le bouton de menu, en haut et à droite. Sélectionnez de même l'option Ajouter à une playlist.

> Vous noterez en passant que Play Musique vous propose un peu partout de découvrir les autres albums d'un artiste, et surtout de les acheter. Commerce oblige !

Il vous suffit alors soit de choisir une liste déjà existante, soit de toucher le bouton Nouvelle playlist (voir la Figure 13.13). Donnez un nom à celle-ci, ajoutez si nécessaire une description, puis validez en touchant le bouton Créer une playlist, et le tour est joué.

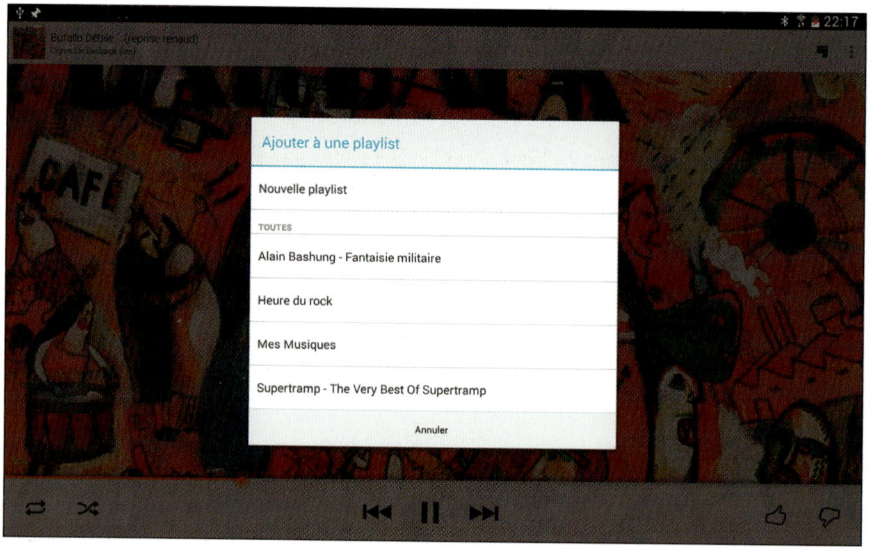

Figure 13.13 : Créer ou compléter une playlist.

> NOTE — Vous pouvez aussi enchaîner les morceaux sans passer par une playlist. Il vous suffit pour cela d'ouvrir un album, puis de choisir dans son menu (ou celui de titres individuels) l'option Ajouter à la file d'attente. Par défaut, votre sélection sera jouée dans l'ordre, mais ne sera pas mémorisée.

Et maintenant :

- **Pour écouter une liste de lecture :** ouvrez le menu principal de Play Musique et choisissez l'option Playlists. Touchez ensuite simplement le nom de la liste que vous voulez écouter.
- **Pour renommer une liste de lecture :** ouvrez la playlist. Touchez le bouton de menu qui se trouve à droite du nom de la playlist que vous voulez renommer. Choisissez l'option Modifier la playlist. Éditez le nom et/ou la description de la liste. Validez en touchant le bouton Enregistrer.
- **Pour supprimer une liste de lecture :** procédez comme ci-dessus, puis touchez le bouton de menu qui se trouve à droite du nom de la playlist que vous voulez effacer. Choisissez alors l'option Supprimer. Confirmez *via* le bouton OK.

- **Pour supprimer un titre d'une liste de lecture :** ouvrez la playlist. Localisez le titre à retirer, et touchez le bouton de menu placé à sa droite. Choisissez l'option Supprimer de la playlist.

> La suppression d'un titre d'une playlist se fait sans confirmation de votre part. En cas d'erreur, vous devrez reprendre la procédure d'ajout du morceau à votre liste.

Bien entendu, une chanson (ou un album entier) peut appartenir à plusieurs listes de lecture. Cette opération ne duplique pas physiquement les fichiers MP3. Vous ne faites que répertorier un ou plusieurs titres dans diverses listes de lecture.

> Tout ce que vous pouvez faire sur votre tablette est également possible sur votre ordinateur. Il vous suffit pour cela d'ouvrir Play Store dans votre navigateur Web (`play.google.com`). Connectez-vous avec votre compte Gmail, puis choisissez Successivement Musique et Ma musique. Vous allez alors retrouver votre bibliothèque ainsi que vos playlists personnelles et celles qui ont été créées automatiquement par Play Musique. Évidemment, tout est synchronisé via les ordinateurs de Google.

Vidéo, s'il vous plaît !

La vidéo, c'est d'abord l'affaire de la caméra de votre tablette Galaxy (voir le Chapitre 11). Bien. Ensuite, c'est aussi une question de commerce, puisque, en dehors du lecteur maison Vidéo, vous trouvez tout naturellement Play Films, qui est aux films ou aux séries télé ce que Play Musique est à la… musique.

> Dans le cas des films, il s'agit généralement de locations limitées dans le temps, plus rarement d'achats. Ne confondez cependant pas location effectuée sur un ordinateur, et location réalisée directement sur votre tablette ! L'une n'est pas forcément compatible avec l'autre. En particulier, Google vous propose les deux mondes, mais vous ne pourrez relire vos films qu'avec l'application maison Play Films.

Play Films fonctionne selon le même principe (très commercial !) que Play Musique. Il vous propose essentiellement deux options : les films que vous louez sur Play Store et les vidéos personnelles stockées dans la mémoire de la tablette, qu'elles soient prises avec la caméra de l'appareil ou transférées depuis votre ordinateur via le câble USB (voir la Figure 13.14). Choisissez ce que vous voulez faire dans l'un ou l'autre des deux menus qui vous sont proposés en haut de l'écran, à gauche et à droite de celui-ci.

Figure 13.14 : Play Films.

La lecture des vidéos louées sur Play Store se fait normalement via un module appelé Player. Vous disposez de contrôles extrêmement minimalistes : une ligne de temps sur laquelle vous pouvez faire glisser le curseur, et un mode Lecture/Pause qui apparaît quand vous touchez l'écran. Et c'est à peu près tout.

> NOTE : Entre Vidéo et Player que choisir ? Cela n'a pas grande importance avec les vidéos « normales », standard. En revanche, le lecteur vidéo de Samsung est incapable de relire certains formats que Player acceptera sans rechigner.

> NOTE : Les films peuvent être « punaisés », autrement dit téléchargés, exactement comme les titres musicaux dans Play Musique. La grande différence, c'est que vous risquez de saturer rapidement la mémoire de votre tablette Galaxy...

> Si vous choisissez de regarder une vidéo personnelle, vous êtes en fait renvoyé vers les applications déjà installées sur votre tablette. Autant dire que le passage par Play Films est totalement inutile…

> Évidemment, il est plus confortable de regarder une vidéo en tenant l'appareil horizontalement, en mode paysage.

> Le format vidéo préférentiel de Play Films, c'est le MP4. D'autres formats, classiques sur les appareils portables, comme le 3GP, sont également acceptés. En revanche, n'espérez rien du côté de la concurrence : pas de MOV, pas d'AVI et encore moins de MKV !

> Pour aller plus loin, c'est-à-dire pour diffuser réellement de la vidéo sur votre tablette, notamment en Wi-Fi, vous avez absolument besoin d'applications bien plus généralistes et évoluées que Play Films. Vous pouvez passer par l'application standard Mes fichiers pour accéder à vos contenus partagés (comme expliqué plus haut à la section « Accéder à la musique sans câble »).

C'est aussi une liseuse !

Votre tablette Galaxy est aussi livrée avec une autre application de la série des Play : Play Livres. C'est ce que l'on appelle un lecteur de livres électroniques (e-books), ou encore une *liseuse*.

- Play Livres est accompagnée de quelques livres gratuits pour que vous puissiez l'essayer. Si vous avez déjà acheté des livres sur Play Store, vous les retrouverez également sur votre tablette.
- Il y a les livres payants (hélas bien souvent à des prix comparables aux publications papier) mais aussi des livres gratuits, généralement des textes tombés dans le domaine public.
- Bien entendu, Play Livres est *aussi* une application Google qui a pour but de vous faire acheter des livres sur Play Store…

Utiliser Play Livres

Avant de vous lancer dans vos lectures avec Play Livres, vous devez, comme toujours, choisir le compte Gmail avec lequel doit s'effectuer la synchronisation de vos achats. Si nécessaire, touchez le bouton Menu de l'application et choisissez l'option Paramètres, puis Compte.

L'application organise vos livres dans une bibliothèque en suivant le même schéma que pour vos musiques (voir la Figure 13.15). Si vous revenez à Play Livres après une interruption, vous retrouverez directement la page que vous étiez en train de lire.

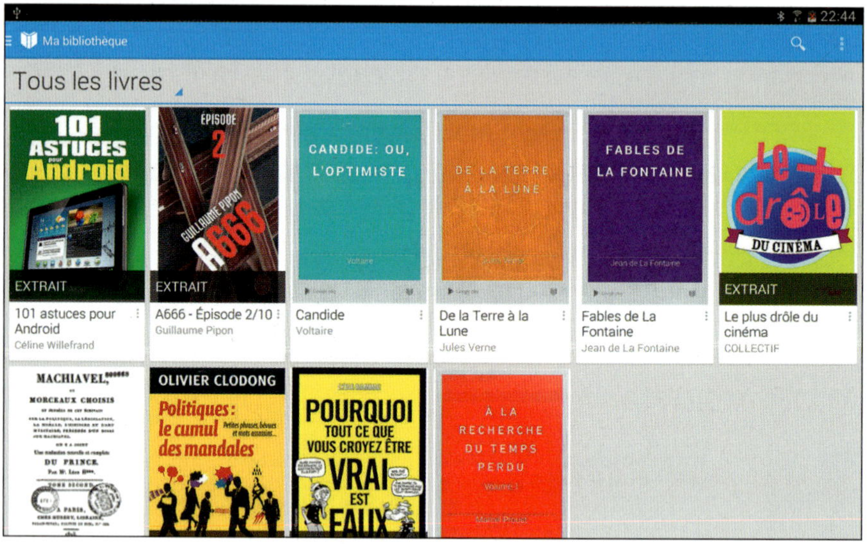

Figure 13.15 : La bibliothèque de Play Livres.

- Si vous ne retrouvez pas un livre que vous avez acheté ou chargé, touchez le bouton Menu, en haut et à droite de l'écran, et choisissez la commande Actualiser.
- La synchronisation vous permet de conserver des copies de vos livres version Google sur tous vos dispositifs Android, ainsi que sur la plate-forme Web Play Store (liens Livres puis Mes livres).

> NOTE — Comme pour les musiques et les films, vous avez aussi la possibilité de télécharger (« punaiser ») des livres.

Lire un livre électronique

Le livre que vous tenez entre vos mains est un *vrai* livre sur papier. L'expérience de lecture sur votre tablette ne devrait pas trop vous dépayser, même si, évidemment, les sensations physiques et le toucher sont très différents. Bien sûr, avec un véritable livre, vous pouvez lire en plein soleil et vous n'avez pas besoin de recharger la batterie pour terminer un roman…

Pour commencer votre lecture, ouvrez Play Livres et touchez la couverture d'un ouvrage présent dans votre bibliothèque. Si cela a déjà été fait, vous revenez tout simplement à la page courante. Sinon, c'est la première page qui s'affiche. La Figure 13.16 illustre les opérations de base proposées par l'application Play Livres. Pour tourner les pages, vous pouvez au choix toucher le bord droit ou gauche de l'écran, ou encore balayer celui-ci de droite à gauche ou de gauche à droite. Dans le premier cas, vous passez à la page suivante. Dans le second, vous revenez en arrière.

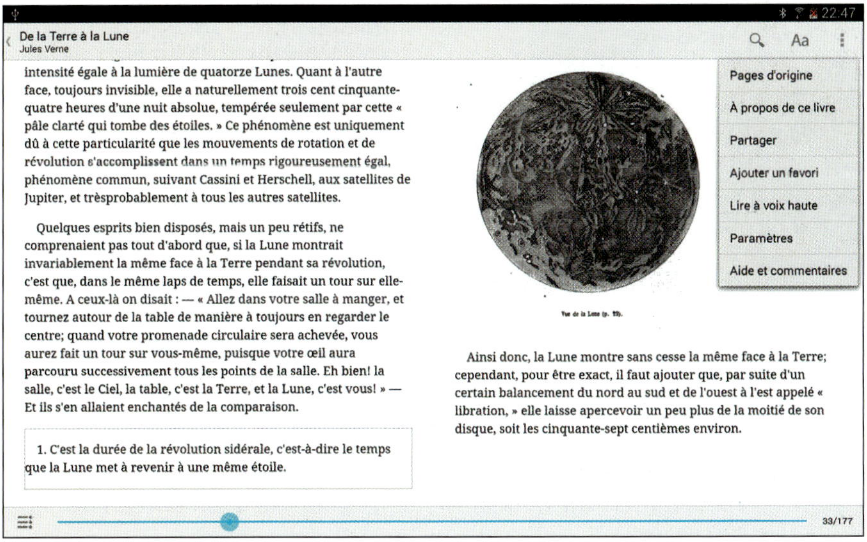

Figure 13.16 : Lire un livre électronique dans Play Livres.

- Play Livres peut s'utiliser horizontalement comme verticalement. Mais ce n'est pas forcément plus intéressant.
- Tapotez plusieurs fois sur l'écran pour grossir ou réduire la taille du texte.

- Play Livres offre une expérience de lecture dite *immersive*. En bon français, cela signifie que la page s'affiche sur la totalité de l'écran. Touchez l'écran vers le centre pour réafficher ou masquer les contrôles et le menu de l'application.
- Servez-vous de la barre de défilement, en bas de l'écran pour accéder rapidement à une certaine page du livre.
- Servez-vous du bouton situé à gauche de la barre de défilement pour choisir un chapitre du livre, un favori ou encore une note.
- Pour créer une note, faites un appui long sur le texte affiché. Effectuez ensuite votre sélection comme dans un message ou une page Web, puis touchez le bouton marqué d'un signe « + » et saisissez votre commentaire. Cette méthode permet également de surligner un passage, de le copier, de le traduire dans une autre langue, ou encore de rechercher la sélection sur le Web (voir la Figure 13.17).

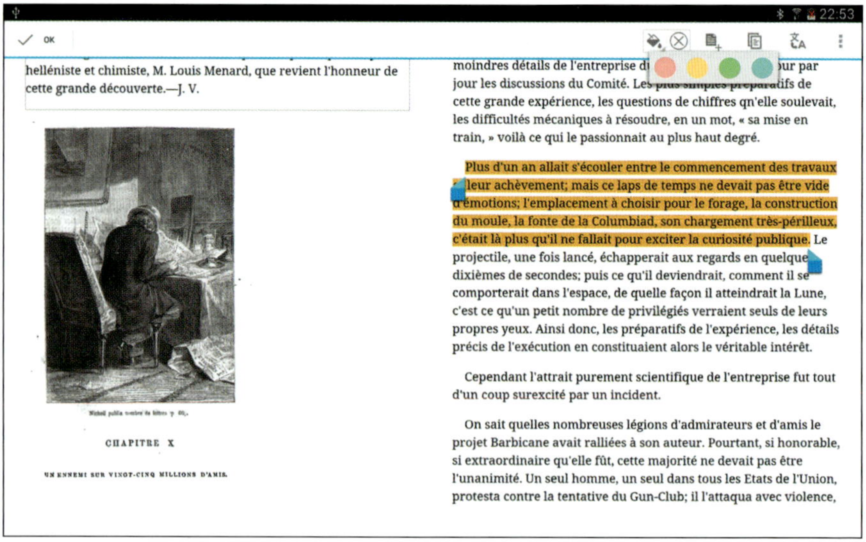

Figure 13.17 : Annoter un livre.

- L'option Texte flottant/Pages d'origine du menu bascule entre un affichage « lisible » et l'image scannée du livre original.
- Avec la commande Paramètres du menu, vous pouvez opter entre différentes options de lecture.

> Bien. La lecture à voix haute, cela peut être utile pour certaines personnes. Mais la voix de Mme Google, c'est à peu près comme dans l'application de navigation. Il faut vraiment en avoir envie pour l'écouter. Mais si vous en avez besoin, vous n'avez pas d'autre alternative.

- Pour revenir à la bibliothèque, touchez le bouton Retour une fois votre lecture terminée.

Chapitre 14

Des outils à votre service

Dans ce chapitre :

- Configurer la date et l'heure
- Un écran plus éclatant ?
- Personnaliser la barre des notifications
- Mettre en veille, mais intelligemment
- L'heure du divertissement
- Des appels plus personnels
- Changer de sonnerie (et régler son volume)
- Un réveil à portée de main
- Bloquer les sons !

La plupart des gadgets sont conçus pour simplifier la vie. Le robot ménager coupe, broie, mixte des légumes, mais ne joue pas de musique ; la tondeuse à gazon est utile pour couper l'herbe, mais ne vous donnera jamais l'heure ; un tuba vous permettra de faire de la musique, mais en aucun cas de sécher vos cheveux. Tout cela coule de source, parce que nous acceptons les limites des appareils conçus dans un but précis.

Votre tablette Galaxy est multitâche. Ses capacités sont limitées par les applications qui y sont installées, donc celles qui sont déjà présentes lorsque vous la mettez en service ou celles que vous chargerez plus tard. Cette multitude de choix vous permet de saisir l'étendue de ses capacités ou tout simplement de les utiliser pour faire de votre tablette un appareil polyvalent.

Nous avons déjà vu depuis le début de ce livre bon nombre d'utilisations potentielles de votre tablette Galaxy : communiquer, surfer, photographier, écouter de la musique, lire, et ainsi de suite.

Dans ce court chapitre, nous allons nous intéresser à quelques applications ou réglages maison. Nous reviendrons ensuite bien plus longuement sur tout ce que vous pouvez faire avec votre tablette : installer des tas d'autres applications gratuites ou payantes grâce à Play Store (voir le Chapitre 15), gérer votre agenda et les événements de votre vie (voir le Chapitre 16), et ce n'est pas fini !

Configurer la date et l'heure

Normalement, votre tablette Galaxy ne devrait pas avoir besoin de vous pour connaître la date et l'heure courantes. Mais vous pourriez tout de même avoir à effectuer vous-même ce réglage, soit parce qu'un décalage s'est produit, soit parce que, par exemple, vous changez de fuseau horaire.

> NOTE
>
> Nombre de services et d'applications fonctionneront mieux si la date et l'heure sont correctement définies. Cela va de la messagerie, de votre agenda, des outils de localisation et de navigation, jusqu'à l'appareil photo (les clichés mémorisent ces informations), etc.

Pour régler correctement la date et l'heure, suivez ces étapes :

1. Ouvrez l'application Paramètres.
2. Sous l'onglet Général, repérez la ligne Date et heure. Touchez-la.
3. Si vous avez constaté un décalage anormal, servez-vous des options Définir la date et Définir l'heure pour ajuster ces valeurs (voir la Figure 14.1).

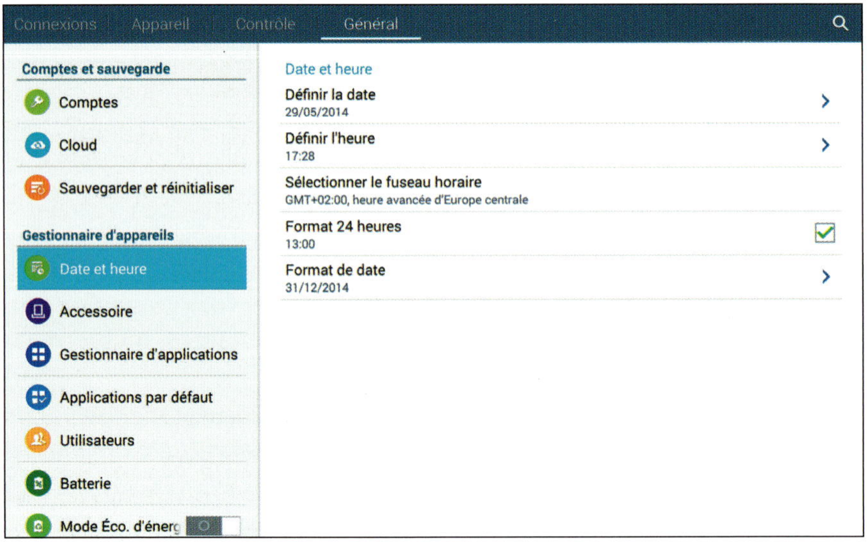

Figure 14.1 : Régler la date et l'heure.

4. Configurez à votre convenance les options de fuseau horaire et de format d'affichage.

5. Quand vous avez terminé, touchez le bouton Retour de la tablette pour quitter les paramètres.

Un écran plus éclatant ?

Comme tous les appareils de ce type, la tablette Galaxy a peut-être tendance à saturer un peu trop les couleurs. Mais ce n'est pas un vrai défaut, car cela permet d'obtenir des images saturées, même en pleine lumière. Si vous souhaitez tout de même modifier la manière dont votre tablette réagit à la lumière, ou le mode d'affichage des couleurs, vous disposez de plusieurs options :

1. Ouvrez l'application Paramètres.
2. Activez l'onglet Appareil, puis touchez la ligne Affichage.
3. Touchez l'option Mode d'écran et sélectionnez une « couleur » d'affichage plus ou moins neutre ou saturée (voir la Figure 14.2). Touchez ensuite le bouton OK.

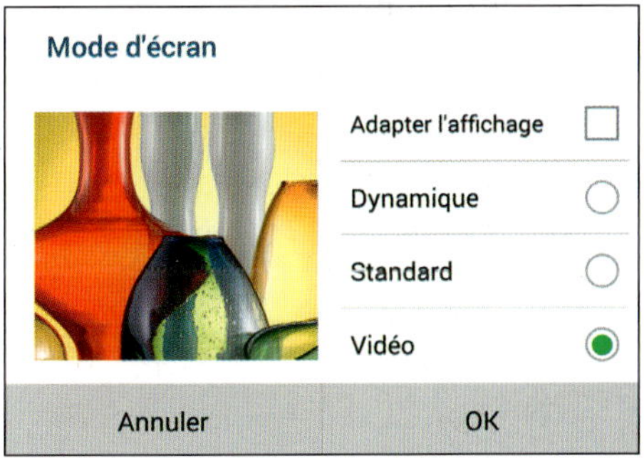

Figure 14.2 : Ajuster les paramètres d'affichage.

4. Touchez ensuite l'option Luminosité. Faites glisser le petit curseur pour obtenir le niveau de clarté qui vous convient le mieux (voyez la partie droite de la Figure 14.3).

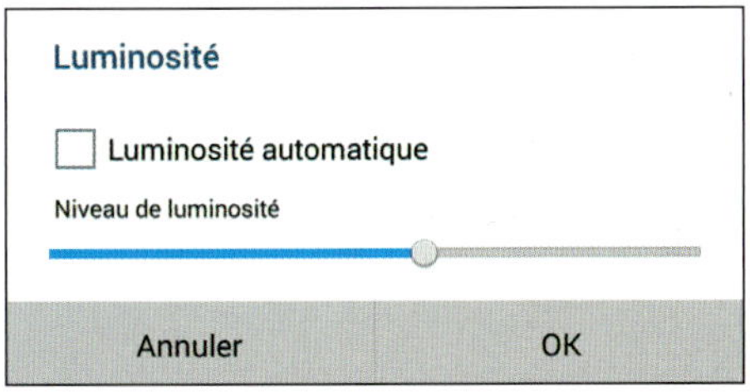

Figure 14.3 : Régler la luminosité de l'écran.

Si vous cochez la case Luminosité automatique, vous laissez l'appareil décider de lui-même. Cependant, cela produit un affichage bien trop sombre, du moins à mon goût.

La luminosité peut aussi être réglée en déroulant la barre des notifications.

5. Modifiez si vous le souhaitez les autres paramètres d'affichage à votre convenance.

   Toujours sous l'onglet Appareil, notez en particulier l'option Police qui vous permet de changer le style et la taille des caractères affichés à l'écran (voir la Figure 14.4). Sauf à avoir une vue très perçante ou bien très basse, je vous conseille d'éviter les polices de caractères exotiques et les tailles extrêmes.

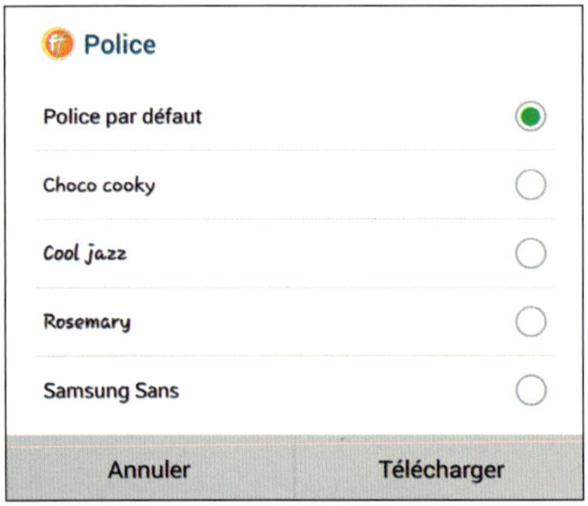

Figure 14.4 : Personnaliser l'affichage du texte.

6. Appuyez sur le bouton Retour de la tablette pour quitter l'application Paramètres.

Personnaliser la barre des notifications

Tant que vous êtes dans les options d'affichage, vous pouvez aussi, si vous le souhaitez, adapter les paramètres qu'il est possible de régler dans la barre des notifications (souvenez-vous : vous l'ouvrez en faisant glisser vers le bas le bandeau affiché en haut de l'écran).

1. Faites glisser vers le bas la barre des notifications, puis touchez le bouton qui se trouve en haut et à droite, tout près de la roue dentée.

> Vous pouvez aussi passer par l'option Volet des raccourcis de l'application Paramètres, mais c'est plus long.

2. Pour accéder directement à l'activation ou à la désactivation d'une des fonctions proposées, touchez simplement l'icône correspondante (voir la Figure 14.5). Un appui long sur une icône ouvre la page de configuration de cette fonctionnalité.

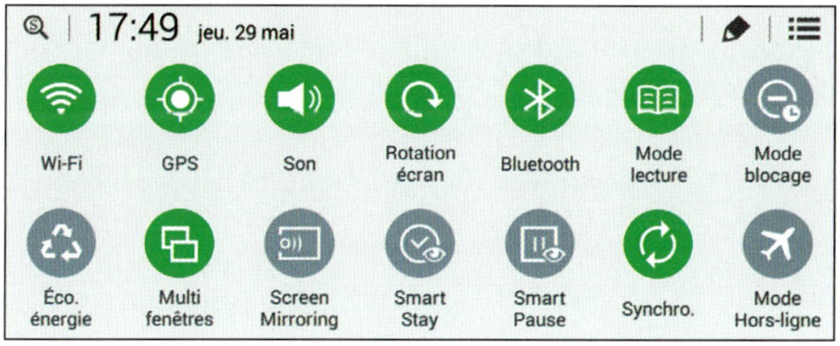

Figure 14.5 : La barre des notifications et ses raccourcis.

3. Pour modifier l'organisation du volet des raccourcis, touchez l'icône qui représente un crayon. La page de configuration illustrée sur la Figure 14.6 va apparaître.

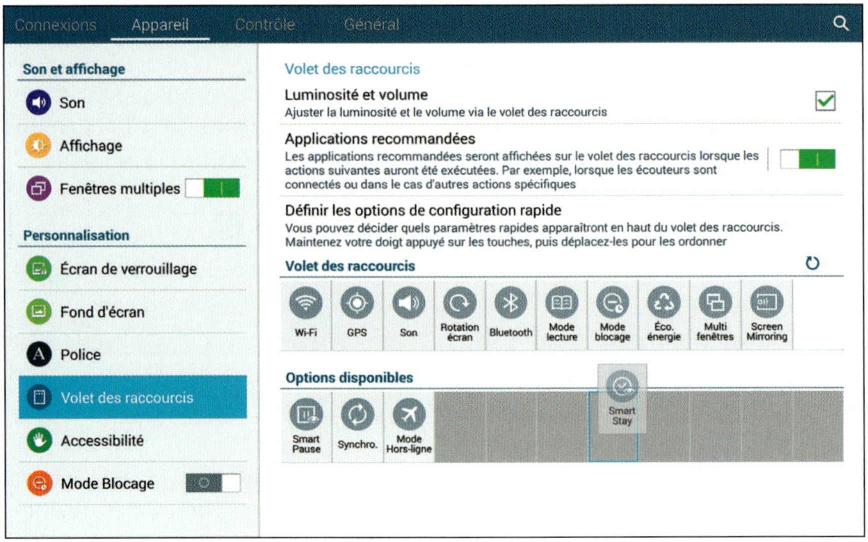

Figure 14.6 : Personnaliser les raccourcis.

4 Il vous suffit maintenant de faire un appui long sur une icône puis de la faire glisser vers son nouvel emplacement.

> NOTE : Pour retrouver le volet des raccourcis d'origine, touchez le bouton Réinitialiser.

Vous pouvez également personnaliser la liste des applications dites recommandées, c'est-à-dire celles qui vont automatiquement s'infiltrer dans la barre des notifications lorsque certaines circonstances se produisent, en particulier lorsque vous branchez des écouteurs sur votre tablette Galaxy. Pour cela :

5 Dans la page Volet des raccourcis, activez si nécessaire l'option Applications recommandées en basculant le gros bouton affiché à droite de cette ligne. Touchez ensuite ce champ, puis le symbole de crayon. Il ne vous reste plus qu'à cocher ou décocher ce qui vous intéresse ou non dans la liste des applications installées sur votre tablette Galaxy, par exemple pour éliminer YouTube, pour choisir un autre lecteur musical ou vidéo, et ainsi de suite (voir la Figure 14.7). Touchez le bouton OK quand vous avez terminé.

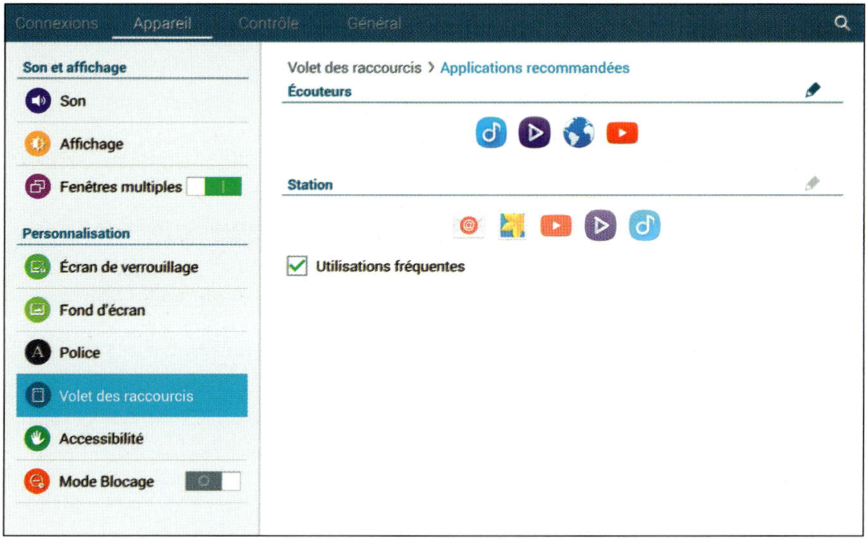

Figure 14.7 : Configurer les applications recommandées.

6. Appuyez sur le bouton Retour de la tablette pour revenir à l'écran d'accueil.

Mettre en veille, mais intelligemment

Pour économiser sa batterie, votre tablette Galaxy se met automatiquement en veille au bout d'un *certain* temps. *Certain*, c'est combien ? À vous de choisir :

1. Ouvrez à nouveau l'application Paramètres, puis choisissez Affichage sous l'onglet Appareil, et enfin l'option Mise en veille de l'écran.
2. Touchez la ligne qui correspond au délai qui vous convient le mieux. Ce délai peut aller de 15 secondes à 30 minutes. Personnellement, une minute ou deux me conviennent très bien.
3. Tant que vous y êtes, vous pouvez (ou non) activer dans la page Contrôle les modes appelés Smart Screen. Avec l'option Smart Stay, la tablette Galaxy (ou plutôt sa caméra frontale) vous surveille. Si elle constate que vous la regardez droit dans les yeux, elle le perçoit et, du coup, ne se met pas en veille. Très fort !

La veille intelligente s'accompagne de deux autres options dites intelligentes. Smart Rotation est censée gérer la rotation de l'écran en surveillant les positions relatives de votre visage et de l'appareil. Smart Pause suspend la diffusion d'une vidéo si vous ne la regardez plus. Bon. C'est vous qui voyez…

4. Appuyez sur le bouton Retour de la tablette pour quitter l'application Paramètres.

Les options de contrôle des mouvements proposent encore d'autres réglages que vous pouvez explorer à loisir. Sont-ils réellement utiles à l'usage ? C'est à vous d'en juger.

Changer de sonnerie (et régler son volume)

La tablette se met à sonner… Oui, mais comment ? Trop fort ? Désagréablement ? Voyons donc cela de plus près :

1. Ouvrez l'application Paramètres.
2. Sous l'onglet Appareil, touchez l'option Son.
3. Commencez par l'option Volume. Vous pouvez ici jouer des curseurs pour régler à votre convenance le niveau sonore par défaut de la musique, de la sonnerie des notifications et du système (voir la Figure 14.8). Touchez le bouton OK pour confirmer.

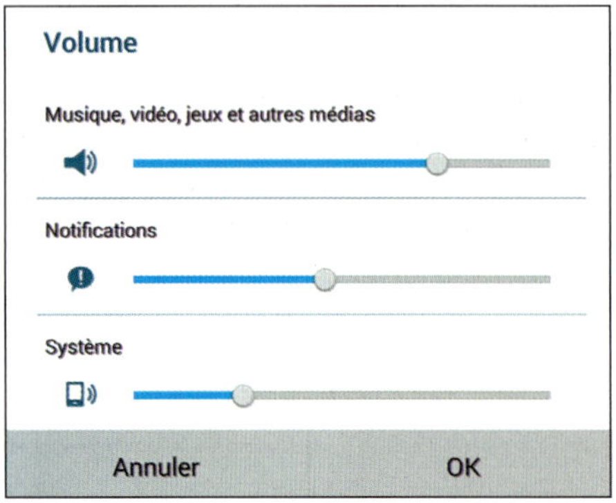

Figure 14.8 : Configurer les options sonores.

> Par défaut, ces réglages sont également accessibles depuis la barre des notifications.

4. Touchez maintenant l'option Son de notif. par défaut. Choisissez le thème qui vous convient le mieux puis touchez le bouton OK (voyez la partie droite de la Figure 14.9).

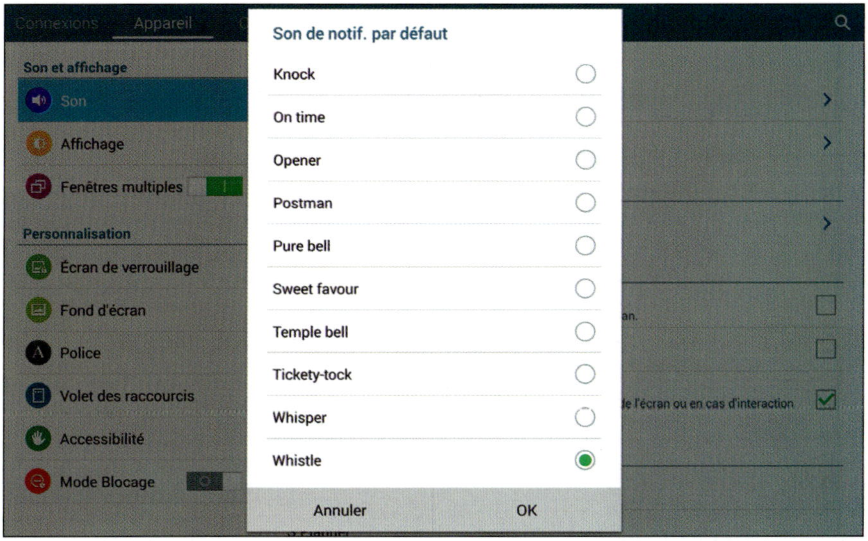

Figure 14.9 : Choisir le son des notifications.

Vous avez la possibilité de ne *pas* faire sonner la tablette avec le thème Discret.

> Il n'est pas impossible de personnaliser vos sonneries en sélectionnant un fichier MP3 (de préférence) enregistré sur la tablette. Pour cela, vous devrez vous servir de l'application Mes fichiers (ou d'une autre) pour copier votre ou vos fichiers au bon emplacement. Suivez cette chaîne de dossiers : Device storage, media, audio et enfin notifications. Bon courage !

Voyez dans cette page quelles autres options vous souhaitez personnaliser, notamment pour le bruit des touches, la personnalisation des notifications pour certaines applications, et ainsi de suite. Alors que la plupart des paramètres sont généralement définis une fois pour toutes, vous risquez de revenir plus souvent à cette page d'options en fonction des circonstances, ou simplement suite à une envie de changement… ou à un changement d'avis.

Un réveil à portée de main

Tous les téléphones actuels ont une fonction du genre alarme ou réveil… et les tablettes aussi. Votre Galaxy ne manque évidemment pas à l'appel. Voyons donc comment elle peut vous aider à vous réveiller le matin, ou à vous rappeler un rendez-vous important.

Suivez ces étapes :

1. Touchez le bouton Applications, puis l'icône Alarme.

> NOTE : Vous ne la voyez pas ? Ouvrez le dossier Samsung pour la révéler.

   Vous pouvez bien entendu faire glisser l'application Alarme sur une page de votre écran d'accueil.

2. Touchez le bouton « + » pour créer une nouvelle alarme (voir la Figure 14.10).

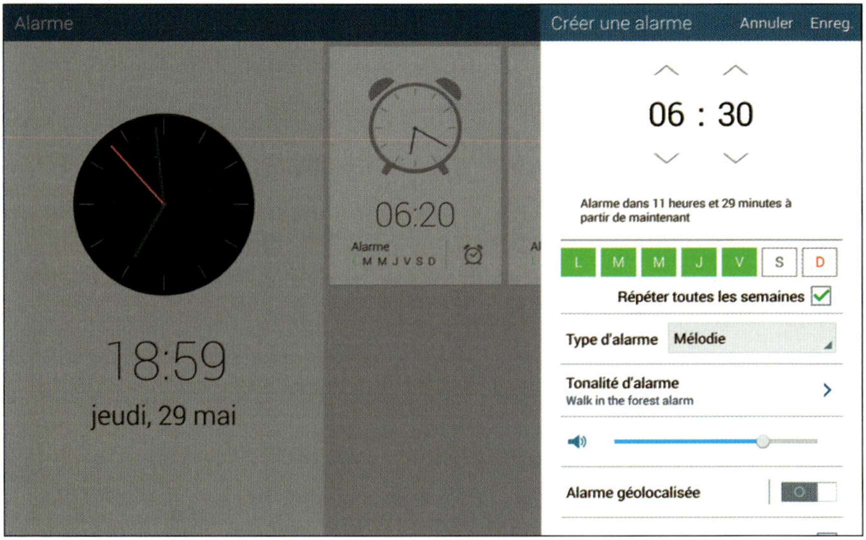

Figure 14.10 : Créer une alarme.

3. Définissez l'heure de l'alarme en faisant défiler les chiffres à l'aide des petites flèches, ou tout simplement en touchant le chiffre des heures pour afficher un clavier numérique.

4. Choisissez le cas échéant les jours où l'alarme doit se déclencher en touchant les lettres correspondantes, comme sur la Figure 14.10 où le réveil sonnera à 6 heures 30 du matin du lundi au vendredi.

5. Choisissez les autres options de l'alarme :

   – **Répéter toutes les semaines :** si cette case n'est pas cochée, l'alarme se déclenchera une seule fois à l'heure dite.

   – **Type d'alarme :** c'est le son, plus éventuellement une vibration. Vous avez l'habitude de glisser votre tablette sous votre oreiller, vous ? Pas moi.

   – **Tonalité d'alarme :** choisissez une musique pour vous réveiller, exactement comme pour la sonnerie des notifications.

   – **Niveau sonore :** faites glisser le curseur à la position voulue.

   – **Alarme géolocalisée :** pour ajuster l'horloge si vous franchissez un fuseau horaire.

   – **Répéter :** définissez avec cette option si l'alarme doit être répétée plusieurs fois, et selon quel intervalle. N'oubliez pas là non plus de valider vos choix et de rendre l'option active.

   – **Alarme intelligente :** décidément, l'intelligence de votre tablette Galaxy se loge partout ! En fait, cette « intelligence » consiste surtout à choisir un intervalle ainsi qu'une mélodie (non personnalisable) pour déclencher une alarme dont le volume sonore augmentera progressivement. C'est sans doute destiné à ceux qui veulent se réveiller « intelligemment », c'est-à-dire en douceur…

   – **Nom :** il ne vous reste plus qu'à donner un nom (assez concis) à votre alarme à l'aide du clavier virtuel.

6. Quand vous avez terminé, touchez le bouton Enreg.

Votre alarme est maintenant opérationnelle.

- Pour éditer une alarme, touchez la vignette correspondante.
- Pour effacer une alarme, faites un appui long sur la vignette qui lui est associée dans l'application Alarme. Vérifiez que c'est bien la bonne alarme qui est cochée, puis touchez l'icône de corbeille.

- Pour activer ou désactiver une alarme, touchez l'icône de réveil, à sa droite et en bas.

> NOTE
> Lorsqu'une alarme est activée, un petit symbole de réveil apparaît vers la droite de la barre des notifications.

- Vous pouvez bien entendu créer de multiples alarmes.
- Votre tablette Galaxy vous propose également une horloge mondiale, toujours dans le dossier Samsung. Touchez le bouton « + » et choisissez une ville dans la liste, comme sur la Figure 14.11.

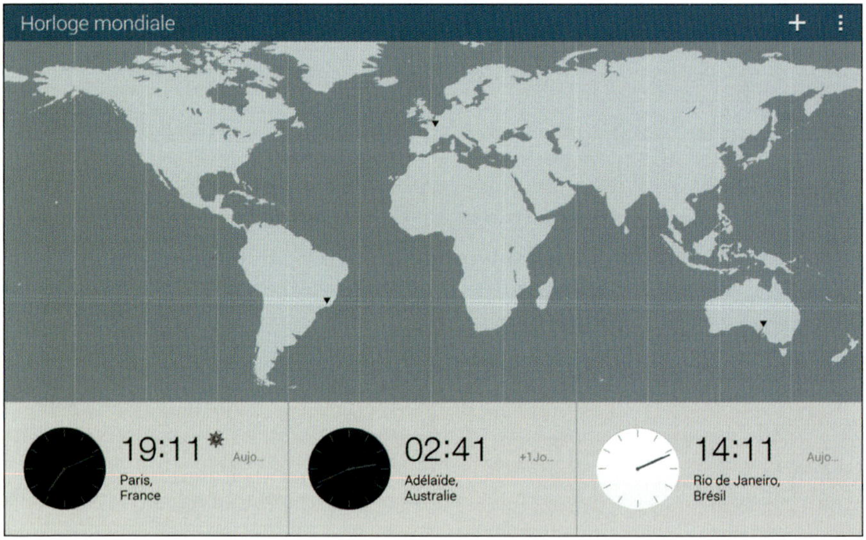

Figure 14.11 : Quelle heure est-il ailleurs dans le monde ?

- L'horloge interne de la tablette a beau battre en permanence, inutile d'espérer être réveillé à l'heure si elle est éteinte ou déchargée !

Bloquez-les tous !

Quoi de plus désagréable que d'être dérangé en pleine réunion par l'appel d'un inopportun ? Pour éviter cela, votre tablette Galaxy vous propose une option spécifique appelée le Mode Blocage :

1. Ouvrez l'application Paramètres, puis touchez l'option Mode Blocage (sous l'onglet Appareil). Commencez par rendre actif ce mode en touchant le bouton qui se trouve à sa droite pour qu'il devienne vert (sinon, les paramètres ne sont pas accessibles). Vous voyez s'afficher une liste de réglages regroupés en deux catégories :

   – **Fonctions :** cochez ou décochez les cases des types de signaux qui seront ou non bloqués (notifications et alarmes).

   – **Définir l'heure :** vous avez le choix entre un blocage systématique (Toujours) ou pendant une certaine plage horaire (la nuit ou encore pendant une réunion très importante).

2. Quand vous avez terminé, touchez le bouton Retour de la tablette pour quitter l'application.

3. Pour activer ou désactiver ce mode à tout instant, déroulez la barre des notifications puis touchez le bouton Mode blocage.

Votre tranquillité est assurée !

L'heure du divertissement

L'une des meilleures façons de placer des gadgets coûteux et high-tech est de proposer des jeux. Ne pensez même pas que vous avez trop de travail et d'affaires importantes à traiter avec votre tablette Galaxy. Plus on est soucieux, plus on a besoin de se détendre. Alors accordez-vous un moment de répit.

Et si on jouait ?

Hélas, votre tablette n'inclut pas de jeux préinstallés. Vous devrez donc partir en quête sur Play Store tout comme n'importe quel autre client du royaume Android.

> NOTE
>
> Reportez-vous au Chapitre 15 pour en savoir plus sur les jeux proposés dans le Play Store. Vous pouvez aussi passer par l'appli Play Games de l'écran Applis (l'appli Play Games est aussi dans le dossier Google).

- Il existe généralement des versions gratuites ou « lite » de jeux très populaires. Avant de dépenser vos 99 centimes d'économie, pensez à tester d'abord ces versions gratuites.

- De nombreux jeux prétendument gratuits sont en réalité payants dès lors que vous voulez accéder à des niveaux supérieurs, vous doter d'armes plus performantes, vivre une nouvelle vie, etc.
- Inutile de citer des noms pour penser à certains jeux qui font fureur sur les réseaux… Et qui dit réseau dit communication, donc Wi-Fi.
- L'écran de la tablette, c'est parfait. Mais celui du téléviseur, c'est encore mieux. Pour transformer votre tablette en console, il existe des solutions peu coûteuses, comme les clés EZCast ou Chromecast de Google.

YouTube

YouTube est le phénomène Internet qui voudrait prouver que la vraie vie est tout aussi ennuyeuse que la télévision. Quoi qu'il en soit, vous pouvez visualiser les dernières vidéos sur YouTube ou y contribuer en utilisant l'application YouTube sur votre tablette Galaxy.

YouTube, filiale de Google, est bien évidemment présent dans la liste des applications préinstallées.

L'application YouTube affiche par exemple des suggestions de chaînes auxquelles vous pouvez vous abonner, ce qui vous permet de suivre vos sujets préférés ou des fournisseurs de contenu de YouTube (voir la Figure 14.12).

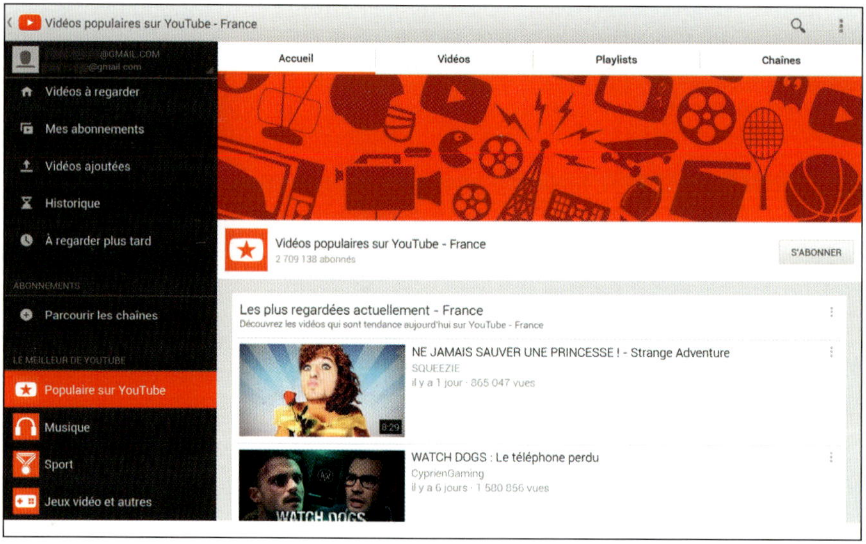

Figure 14.12 : YouTube, une galaxie de vidéos en tous genres.

- Recherchez des vidéos en touchant l'icône de loupe. Saisissez le nom de la vidéo, un sujet ou tout autre critère de recherche. Il y a des millions de vidéos en ligne !
- Quand vous lancez une vidéo, touchez le lecteur, puis le bouton en forme de double flèche, en bas et à droite, pour passer en mode plein écran. La même manipulation renvoie à la fenêtre normale.
- Choisissez l'orientation horizontale pour regarder des vidéos sur un écran plus large.
- Faites glisser une vidéo sur le côté pour l'afficher dans une fenêtre d'incrustation sur votre écran. Faites glisser cette fenêtre vers le haut pour revenir à la normale, ou vers la gauche pour l'arrêter.
- Comme vous avez un compte Google, vous avez aussi un compte YouTube. Je vous conseille de vous connecter avec ce compte quand vous vous servez de YouTube. Touchez le bouton Menu et sélectionnez la commande Connexion si vous ne voyez pas apparaître d'informations sur votre compte.
- Toutes les vidéos YouTube ne sont pas disponibles pour les appareils mobiles.
- Certaines chaînes ou vidéos sont payantes.
- Si vous possédez par exemple une clé Chromecast (de Google !), vous pourrez projeter vos vidéos YouTube préférées sur votre téléviseur.

Chapitre 15

Play Store, un monde d'applications

Dans ce chapitre :

- À l'assaut de Google Play Store
- Une caverne d'Ali Baba
- Télécharger et installer des applications sur Play Store
- Désinstaller des applications
- Réinstaller des applications
- Et les marchés parallèles ?

L'une des choses qui rendent les appareils Samsung (comme tous les systèmes fondés sur la plate-forme Android de Google) si différents des autres, c'est que vous pouvez installer des tas et des tas d'applications en plus de celles qui sont fournies avec l'appareil. Il existe d'incroyables quantités d'applications susceptibles de venir compléter la panoplie de votre tablette Galaxy Tab ou Note, et ce nombre est en constante progression.

On estime aujourd'hui à plus d'un million (1.000.000 !) le nombre de ces applications, dont une très forte proportion de jeux, et ce chiffre évolue chaque jour.

Le point d'entrée de cette nébuleuse, c'est Play Store. Nous allons le découvrir dans ce chapitre et apprendre à l'apprivoiser. Je vous montrerai également comment rechercher et télécharger des applications, les installer, mais aussi les désinstaller si vous n'en avez plus besoin, les réinstaller si vous changez d'idée, ou encore comment les transférer sur un autre appareil Android.

Play Store et les applications Android

Ajouter une nouvelle application sur votre tablette, c'est à peu près comme installer un programme sur votre ordinateur. Dans les deux cas, une nouvelle application (ou logiciel) vous permet d'être plus productif, vous aide à faire quelque chose, ou bien encore participe à rendre votre vie plus amusante. Parfois, c'est gratuit, et d'autres fois payant.

> Il y a gratuit et gratuit. Bien souvent, un même développeur propose deux versions de son application. L'une est gratuite, mais avec des bandeaux publicitaires ou des fonctionnalités réduites. L'autre, complète et sans publicité, est bien sûr payante.

Avant tout, quelques notions de base pourraient bien vous être utiles :

- **Les applications Android doivent être plus fiables que leurs équivalents sur ordinateur.** Elles présentent en effet potentiellement plus de risques de « planter » l'appareil (ce qui pourrait vous empêcher tout simplement de l'utiliser). Sur un ordinateur, il suffit généralement de désinstaller complètement un programme qui se bloque. Sous Android, le mal est peut-être déjà fait…

> Vous pourriez être tenté de charger « gratuitement » une application payante en vous rendant sur une boutique « parallèle ». Danger ! Bien trop souvent, ce que vous pensiez naïvement être une version débridée se révèle en fait être un intrus mal intentionné qui va tenter de pirater vos données personnelles, voire de ruiner votre système. On estime que le système Android, parce qu'il est assez libre, concentre aujourd'hui environ 80 % des attaques malveillantes. Ne jouez pas avec la santé de votre tablette Galaxy ! Après tout, les applications Android sont massivement très abordables. Pourquoi chipoter à un ou deux euros près quand on a la chance de posséder un appareil haut de gamme ?

- **Il existe de multiples plates-formes pour les systèmes mobiles.** De nos jours, on peut supposer sans se tromper qu'un certain logiciel fonctionnera comme il faut sur un PC, sur un Mac, voire sur les deux. En revanche, les tablettes, les smartphones et les *phablettes* sont d'une incroyable variété. Play Store devrait (normalement) vous assurer qu'une application que vous achetez en ligne fonctionnera sur votre tablette Galaxy. Sinon, soit il ne vous la proposera tout simplement pas, soit il vous indiquera qu'elle n'est pas compatible avec votre appareil.

Le système Android est beaucoup plus ouvert que celui d'Apple ou de Microsoft. Cela entraîne en même temps une plus grande liberté pour les programmeurs. C'est pourquoi les retours, appréciations et commentaires des utilisateurs, donc vous aussi, sont extrêmement importants.

Ne dites pas abracadabra, mais Play Store !

La façon la plus simple d'accéder à Play Store, c'est d'activer l'application Play Store qui est préinstallée sur votre tablette Galaxy. Normalement, l'icône correspondante se trouve sur l'écran d'accueil (voir la Figure 15.1). Sinon, faites simplement glisser celui-ci vers la droite ou vers la gauche pour la localiser. À défaut, recherchez-la dans la liste de vos applications.

Figure 15.1 : L'icône de Play Store.

Dès que vous touchez l'icône Play Store, vous voyez s'afficher un écran semblable à celui de la Figure 15.2.

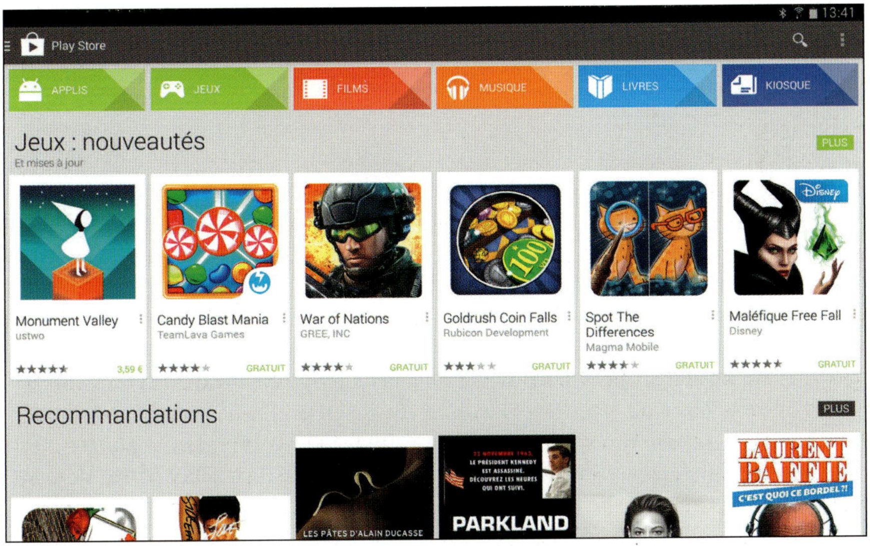

Figure 15.2 : La page d'accueil de Play Store.

Cette page d'accueil est régulièrement mise à jour en fonction de l'arrivage de nouveautés, de l'évolution des téléchargements et des ventes, ou tout simplement de ce que Google veut promouvoir. Vous pouvez voir six catégories : Applications, Jeux, Films, Musique, Livres et Kiosque. Ce sont les deux premières qui nous intéressent ici. Touchez le premier lien. Vous pouvez constater très vite que, au-delà de la vitrine régulièrement actualisée, les applications sont réparties en une série de groupes, à commencer par les nouveautés et les recommandations. Les autres dépendent des choix de Google, mais aussi de ce qu'il va apprendre sur vous afin de vous proposer par exemple des applications de la même veine que celles que vous aurez déjà installées. Donc, chaque utilisateur d'Android va avoir droit à des propositions adaptées à ses pratiques courantes.

Faites défiler l'écran vers le bas pour découvrir d'autres rubriques qui, des applications dites utiles aux coups de cœur préfabriqués, ne sont qu'une manière de plus de vous allécher. Pour développer le contenu d'une catégorie, touchez le bouton Plus qui lui est associé.

Révisez votre compte Gmail !

Vous avez déjà une adresse de messagerie. En réalité, vous en avez probablement plusieurs. Mais si vous voulez effectuer des téléchargements et des achats sur Play Store, il vous *faut* une adresse Gmail. Sinon, Play Store vous demandera d'en créer une lorsque vous voudrez télécharger et installer votre première application.

NOTE

De toute manière, vous avez déjà configuré votre compte Gmail lors de la mise en service de votre tablette Galaxy. Non ? Alors il est grand temps de le faire, car sans lui, pas d'accès à Play Store. Indispensable, et même utile pour pouvoir synchroniser automatiquement agenda, contacts et autres informations, y compris la liste des applications que vous téléchargez !

NOTE

Pour créer un nouveau compte Gmail, il est bien plus commode de le faire sur votre ordinateur dans votre navigateur Web habituel (`www.google.fr`). Il n'y aura plus ensuite qu'à reporter l'adresse et le mot de passe dans votre tablette Galaxy pour que les questions de synchronisation se règlent (normalement) d'elles-mêmes. Voyez pour cela l'option Ajouter Compte dans l'application Paramètres (rubrique Général, puis Comptes).

Appliquer des principes de précaution

Certes, il est bien tentant d'installer des tas et des tas d'applications, surtout celles qui sont gratuites. Mais croire que Play Store, comme Internet en général, est un monde de gentilles personnes qui ne rêvent que de vous faire plaisir serait quand même d'une incroyable naïveté. D'abord, les développeurs qui travaillent dur *veulent* gagner de l'argent. Et puis, les méchants, ceux qui *veulent* du mal à tout le monde, existent aussi sur la plate-forme Android… Sachez faire preuve de circonspection et de prudence.

La sécurité, c'est aussi votre affaire !

Android est un système volontairement et largement ouvert. Ce qui est tout de même plutôt normal, puisqu'il est basé sur le système d'exploitation libre Linux. Contrairement à la politique d'Apple, les applications publiées sur Play Store ne sont pas systématiquement contrôlées, approuvées et estampillées. Pour éliminer celles qui pourraient comporter des risques, ou simplement pour mettre sur la touche celles qui sont vraiment mauvaises, Google compte beaucoup sur vous et moi, les utilisateurs, pour faire le tri en laissant des commentaires. Nous y reviendrons plus loin.

Avant de charger et de lancer une nouvelle application ou un nouveau widget, réfléchissez à ces deux questions :

- **Sécurité de vos données :** votre tablette Galaxy mémorise beaucoup de données personnelles : photos (y compris avec reconnaissance de visages), contacts, comptes de messagerie, mots de passe Internet, historiques en pagaille, voire numéro de carte bancaire.
- **Sécurité personnelle :** votre tablette enregistre des informations précises sur le lieu où vous vous trouvez actuellement, et beaucoup d'applications se servent de cela pour vous proposer des services utiles (ou pas). Un malfaiteur pourrait être capable de vous localiser, et le cas échéant de savoir que votre logement est vide de ses occupants. D'accord, le risque est très faible, et la police comme les services de contre-espionnage sont bien mieux équipés que les voleurs pour vous retrouver (et même pour en savoir plus sur vous que vous-même…).

Au final, il n'y a tout de même pas de quoi paniquer. Massivement, les développeurs sont des gens honnêtes qui n'ont aucune intention de vous nuire. D'ailleurs, cela se saurait rapidement, car les commentaires signaleraient très vite les problèmes, et plus personne n'installerait leurs applications !

Pour autant, lisez toujours les éléments d'informations standardisés qui accompagnent la page de présentation de l'application dont vous consultez la page d'accueil. Et, si vous le pouvez, ouvrez d'abord cette page dans le navigateur Web de votre ordinateur en accédant au site Google Play Store (`play.google.com`). Comme l'illustre la Figure 15.3, vous y lirez plus facilement les descriptions, avertissements et commentaires que vous pouvez y trouver. Vous comprendrez mieux ce à quoi vous pouvez vous attendre, et si vous acceptez ou non l'accès à certaines des données enregistrées dans votre tablette.

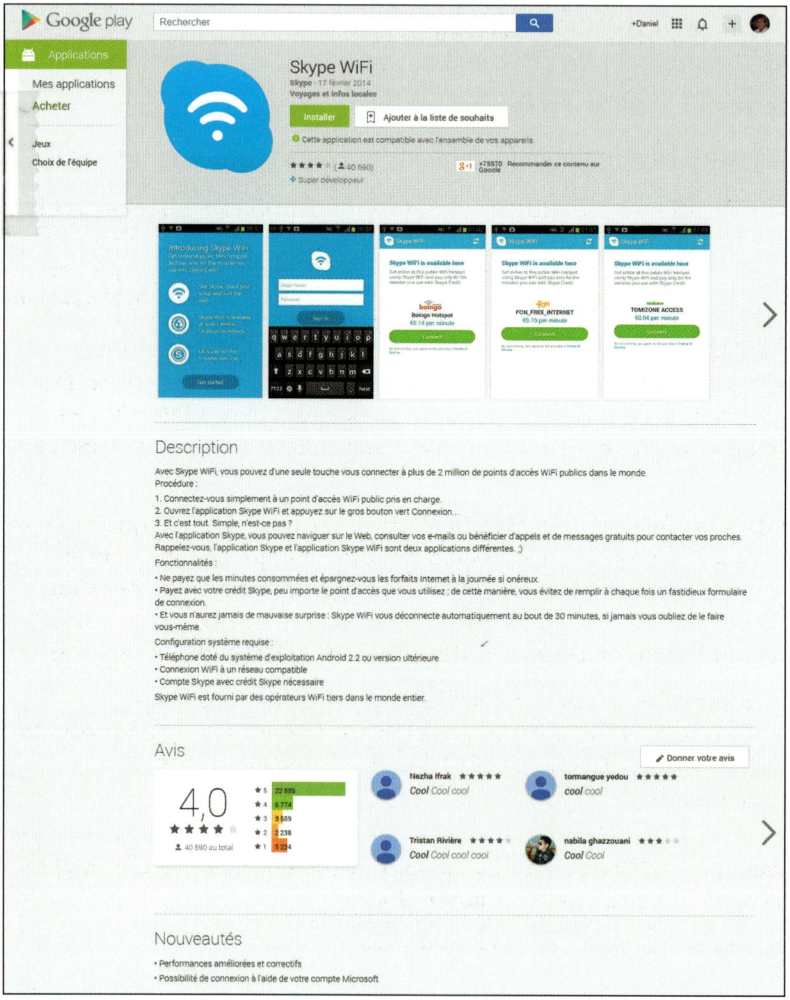

Figure 15.3 : Lisez la page de description sur Play Store avant de charger une application.

Ces avertissements ne sont affichés qu'après avoir touché le bouton Installer. Lisez-les avant de toucher le bouton Accepter (ou Installer sur votre ordinateur).

Quels que soient la description et les commentaires que vous lisiez et la confiance que cela vous inspire, je ne peux que vous conseiller d'installer un *antivirus*, que vous trouverez sur Play Store, comme Avast! Mobile Security, AVG Antivirus, Lookout Antivirus et sécurité, Norton Antivirus et sécurité ou Kaspersky Internet Security.

L'espace est limité !

La plupart des applications, des widgets et autres fonds d'écran, ne prennent le plus souvent pas beaucoup de place. Mais leur multiplication incontrôlée finit tout de même par remplir progressivement l'espace disponible. Il n'y a pas de quoi s'énerver, surtout si vous disposez d'une carte de stockage MicroSD de belle capacité. Voici tout de même quelques questions à ne pas négliger :

- **La quantité de mémoire vive de votre tablette Galaxy :** vous disposez de 1,5 à 3 Go selon le cas, ce qui est beaucoup. Mais cela ne vous interdit pas de faire de temps à autre un peu de ménage dans celle-ci. Voyez à ce sujet le Chapitre 10.
- **La quantité de stockage en mémoire flash de votre tablette :** chaque tablette Galaxy en contient au moins 16 Go. Bien ! Sauf que le système lui-même en accapare déjà une partie. Et sachez par exemple qu'un jeu comme *Need for Speed Most Wanted* consomme plus d'1,5 Go, ou encore qu'un navigateur GPS tel que Navigon a besoin de centaines de mégaoctets rien que pour ses cartes.
- **Extension mémoire :** vous pouvez installer une carte MicroSD d'une capacité allant jusqu'à 64 Go. C'est énorme. Enfin, disons que cela représente l'équivalent d'une bonne dizaine de DVD en plus de vos photos et de vos documents personnels.

Une bonne carte MicroSD de 32 Go coûte à l'heure actuelle entre 15 et 20 euros. Comptez de 40 à 60 euros pour passer à 64 Go.

Le choix de la qualité

Vous êtes tenté par l'installation d'une nouvelle application. Vous avez bien lu la description et les commentaires. Mais vous êtes encore un peu sceptique. Si l'application est gratuite, vous pouvez toujours la charger et l'essayer. Elle ne vous convient pas ? Il vous suffit de la désinstaller. Nous verrons un peu plus loin comment s'y prendre. Vous avez juste perdu du temps.

Si l'application est payante, c'est évidemment plus ennuyeux… Certains développeurs vous offrent une période d'essai qui peut aller de 15 minutes à une journée. Avant ce terme, vous pouvez demander à être remboursé. Vérifiez ce point avant tout achat.

Une autre méthode consiste à effectuer une recherche préalable dans votre navigateur Web en y tapant le nom de l'application. Lisez ce que disent les autres utilisateurs. Regardez aussi la note globale attribuée à l'application sur Play Store. Ce n'est qu'un simple indicateur, parfois à prendre avec des pincettes, mais une note inférieure à 4 n'est pas vraiment un bon signe.

Regardez également le nombre total de téléchargements. Là encore, ce n'est qu'un critère d'évaluation parmi d'autres, mais il est souvent significatif. Quelques dizaines de milliers de chargements, c'est le début du succès. Plusieurs centaines de milliers, c'est déjà un classique. Et des millions, c'est un triomphe !

Une excellente application très spécialisée peut fort bien n'avoir qu'un public restreint.

Ce n'est pas parce qu'une application est téléchargée des dizaines de millions de fois qu'il faut vous précipiter dessus !

Vérifiez aussi la date de la dernière version. Si celle-ci est trop ancienne, c'est sans doute que l'application n'est plus supportée par son éditeur. Et connaissez-vous le nom de celui-ci ?

La description de chaque application sur Play Store fournit les informations de base dont vous pouvez avoir besoin : son nom, son prix, ses principales fonctions, ainsi que les commentaires des utilisateurs et d'autres renseignements, comme le site Web de l'éditeur et le moyen de le contacter (voir la Figure 15.4).

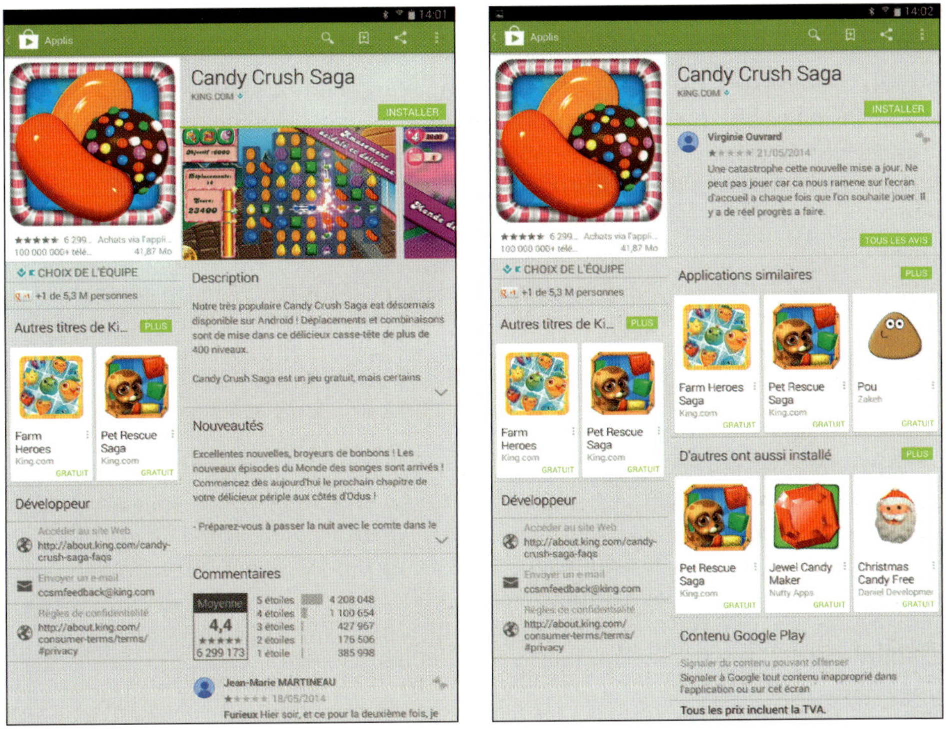

Figure 15.4 : Description d'une application sur Play Store.

Vous trouverez notamment les informations suivantes :

- **Besoins de l'application :** est-elle compatible avec ma tablette Galaxy (le site Play Store de votre ordinateur de bureau devrait vous le dire explicitement, sinon elle ne serait même pas proposée sur votre appareil) ? Lui faut-il la présence d'une autre application pour fonctionner ? Est-elle compatible avec ma version d'Android ?
- **Date de publication de la dernière version :** une date trop ancienne signifie généralement que l'application a été abandonnée par son développeur. Méfiance…
- **Version :** si vous avez déjà installé cette application, regardez ce qui est dit sur les nouveautés et si une mise à jour semble utile.
- **Développeur :** l'adresse Web, la page Facebook ou encore la messagerie du développeur, pour le cas où vous voudriez en savoir plus, ou si vous avez besoin de contacter une assistance.

- **Captures d'écran :** ce sont des copies d'écran qui vous permettent de vous faire une idée sur la qualité de l'interface de l'application. Touchez une image pour l'agrandir. Faites défiler l'écran horizontalement pour afficher les autres exemples.

Autoriser ou pas l'accès à vos données ? Là estla question !

L'un des grands avantages de Play Store, c'est qu'il vous prévient de la nature des données auxquelles l'application dont vous consultez la page veut pouvoir accéder.

> NOTE
>
> Ces informations n'apparaissent que si vous touchez le bouton Installer ou Acheter (c'est le prix qui est alors indiqué). Lisez-les. Inutile d'aller trop vite !

Dites-vous bien qu'au fil du temps, vous allez amasser des quantités considérables de renseignements sur vous, votre vie, votre famille, vos données bancaires et ainsi de suite. Ou bien vous vous efforcez de trouver un bon équilibre entre prudence et confiance, ou bien vous verrouillez tout et, surtout, vous brisez votre tablette Galaxy en tout petits morceaux que vous trempez dans de l'acide pour être certain que personne, personne, ne pourra y accéder. Non ? Je m'en doutais. Allez, n'hésitez plus : il y a des tas de très bonnes applications à télécharger sur Play Store !

> NOTE
>
> Ceux qui vous proposent de partager des quantités et des quantités d'informations en ligne ne sont pas des malfaiteurs et n'ont aucun intérêt, bien au contraire, à ce que des données soient détournées. Ils n'ont bien sûr pas des visées philanthropiques, mais économiques, en particulier pour gagner de l'argent (et si possible beaucoup d'argent) avec des publicités ciblées. Pour autant, trouvez-vous normal qu'une simple horloge, comme celle qui est illustrée sur la Figure 15.5 veuille en savoir autant sur vous, vos appels téléphoniques, et même accéder à tous vos paramètres ? Moi pas. Je passe mon chemin.

Figure 15.5 : Trop d'intrusion tue l'envie.

Play Store, le supermarché des applications

Dans les supermarchés, tout est fait pour vous tenter. Et dans Play Store, c'est exactement pareil. Vous pouvez vous promener librement au milieu des rayons, mais il vaut mieux préparer au préalable sa liste de courses, ou du moins avoir à l'avance un minimum d'idées sur ce que vous cherchez. Vous ferez plaisir à vos petites économies, et vous éviterez en même temps de saturer votre écran d'accueil ainsi que la mémoire de votre tablette Galaxy.

Play Store répartit les applications en diverses catégories :

- **Jeux :** c'est la catégorie reine, celle qui fournit le gros des applications et des téléchargements. Elle se décompose à son tour en une série de sous-rubriques pour les jeux d'action, de réflexion, et ainsi de suite.

- **Actualités et magazines :** pour être informé des dernières nouvelles, ou de tout autre sujet qui vous intéresse.
- **BD :** vous trouvez ici des « comics books », des mangas et des applications tournant autour de ces sujets. Sans plus.
- **Bibliothèques et démos :** vous pouvez l'oublier.
- **Communication :** votre tablette contient déjà des applications pour communiquer. Mais vous trouverez dans cette catégorie des outils capables d'envoyer automatiquement des messages si vous êtes en retard (à une réunion ou pour rentrer chez vous), pour vous avertir si vos enfants quittent l'espace de surveillance, etc.
- **Divertissement :** un « vrac » pour le plaisir et les loisirs en tous genres, mis à part les jeux.
- **Enseignement :** des applications pour vous former et appendre, qu'il s'agisse d'une langue ou encore du Code de la route.
- **Finance :** pour gérer vos finances, faire des calculs d'emprunts, des conversions de monnaie ou encore jouer les apprentis traders.
- **Fonds d'écran animés :** si vous aimez les fonds d'écran animés, visitez cette rubrique. Mais n'en abusez pas.
- **Livres et références :** c'est le lieu adapté pour trouver des dictionnaires, des encyclopédies, des ouvrages spécialisés ou encore des outils de traduction.
- **Multimédia et vidéo :** votre tablette Galaxy est extrêmement douée pour le multimédia. Mais vous trouverez ici de quoi parfaire votre bonheur, avec des lecteurs évolués, des applications pour regarder la télé, etc.
- **Musique et audio :** c'est le même principe que ci-dessus, mais cette fois pour la musique, le son ou encore la radio.
- **Médecine :** santé, urgences, pharmacologie, automédication, encyclopédies médicales, homéopathie, grossesse… Tout est là pour vous aider à finir hypocondriaque.
- **Météo :** c'est forcément le sujet de conversation du jour, et chacun a ses propres prévisions. Vous trouverez dans cette rubrique de quoi largement cultiver ce lien social, et peut-être même l'application qui vous donnera les *bonnes* prévisions.
- **Outils :** un fourre-tout pour y loger des applications plus ou moins pratiques, et plus ou moins réservées aux techniciens.

- **Personnalisation :** cette catégorie vous propose de rhabiller votre tablette Galaxy par des thèmes, des widgets, des fonds d'écran, des sonneries et ainsi de suite.

> NOTE — Voyez par exemple du côté de Zedge, qui offre gratuitement des fonds d'écran, des sonneries, etc.

> NOTE — Chaque tablette Galaxy, c'est Android *plus* la surcouche ajoutée par Samsung, TouchWiz. On aime ou pas. Mais sachez que si vous installez une application qui remplace TouchWiz par autre chose (ce que l'on appelle un *launcher*), vous risquez d'avoir beaucoup, beaucoup de mal à revenir en arrière…

- **Photographie :** il est toujours difficile de résister à cet appel du large. Même si la vocation première d'une tablette n'est pas de servir d'appareil photo, la résolution du capteur photographique des modèles dits Pro (8 MP) est plus que convenable.

> NOTE — La grande mode, ce sont les outils qui transforment vos photos en leur appliquant des filtres à la volée. Il y en a de très bons, les meilleurs étant comme il se doit payants. Après, on aime ou pas.

- **Productivité :** vous trouverez ici des outils de gestion du temps, des tâches, de l'argent, de quoi prendre des notes et des mémos écrits ou vocaux, etc. Mais votre tablette Galaxy est déjà très productive !
- **Professionnel :** pour les pros qui ont besoin d'un vrai outil pour travailler avec des documents Microsoft Office, d'applications évoluées pour la gestion des fichiers, des tâches, des messageries, et ainsi de suite.
- **Santé et remise en forme :** ce n'est pas de la médecine, mais si vous êtes attentif à votre poids, à votre régime, ou encore à votre exercice physique, vous trouverez ici de quoi vous accompagner dans vos efforts pour améliorer votre qualité de vie.
- **Shopping :** pour les accros des sites de vente en ligne ou des comparateurs de prix.
- **Social :** c'est la terre promise pour les réseaux sociaux et les applications de communication personnelle.

- **Sports :** c'est bien sûr pour les amateurs de sport, et de football en particulier.
- **Style de vie :** vous avez une âme de collectionneur ou de « hobbyiste » ? Regardez ce que vous propose cette catégorie.
- **Transports :** ces applications vous proposent de vous aider dans vos déplacements en tous genres.
- **Voyages et infos locales :** pour mieux organiser vos vacances, gérer vos réservations, etc.
- **Widgets :** pour trouver de nouveaux widgets. Mais vous vous en doutiez déjà.

Dans chaque catégorie, vous avez accès à plusieurs pages plus spécifiques en effleurant le bandeau affiché en haut de l'écran vers la droite ou vers la gauche (voir la Figure 15.6) :

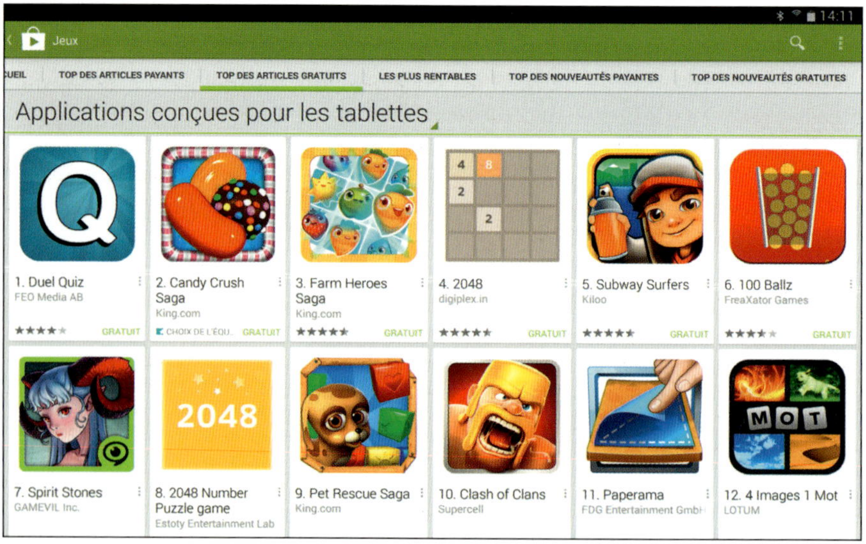

Figure 15.6 : Le Top gratuit des jeux est régulièrement mis à jour.

- **Top des articles payants :** les applications payantes qui sont les meilleures (?) à un certain moment, ou qui ont du succès sur Play Store.
- **Top des articles gratuits :** comme ci-dessus, mais c'est gratuit...
- **Les plus rentables :** pour qui ? Pour leurs développeurs, ou pour Google ? C'est à se le demander quand on voit le nombre d'applications gratuites proposées dans cette liste.

- **Top des nouveautés payantes :** pour ceux qui aiment suivre la mode. Mais il est vrai que la mode peut être belle !
- **Top des nouveautés gratuites :** comme ci-dessus, mais ici même la haute couture est à portée de tous.

NOTE

Lorsque vous choisissez une catégorie, vous voyez s'afficher en haut de l'écran la mention Applications conçues pour les tablettes. Vous pouvez la toucher pour demander à voir toutes les applications, autrement dit en plus celles qui sont destinées normalement aux smartphones. Bien sûr, vous allez être tenté de choisir la première option, c'est-à-dire des applications conçues spécifiquement pour les écrans des tablettes. En théorie, c'est mieux. En pratique, cela dépend…

NOTE

N'oubliez pas qu'il existe souvent deux versions d'une même application (une gratuite et une autre payante). Il y a évidemment des différences entre les deux (présence ou non de certaines fonctionnalités, de publicités, ou durée de vie limitée dans le premier cas). Mais la version gratuite vous permet bien souvent de tester des applications sans rien payer. Faut-il s'en plaindre ?

Charger et installer des applications

Vous savez (presque tout) sur Play Store. Il ne vous reste plus qu'à vous lancer dans le grand bain. En fait, c'est extrêmement simple à faire, le principe étant exactement le même pour une application ou pour un widget (ou encore pour un livre, pour de la musique ou pour louer un film).

En fait, la seule différence réellement essentielle, c'est la gratuité ou non de l'objet. Voyons donc cela de plus près.

NOTE

N'installez de nouvelles applications que quand vous êtes connecté en Wi-Fi ! Et vérifiez en passant l'état de charge de la batterie. Si vous envisagez une rafale de téléchargements, il serait même préférable de brancher votre tablette sur le secteur.

Première étape : Rechercher l'oiseau rare

Suivez ces étapes :

1. Depuis l'écran d'accueil de votre tablette Galaxy, touchez l'icône Play Store. Si vous ne la voyez pas, touchez le bouton Applications et localisez Play Store.
2. Ne vous dispersez pas : touchez le bouton Applications de Play Store.
3. Dans la fenêtre de Play Store, touchez l'icône de recherche (la loupe se trouvant en haut et à droite de la page).
4. En vous servant du clavier virtuel, commencez à taper votre critère de recherche. Une liste de propositions devrait rapidement s'afficher sous le champ de saisie. Vous pouvez saisir un terme générique, une partie du nom d'une application que vous avez déjà repérée, le nom d'un développeur, etc.

> NOTE
> Si vous avez déjà effectué des recherches, celles-ci sont automatiquement reproposées.

5. Si l'une des propositions vous convient, touchez la ligne correspondante dans la liste. Sinon, touchez le bouton de la loupe, en bas et à gauche du clavier pour obtenir une série de propositions plus détaillée. Pour cet exemple, j'ai choisi le mot cuisine (voir la Figure 15.7). En touchant le bouton qui indique Applis, en haut et à gauche de la page de détails, je découvre qu'il existe une foule d'applications et de bien d'autres choses encore qui concernent la cuisine. Il y a certainement dans tout cela à boire et à manger…

Cas 1 : Mon application est gratuite !

Si ce n'est pas le cas, passez à la section suivante. Sinon, continuons :

1. Vous avez localisé ce que vous pensez être une bonne application ou un bon widget ? Touchez sa ligne et la page d'informations correspondante va s'afficher (reportez-vous à la Figure 15.4). Vous y retrouvez les informations décrites plus haut dans ce chapitre (description, date, nombre de téléchargements, note et commentaires, etc.). Lisez-les avant de procéder à l'installation.

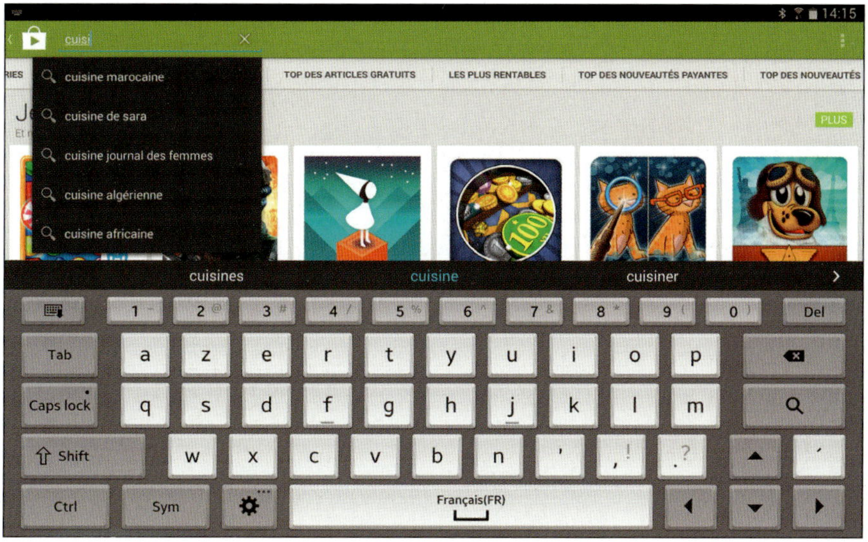

Figure 15.7 : Faire une recherche sur Play Store.

2. Touchez le bouton Installer. Un écran d'avertissement va apparaître. Il vous montre les fonctionnalités auxquelles l'application pourrait accéder pour les modifier (reportez-vous à la Figure 15.5). Comme on ne peut pas choisir ce que l'on accepte ou pas dans les autorisations, il faut soit tout arrêter tout de suite en touchant le bouton Retour de la tablette, soit faire confiance au développeur…
3. Vous avez choisi de faire confiance ? Touchez le bouton Accepter. Vous n'avez plus qu'à attendre que l'application se télécharge et s'installe automatiquement. Une petite flèche orientée vers le bas apparaît dans la barre des notifications pendant le chargement.
4. Une fois le téléchargement terminé, le bouton Installer est remplacé par deux autres : Ouvrir et Désinstaller (voir la Figure 15.8). Nous reparlerons plus loin de la désinstallation. Pour l'instant, touchez Ouvrir pour découvrir votre nouvelle application.

Vous avez terminé.

Figure 15.8 : Application installée avec succès, Chef !

Cas 2 : Mon application est payante !

La démarche est semblable, mais plus onéreuse (quoique la plupart des applications soient bon marché). Repartons donc de l'Étape 1 ci-dessus :

1. Localisez normalement l'application que vous auriez envie d'installer ou ouvrez la page correspondante (voir plus haut). Il y a cette fois une différence sensible : le bouton vert Installer est remplacé par un autre qui vous indique le prix de l'application (voir la Figure 15.9).

2. Si vous avez déjà créé un « portefeuille » Google, il ne vous restera plus, après consultation des autorisations, qu'à confirmer en touchant le bouton Accepter, puis Acheter. Vous revenez ensuite à la même procédure que dans le premier cas. Sinon, Play Store va vous demander de créer votre portefeuille Google. Rassemblez les informations suivantes :

   – Votre nom, tel qu'il apparaît sur votre carte bancaire, et votre code postal.

   – Le numéro imprimé sur la carte bancaire.

   – La date d'expiration de celle-ci.

   – Le code de sécurité CVC qui apparaît sur le dos de la carte.

   – Votre pays, votre adresse et votre code postal.

– Votre numéro de téléphone.

– Un engagement de votre part certifiant que tout cela est bien exact.

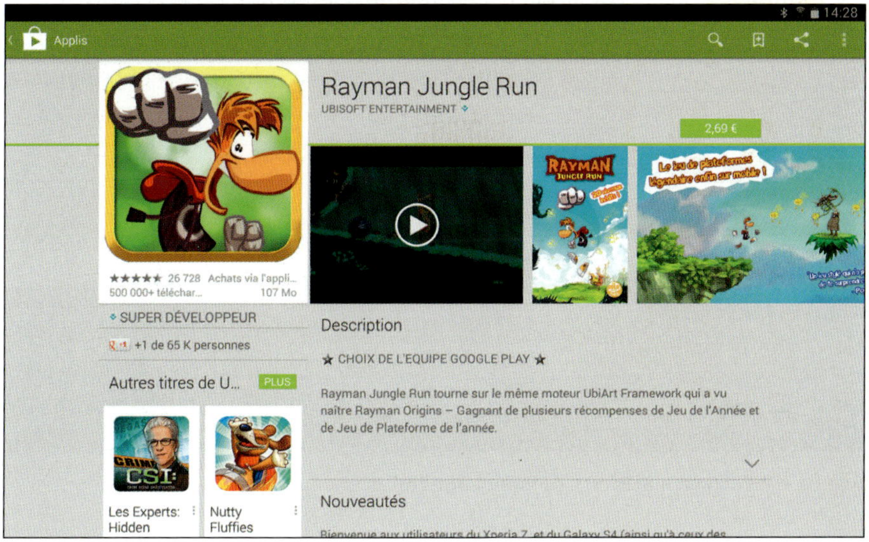

Figure 15.9 : Comme dit ma belle-mère, quand c'est pas gratuit, c'est payant.

> Seules les cartes bancaires Visa, MasterCard, American Express, Discover et JCB sont autorisées.

> PayPal est arrivé chez Google. Vous pouvez donc maintenant sélectionner votre compte PayPal comme moyen de paiement dans l'application Play Store. Mais il ne semble pas encore disponible en passant par le site Web de Play Store au moment où ce livre est écrit. D'autre part, certains opérateurs Internet peuvent proposer un paiement via la facturation de votre abonnement.

3. Touchez le bouton Continuer, puis Ajouter une carte de paiement et saisissez les informations demandées. Touchez ensuite le bouton Enregistrer. Google va enregistrer ces données d'une manière sécurisée avec votre compte Gmail (voir la Figure 15.10). Cette procédure est faite une fois pour toutes.

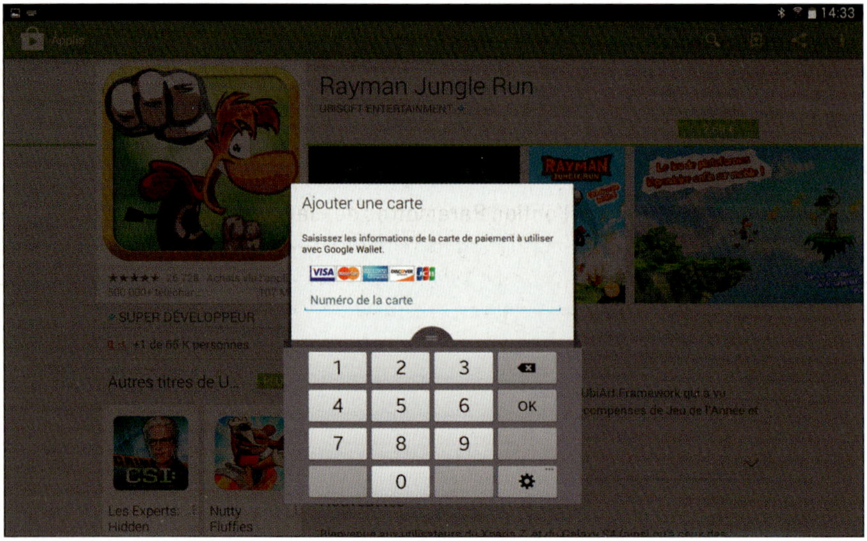

Figure 15.10 : Enregistrez vos données bancaires une fois pour toutes.

4. Touchez le bouton OK quand vous avez terminé.

Une fois la transaction validée, l'installation se poursuit normalement.

> En fait, je vous conseille plutôt de créer votre portefeuille Google depuis le navigateur Web de votre ordinateur (`www.google.com` ou `play.google.com`). De toutes manières, vos données personnelles sont enregistrées une fois pour toutes, et acceptées sur votre ou vos appareils Android.

> Cliquez sur l'image de votre profil, puis sur Compte. Choisissez le lien Outils de gestion de données suivi d'Afficher les données associées au compte. Faites défiler le tableau de bord pour localiser le lien Google Wallet. Cliquez dessus, puis sur Options de paiement pour vérifier ce qu'il en est, ou ajouter une carte.

> Au moment où ce livre est écrit, PayPal n'est pas encore proposé sur le site de Play Store.

> Après un achat, Google va vous envoyer un message qui fait office de facture.

> Rien ne vous interdit d'utiliser deux comptes : un avec portefeuille Google, et l'autre sans. Depuis l'option Paramètres de Play Store (touchez le bouton Menu de l'application, en haut et à gauche de l'écran), sélectionnez le second pour visiter la boutique. Activez le premier uniquement quand vous voulez *vraiment* faire un achat. Vous limiterez ainsi au maximum les risques de surprises désagréables…

Mettre à jour les applications

Lorsqu'une nouvelle version d'une application est disponible, vous en êtes généralement prévenu par un message dans la barre des notifications.

> Vous pouvez accepter, lors de l'installation d'une application, que les mises à jour se fassent automatiquement. Mais encore faut-il que le Wi-Fi soit en parfait état de santé et que votre batterie soit suffisamment chargée. Et comme *nouveau* ne veut pas toujours dire *meilleur*, je vous conseille de ne pas activer les mises à jour automatiques et de regarder les commentaires des utilisateurs avant de procéder manuellement.

Suivez ces étapes :

1. Ouvrez l'application Play Store.
2. Touchez le bouton Menu de l'application, puis l'option Mes applications.
3. Sélectionnez individuellement les applications qui disposent d'une mise à jour, ou touchez le bouton qui indique Tout mettre à jour (voir la Figure 15.11).

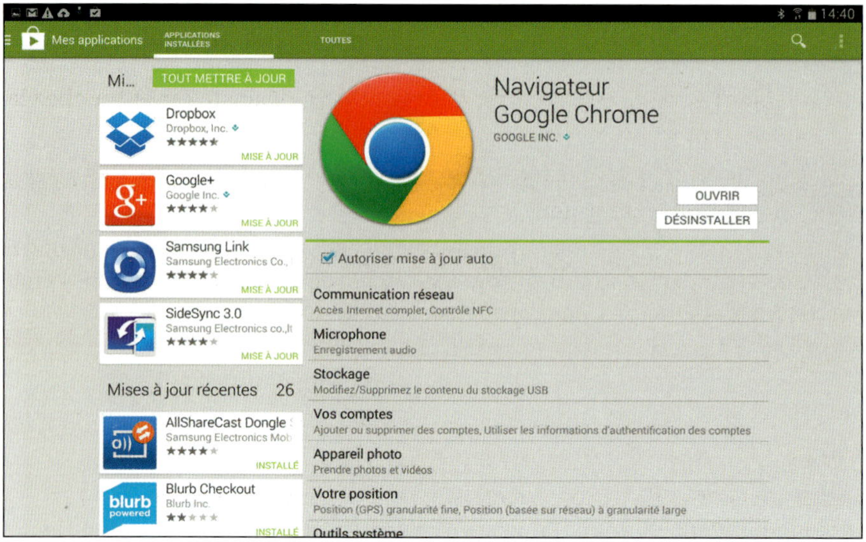

Figure 15.11 : Mettre à jour des applications.

4. Pour actualiser une certaine application, touchez la ligne correspondante, puis les boutons Mettre à jour, Accepter, et enfin éventuellement Ouvrir quand le téléchargement et l'installation sont terminés (ou touchez le bouton Accueil de la tablette pour changer d'activité).

> NOTE
>
> Bien sûr, vous êtes suivi par Google. Il sait ce que vous avez chargé, ce qui est plutôt normal, mais aussi quels sont vos contacts, vos messages, et ainsi de suite. Mais il vous protège aussi contre les intrus et les gens mal intentionnés. Que Google fasse beaucoup d'argent avec les publicités, vous le saviez déjà, et vous l'avez aussi déjà vraisemblablement accepté d'une manière ou d'une autre. Donc, faites comme moi : restez zen.

Désinstaller une application

Vous avez chargé et installé une application. Mais, finalement, vous le regrettez. Surtout si elle n'est pas gratuite… Et puis, elle encombre votre mémoire.

Pour la désinstaller, suivez ces étapes :

1. Ouvrez Play Store, puis touchez le bouton Menu suivi de l'option Mes applications.
2. Faites défiler l'écran pour localiser l'application à désinstaller et touchez la ligne correspondante.
3. Dans la page de l'application, touchez le bouton Désinstaller. Touchez ensuite le bouton OK pour confirmer.

> NOTE
>
> Limitez-vous exclusivement aux applications que vous avez vous-même téléchargées. En fait, vous n'avez même pas le choix...

Vous disposez également d'une autre méthode pour désinstaller une ou plusieurs applications :

1. Partant de l'écran d'accueil, touchez le bouton Applications, en bas et à droite.
2. Touchez le bouton Applications téléchargées, en haut et vers la droite de l'écran, juste à côté du bouton Menu.
3. Touchez le bouton Désinstaller.
4. Toutes les icônes de la page courante montrent maintenant un signe « - » rouge. Touchez les icônes des applications à désinstaller (ou servez-vous du bouton Retour si vous changez d'avis).
5. Quand vous avez terminé, touchez le bouton Accueil ou Retour de la tablette.

Et c'est parti !

Réinstaller vos applications sur un autre appareil

Vous avez peut-être plusieurs appareils sous Android ? Disons votre tablette Galaxy et un smartphone d'origine quelconque ? Dans ce cas, tous ces appareils devraient avoir un point commun : votre compte Gmail. Grâce à celui-ci, vos applications sont aussi sauvegardées d'un matériel à un autre. En d'autres termes, si vous faites l'acquisition de votre tablette Galaxy et que vous possédez déjà un smartphone Android, ou bien une tablette d'une marque qui accepte et reconnaît Play Store, vous pouvez facilement recopier vos applications sur votre nouvel appareil.

> **NOTE** En fait, lorsque vous enregistrez votre tablette Galaxy avec un compte Gmail déjà connu, une partie des applications déjà installées ailleurs est automatiquement recopiée sur la tablette. Une partie, mais pas forcément toutes. Pourquoi ? Je n'en sais rien. Mais vous pouvez facilement compléter vous-même votre panoplie.

1. Sur votre ordinateur, chargez dans votre navigateur Web habituel la page d'accueil de Google Play Store (play.google.com).

2. Touchez en haut et à gauche de l'écran le lien Mes Applications. La liste des applications installées sur votre ou vos appareils va s'afficher (voir la Figure 15.12).

Figure 15.12 : Synchroniser vos applications.

3. Cliquez sur le nom d'une application qui vous intéresse, puis sur le bouton Installée.

4. Dans la liste Sélectionnez un appareil, choisissez le dispositif de destination (voir la Figure 15.13). Ceux sur lesquels l'application a déjà été copiée ou qui sont incompatibles apparaissent en grisé.

5. Touchez le bouton Installer. Vous n'avez plus qu'à faire preuve d'un peu de patience.

Figure 15.13 : Réinstaller une application.

> Toutes les applications ne sont pas compatibles avec tous les matériels. Par exemple, une application spécifiquement conçue pour un type d'appareil donné peut parfaitement ne pas être acceptée par votre tablette Galaxy.

Déplacer une application vers la carte MicroSD

Soyons clairs. Quand vous installez une application, vous n'avez pas le choix de l'emplacement. Autrement dit, l'application est copiée dans la mémoire interne de votre tablette, et nulle part ailleurs.

En revanche, vous avez la possibilité de déplacer vers la carte MicroSD une *certaine* quantité de données de *certaines* applications. Si vous pensez que cela peut vous être utile afin de gagner de la place, suivez ces étapes :

> Google, le maître d'Android, n'aime pas les cartes mémoire. Ses propres appareils ne les acceptent pas, et il est fort possible qu'à terme ce soit tout le système Android qui soit concerné. Les étapes décrites ci-dessous peuvent donc (hélas) échouer. Désolé !

1. Ouvrez l'application Paramètres.
2. Touchez le bouton Général, puis la ligne Gestionnaire d'applications. Vérifiez que la colonne Téléchargé est active.
3. Sélectionnez une des applications que vous avez installées. Si vous avez de la chance, le bouton qui indique Déplacer carte SD va être actif (voir la Figure 15.14). Sinon, appuyez sur le bouton Retour et faites une autre tentative.

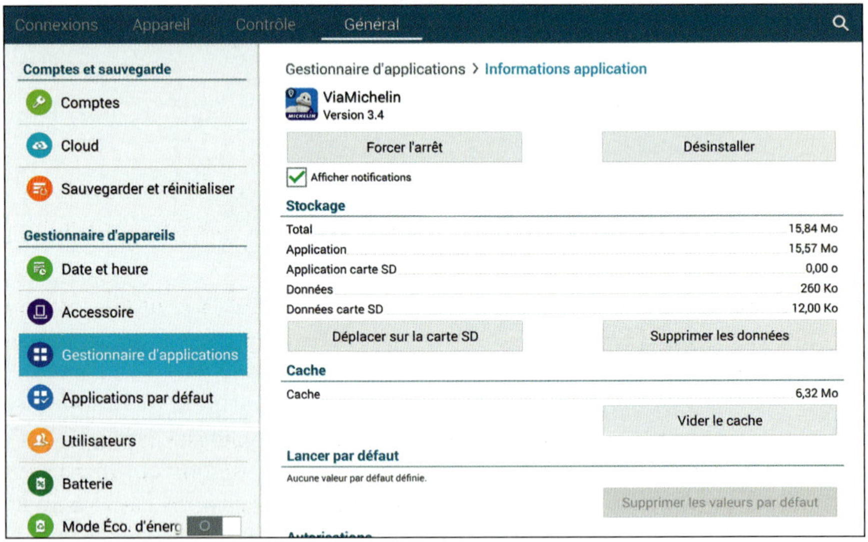

Figure 15.14 : Tentative de déplacement d'une application.

4. Patientez un peu. Une fois l'opération terminée, vous allez pouvoir juger du résultat. Si le déplacement s'est correctement passé, vous constaterez aussi que le transfert peut se faire en sens inverse avec le bouton Déplacer vers le périphérique de stockage.

> NOTE — Une méthode équivalente consiste à activer la colonne Carte SD du Gestionnaire d'applications et à cocher (ou décocher) les cases des applications à transférer vers la mémoire externe (et inversement).

À vous de voir si cela peut être intéressant pour vous. Mais, du moins, vous êtes au courant…

Tant qu'à faire, vous pouvez aussi effacer ce qui a été mémorisé dans un cache. Il est peu probable que cela serve encore à quelque chose. En revanche, ne supprimez les données que si vous savez exactement ce que vous faites, car cela revient à réinitialiser totalement l'application.

Remarquez en passant qu'il est aussi possible de cette manière de forcer l'arrêt d'une application ou encore de la désinstaller.

Play Store… et les autres

Play Store, c'est l'alpha et l'oméga du téléchargement d'applications Android. Mais il y a aussi le bêta et même le lambda…

Comme le but de ce livre n'est en aucun cas de vous expliquer comment pirater des applications payantes, n'attendez pas de moi que je vous explique quoi que ce soit à ce sujet, ni comment rooter votre tablette Galaxy.

Rooter, cela signifie modifier ou remplacer le système d'exploitation de votre tablette de manière à pouvoir en prendre totalement possession en devenant un *super utilisateur*, capable de triturer Android jusque dans ses moindres fondements. Savoir si cela annule votre garantie n'est pas si simple. Que ce soit risqué et affaire de spécialiste est évident. Bref, faites comme moi : passez-vous de ce genre de manipulation.

Cela étant posé, il est utile de savoir qu'il existe des alternatives légales à Play Store. Vous en trouverez toute une liste en tapant par exemple *play store alternatif* dans votre navigateur Web favori.

Au-delà, c'est à vous de voir. Personnellement, mon préféré est AndroidPit (`www.androidpit.fr`), qui propose certes le téléchargement d'un grand nombre d'applications, mais qui est en plus un magazine en ligne dédié au système Android (voir la Figure 15.15). Vous y trouverez de nombreuses informations régulièrement mises à jour.

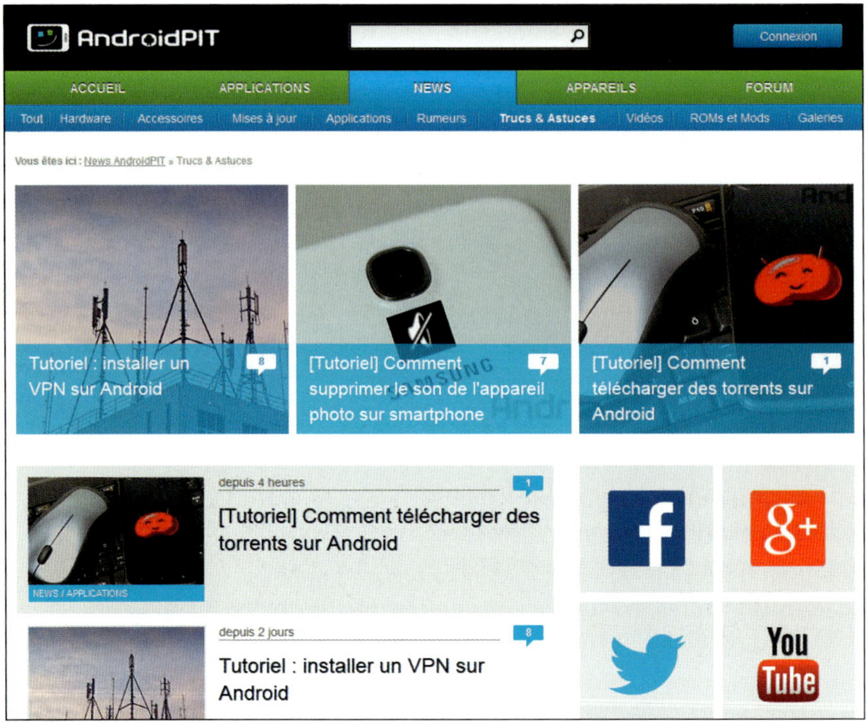

Figure 15.15 : AndroidPit, une alternative à Play Store.

Bien d'autres noms peuvent venir à l'esprit… Mais c'est à vous de voir. Et n'oubliez pas que, sur certains marchés noirs (ou *black markets* en anglais), des applications réputées comme étant simplement *crackées* sont en réalité de véritables agents infectieux…

Une application installée depuis un site illégal ne sera vraisemblablement pas mémorisée par Play Store. Vous devrez dans ce cas reprendre totalement la procédure que vous avez initialement suivie pour la recopier sur un autre appareil. Un risque de plus et un motif supplémentaire de prudence…

Pour pouvoir installer une application (légale !) à partir d'une autre source que Play Store, vous devez ouvrir l'application Paramètres. Touchez le bouton Général, puis l'icône Sécurité. Faites défiler l'écran vers le bas, puis cochez la case Sources inconnues. Vous pouvez refermer l'application Paramètres.

Chapitre 16

J'ai rendez-vous !

Dans ce chapitre :

- Synchroniser vos agendas
- Créer des événements et des tâches
- Travailler avec plusieurs agendas

Vous faites quoi aujourd'hui ? Grâce à l'application S Planner de votre tablette Galaxy et à votre compte Gmail (et autres), gérer votre agenda devient facile, et même presque agréable. En quelques tapotements et glissements, vos agendas électroniques se synchronisent pour que vous puissiez parfaitement gérer votre emploi du temps.

Dans ce chapitre, nous allons voir comment utiliser le calendrier, ou l'agenda si vous préférez, de votre tablette Galaxy et le synchroniser avec un ou plusieurs comptes de messagerie. Après quoi, vous n'aurez plus aucune excuse pour manquer un rendez-vous, une réunion, une invitation ou un anniversaire.

Synchroniser des agendas

Vous avez probablement déjà plusieurs agendas électroniques pour votre travail, votre famille, vos activités sportives et ainsi de suite. Évidemment, les événements de votre vie doivent être coordonnés, gérables. Mais l'un des intérêts des agendas électroniques est justement de pouvoir vérifier instantanément que deux événements ne se chevauchent pas, ou simplement qu'il existe un décalage suffisant entre eux pour que vous ayez le temps de quitter A pour vous rendre à B…

L'un de vos agendas peut être connecté à votre compte Gmail, un autre à un autre compte Gmail, ou Samsung, ou tout autre type de gestionnaire à condition que ses données puissent être reconnues par votre tablette Galaxy.

Pouvoir rassembler et gérer tous vos agendas électroniques dans votre tablette est un des vrais atouts de celle-ci, à condition bien sûr de fournir toutes les autorisations d'accès nécessaires pour synchroniser vos données tout en protégeant votre vie privée.

NOTE

Vous avez vraisemblablement déjà configuré les paramètres de votre tablette pour qu'elle se synchronise avec vos messageries et vos agendas. Dans ce cas, le contenu de votre agenda Gmail devrait être immédiatement et automatiquement disponible, dès lors du moins que vous avez accès à Internet. Pour le vérifier, lancez l'application S Planner, appuyez sur le bouton Menu de l'application, en haut et à droite de l'écran, puis touchez l'option Calendriers. Vous verrez alors s'afficher la liste des agendas reconnus ainsi que les options correspondantes.

Pour accéder à votre ou vos agendas, touchez le bouton Applis, puis l'icône S Planner dans la liste des applications. S Planner vous permet d'accéder aussi bien à l'agenda qui est stocké sur votre tablette qu'à ceux que vous ajoutez à partir de l'adresse de messagerie correspondante.

Lorsque vous ouvrez S Planner pour la première fois, il vous propose par défaut une vue au format mensuel, comme sur l'exemple de la Figure 16.1.

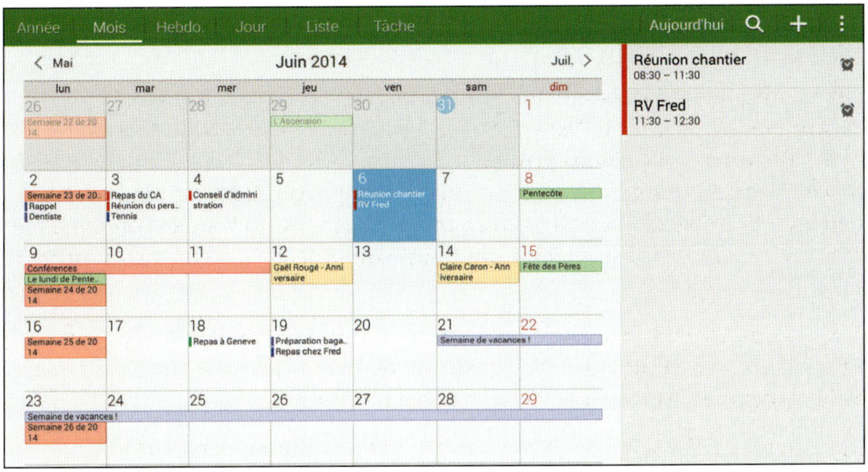

Figure 16.1 : L'agenda en mode Mois.

Accéder à votre agenda est on ne peut plus simple une fois les options de synchronisation correctement définies. Suivez ces étapes :

1. Ouvrez S Planner depuis la page des applications ou votre écran d'accueil, puis touchez le bouton Menu, en haut et à droite de l'écran.

2. Touchez l'option Synchroniser.

> NOTE
>
> Si vos paramètres de synchronisation sont déjà définis, touchez l'option Synchroniser pour mettre votre ou vos calendriers à jour. En fait, cette synchronisation devrait être automatique dès lors que votre tablette peut accéder à Internet.

3. Choisissez maintenant dans le menu l'option Calendriers (voir la Figure 16.2).

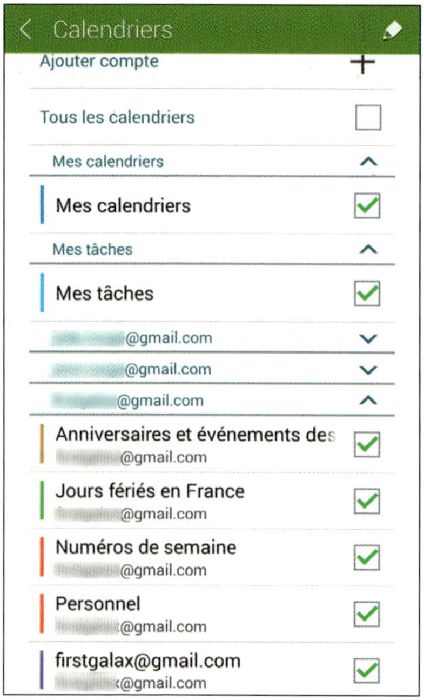

Figure 16.2 : S Planner et les paramètres des calendriers.

4. Dans l'écran qui apparaît, la liste des comptes déjà configurés pour la synchronisation va s'afficher. Vous constatez alors que chaque type d'événement peut être déjà activé ou non. Touchez les cases voulues pour faire apparaître ou disparaître une coche verte.

5. Touchez le bouton Ajouter compte. Il vous est proposé différents types de connexions à des comptes (voir la Figure 16.3).

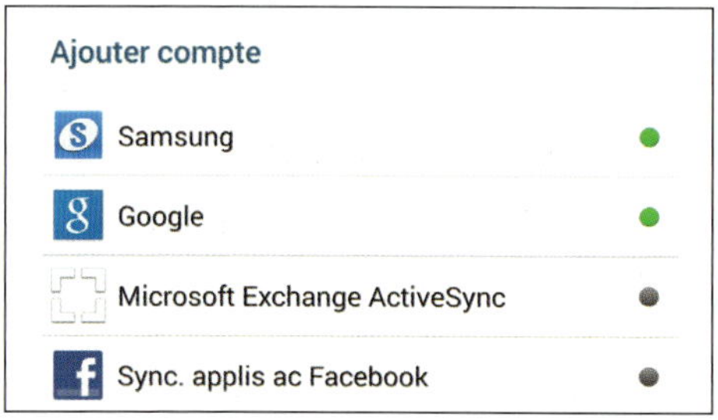

Figure 16.3 : Choisir un type de compte pour la synchronisation.

> **NOTE** Il n'existe aucun moyen simple de réaliser une synchronisation avec un agenda Outlook, sauf à exporter celui-ci vers Gmail en choisissant le format de fichier CSV, puis à importer le fichier obtenu dans Gmail à partir d'un navigateur Web.

6. Touchez le lien Google. Nous nous en tiendrons là, les autres options étant soit semblables, soit nécessitant un paramétrage spécifique et hors de notre propos.
7. Comme nous voulons nous synchroniser avec un agenda réputé déjà rempli, touchez le bouton Compte existant.
8. Entrez votre adresse de messagerie ainsi que votre mot de passe, puis touchez le triangle affiché en bas et à droite de l'écran.

> **NOTE** Pensez à décocher l'option Recevoir des offres Google Play. Vous êtes déjà suffisamment envahi comme cela par les notifications !

> **NOTE** Ignorez l'invitation qui vous est faite de créer votre « portefeuille » Google. Seul l'agenda nous intéresse ici.

9. Choisissez ce que vous voulez synchroniser avec ce compte. Touchez les options voulues pour faite apparaître ou disparaître une coche verte. Bien sûr ici, vous devriez à minima activer l'option Synchroniser Calendrier.

> **NOTE** N'activez que les options qui vous semblent absolument nécessaires. Vous pourrez toujours effectuer l'opération manuellement plus tard.

10. Touchez le bouton triangulaire pour terminer la configuration.
11. Vous revenez à la configuration de S Planner. Touchez bouton Retour de la tablette pour revenir à l'écran principal de l'application.

> **NOTE** En plus des agendas que vous choisissez de synchroniser, vous disposez aussi d'une version interne à votre tablette. Elle est appelée Mes calendriers.

Vous pouvez créer des agendas supplémentaires dans la mémoire de votre tablette (donc non synchronisés). Touchez pour cela le bouton qui représente un crayon, en haut et à droite du volet Calendriers (reportez-vous à la Figure 16.2).

Vous pouvez à tout moment choisir ce qui sera affiché dans S Planner en touchant le bouton Calendriers, depuis la touche Menu de l'application.

Choisir le type d'affichage de l'agenda

S Planner vous propose plusieurs vues sur votre ou vos agendas. Pour changer le mode d'affichage, c'est très simple :

1. Touchez l'un des onglets affichés en haut de l'écran pour choisir la vue souhaitée, comme par exemple Hebdomadaire sur la Figure 16.4.

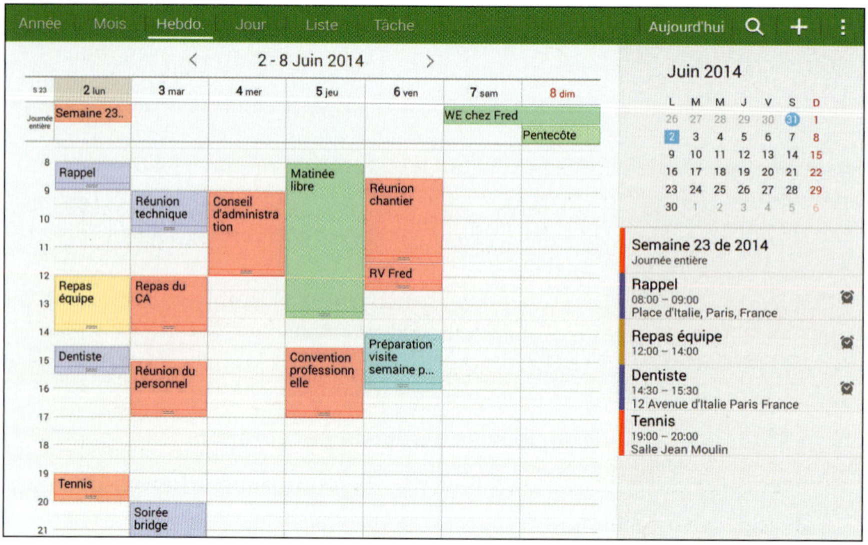

Figure 16.4 : S Planner en mode semainier.

Voyons d'un peu plus près les autres modes de présentation de l'agenda :

- **Année :** affiche un calendrier annuel. Touchez un nom de mois pour afficher celui-ci. Effleurez l'écran vers la gauche ou vers la droite pour changer d'année.

- **Mois :** affiche un agenda mensuel plus détaillé que la version Mois et calendrier (reportez-vous à la Figure 16.1). Les rendez-vous apparaissent dans les cases journalières, et il vous suffit de toucher une date pour faire apparaître l'agenda correspondant. Effleurez l'écran vers la gauche ou vers la droite pour changer de mois.
- **Jour :** c'est votre agenda quotidien. Faites défiler l'écran vers le haut ou vers le bas pour voir la journée entière. Pour changer de jour, effleurez l'écran vers la gauche ou vers la droite. Vous pouvez aussi toucher le numéro du jour, en haut de l'écran, pour sélectionner directement une nouvelle date (voir la Figure 16.5). Pour revenir à la date courante, touchez le bouton Aujourd'hui.

> **NOTE** Servez-vous de la gestuelle pincer/écarter pour changer l'affichage afin de faire apparaître une plus ou moins grande amplitude horaire dans la journée. Cette technique s'applique aussi en mode Hebdomadaire, pour mieux visualiser par exemple l'emploi du temps d'une certaine journée.

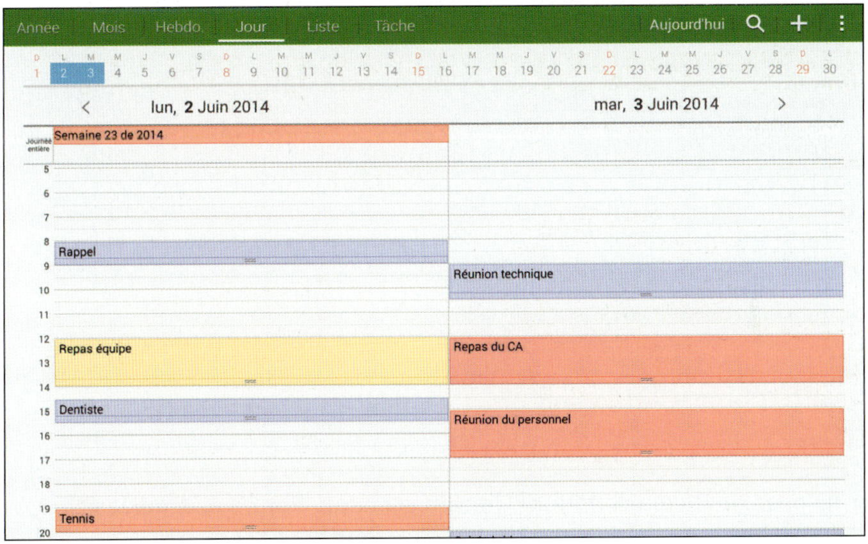

Figure 16.5 : Choisir la date à afficher.

- **Liste :** affiche l'agenda sous forme de liste (voir la Figure 16.6). Touchez une ligne pour voir le détail d'un événement. Servez-vous de l'option Aller à, depuis la touche Menu de l'application, pour accéder à une date spécifique.

> NOTE
> Toucher un événement dans n'importe quel mode d'affichage donne de la même manière accès aux détails de celui-ci.

> NOTE
> Une tâche est un événement simplifié, un rappel de quelque chose que vous devez faire.

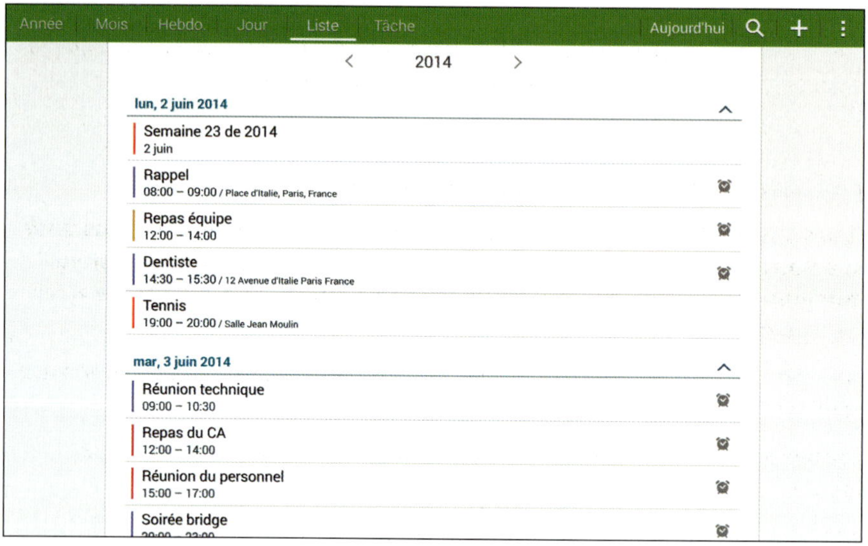

Figure 16.6 : Afficher l'agenda sous forme de liste.

Configurer S Planner

S Planner dispose de diverses options de configuration. Pour y accéder, servez-vous du bouton Menu de l'application et touchez l'option Paramètres.

Voyons d'un peu plus près les principaux réglages dont vous disposez :

- **Premier jour de la semaine :** c'est le lundi chez nous.
- **Masquer les événements refusés :** pour ne pas afficher des réunions et autres rendez-vous auxquels plusieurs personnes sont invitées, et où vous ne pouvez

pas (ou ne voulez pas) participer. Ce choix se fait dans la page de définition d'un événement (voir plus loin).

- **Verrouiller fuseau horaire :** par défaut, les horaires s'adaptent au fuseau local. Mais vous pouvez changer ce comportement en verrouillant les données de date et d'heure en un certain lieu.
- **Afficher le numéro de la semaine :** il est courant de désigner les semaines par leur numéro de 1 à 52. Vous pouvez également activer ou désactiver cet affichage dans un de vos agendas.

> NOTE — Il est inutile d'afficher les numéros des semaines dans plus d'un compte. Sinon, vous ne ferez qu'encombrer l'affichage de votre agenda.

- **Masquer les tâches terminées :** comme son nom l'indique…
- **Météo :** si vous voulez avoir une idée du temps qu'il va faire lorsque vous vous rendrez à votre rendez-vous. Prenez en compte tous les aléas des prévisions météorologiques, voire même tout simplement parfois l'impossibilité de vous dire le temps qu'il fait là où vous êtes !
- **Alertes et notifications :** vous permet de définir les alertes ou notifications qui seront émises lorsqu'un événement vient à terme.
- **Sélectionner sonnerie :** choisissez ici la sonnerie associée par défaut aux événements.
- **Vibreur :** active ou désactive le vibreur en plus de la sonnerie.
- **Réponses rapides :** vous pouvez gérer ici des messages prédéfinis pour répondre aux invitations.

Créer et gérer des événements

Vous ou votre secrétaire avez l'habitude de gérer votre ou vos agendas sur un ordinateur, en particulier dans votre page Gmail. La synchronisation devrait alors être totalement automatique. Sinon, vous allez devoir créer (et le cas échéant éditer) vos rendez-vous directement sur votre tablette Galaxy, ce qui n'a rien de bien compliqué.

Pour ajouter un nouvel événement, suivez ces étapes :

1. S Planner étant ouvert, touchez le bouton « + », en haut et à droite de l'écran. Un écran semblable à celui de la Figure 16.7 va s'afficher.

> NOTE
> La saisie des différents champs peut s'effectuer à l'aide du clavier virtuel ou par tout autre procédé disponible via le bouton situé à gauche de la barre d'espace. Voyez les Chapitres 3 et 4 pour plus de détails.

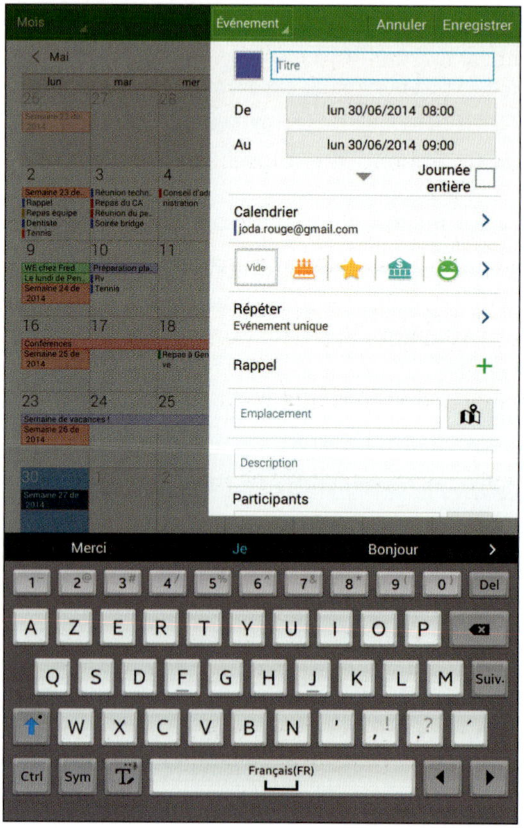

Figure 16.7 : Créer un nouvel événement.

2. Touchez éventuellement le bouton qui se trouve en haut et à gauche du volet si vous voulez simplement définir une tâche.

NOTE

Une tâche, c'est comme un événement, mais avec moins de renseignements à fournir.

3. Touchez la ligne qui indique un nom de compte ou une autre mention pour choisir le bon agenda.

NOTE

L'agenda Mon Calendrier et Mes tâches sont enregistrés directement sur votre tablette Galaxy. Ils ne sont donc pas synchronisés.

4. Entrez ensuite les renseignements dont vous disposez dans les champs appropriés.

NOTE

Vous devez définir au moins le nom de l'événement, ainsi que la date et l'heure de son début et de sa fin.

Voyons de plus près les principales données que vous pouvez définir pour votre événement :

- **Titre :** le nom de l'événement. Soyez assez bref et aussi précis que possible.
- **Couleur :** touchez le godet qui se trouve à droite du champ Titre pour choisir la couleur que vous voulez associer à l'événement.
- **De/Au :** ce sont les dates et heures de début et de fin de l'événement. Touchez l'un des boutons dans chacune des rangées pour définir l'information correspondante. La page de saisie vous permet de sélectionner facilement la date et l'heure (voir la Figure 16.8). Remarquez également qu'il est possible de sélectionner directement le début et la fin de l'événement en jouant sur les boutons De et Au.
- **Journée entière :** cochez cette case si votre événement concerne une ou plusieurs journées. Les informations horaires disparaissent, et vous pouvez alors définir une série de jours dans la semaine.

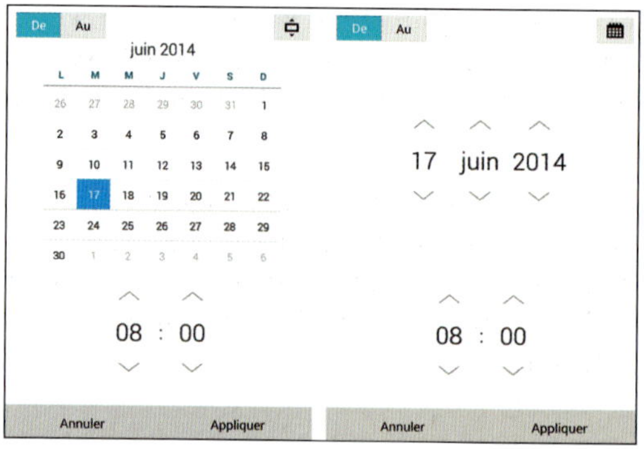

Figure 16.8 : Saisir le début et la fin d'un événement.

- Autocollant : pour associer un petit symbole graphique à l'événement.
- Répéter : indiquez si l'événement doit ou non se reproduire périodiquement, et avec quelle fréquence (voir la Figure 16.9).

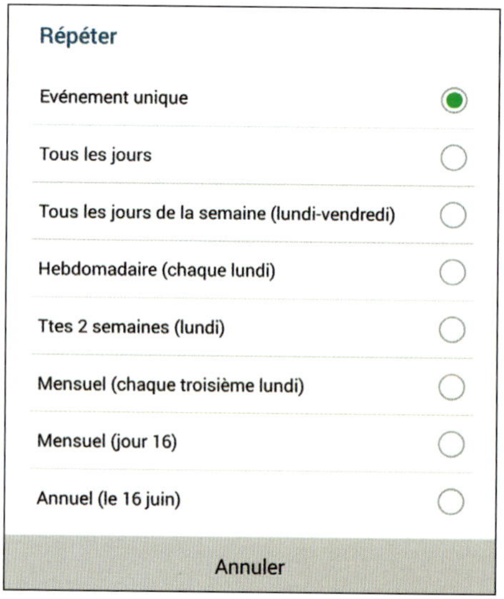

Figure 16.9 : Définir un événement répétitif.

> NOTE
>
> Selon le type de périodicité que vous définissez, vous allez devoir préciser les conditions de celle-ci. Vous pouvez par exemple configurer un événement qui se produira le troisième jeudi du mois, tous les deux mois, jusqu'en mai 2016.

- Rappel : vous pouvez définir ici un ou plusieurs rappels (touchez le bouton « + ») en spécifiant un délai prédéfini ou personnalisé avant le déclenchement de l'événement ainsi que le mode d'envoi de celui-ci (par notification ou par e-mail).
- Emplacement : entrez ou localisez l'adresse de l'événement. Vous pouvez par exemple saisir ce lieu sur le clavier virtuel, ou encore toucher le bouton qui se trouve à droite du champ pour le localiser, exactement comme vous le feriez dans Maps (voir la Figure 16.10). L'application Maps est étudiée au Chapitre 10. Touchez ensuite le bouton OK.

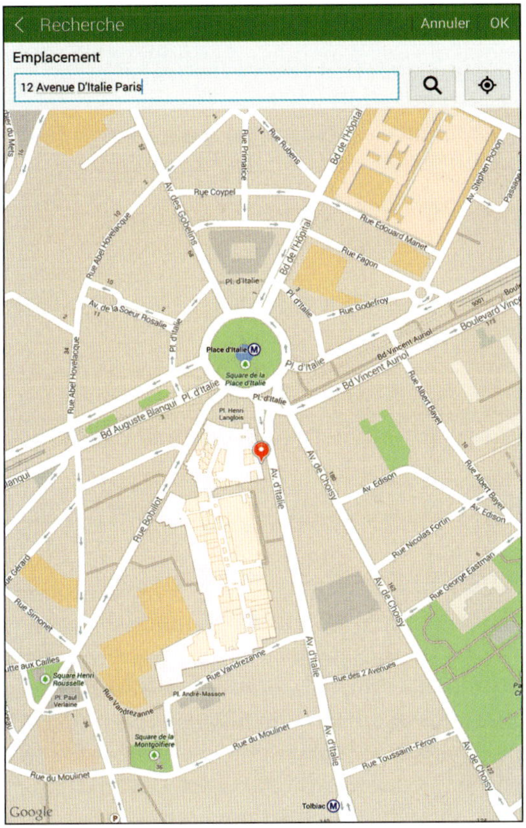

Figure 16.10 : Définir l'emplacement d'un événement.

Lorsque vous situez un événement géographiquement, une petite carte lui est automatiquement associée.

- Description : vous pouvez entrer ici un commentaire quelconque.
- Participants : saisissez ici le nom des personnes qui doivent participer à l'événement, ou choisissez-les dans vos contacts en touchant le bouton associé.
- Me connecter en tant que : vous pouvez vous déclarer comme étant occupé ou disponible (si on peut vous déranger pendant la durée de l'événement).
- Confidentialité : l'option Par défaut est assez floue. Disons que c'est plus ou moins comme Public, autrement dit nombre de vos contacts (et même d'autres personnes…) pourront avoir la possibilité de savoir ce que vous faites. Si vous voulez que l'événement reste d'ordre strictement privé, choisissez l'option Confidentiel.

Les trois champs précédents n'apparaissent pas si l'événement est enregistré dans Mon calendrier.

5. Touchez le bouton Enregistrer pour terminer (ou Annuler si vous changez d'avis).

Une fois un événement enregistré, vous avez à votre disposition diverses options pour le gérer :

- Pour réviser le contenu d'un événement, touchez la case correspondante dans votre agenda, de préférence en mode Jour ou Semaine. Vous accédez aux détails de votre rendez-vous. Vous pouvez alors modifier directement certains réglages (via le bouton marqué d'un crayon), ou opérer différentes actions en touchant le bouton de menu, en haut et à droite de la page. Il est notamment possible d'envoyer les informations sur le rendez-vous vers un autre compte de messagerie à l'aide des options Transférer ou Partager via du menu (voir la Figure 16.11). Selon la nature de l'événement, vous pourrez accepter ou refuser d'y participer et envoyer un message aux autres invités.
- Pour accéder à une date donnée depuis l'écran principal de l'agenda, touchez le bouton Menu et choisissez l'option Aller à. Entrez alors la date voulue.
- Pour déplacer un événement sans l'éditer, choisissez le meilleur mode d'affichage possible. Touchez ensuite l'événement et, tout en maintenant le

doigt bien appuyé, faites-le glisser verticalement pour changer d'heure, ou bien horizontalement pour changer de date.

> **NOTE**
> En faisant un appui long sur les barres qui se trouvent en bas de la case associée à un rendez-vous et en les faisant glisser, vous modifiez l'amplitude horaire du dit rendez-vous.

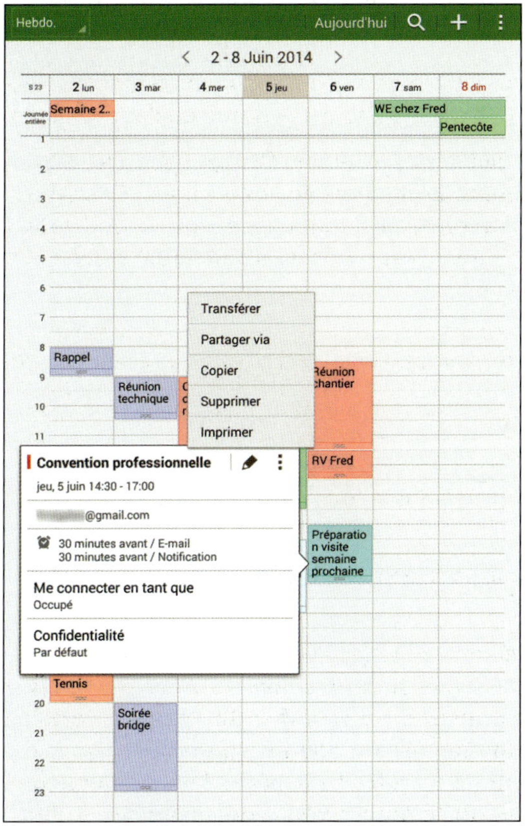

Figure 16.11 : Consulter et éditer les détails d'un événement.

- Pour effacer un ou plusieurs événements, vous disposez de deux méthodes. Partant de la page principale de S Planner, touchez le bouton Menu de l'application, et choisissez Supprimer dans le menu qui s'affiche. Cochez les noms des événements à faire disparaître puis touchez le bouton Supprimer. Une autre solution consiste à afficher le détail d'un événement, puis à toucher le bouton Menu associé et enfin à choisir l'option Supprimer. Là encore, vous devrez confirmer à l'aide du bouton OK.

Lorsque vous supprimez des événements multiples, l'étendue des choix possibles dépend du mode d'affichage actuel : uniquement pour la journée courante, pour la semaine ou le mois courants, ou même pour l'année entière.

Vous devez aller jeudi chez le dentiste à 11 heures, mais vous êtes censé avoir un rendez-vous à la même heure avec un client. Comment gérer cet agenda un peu compliqué sans rien oublier et sans attirer l'attention ? C'est très simple : vous enregistrez les deux événements pour le même jour, le premier dans l'agenda Mon calendrier, qui n'apparaîtra que sur votre tablette, et le second dans votre agenda « officiel », consultable sur le Web. Il ne vous reste plus qu'à choisir ce que vous voulez afficher en touchant le bouton Calendriers et le tour est joué !

Chapitre 17

Péter un câble !

Dans ce chapitre :

- Comprendre les réseaux sans fil
- Utiliser le Wi-Fi dans tous ses états
- Configurer et utiliser une connexion Bluetooth

Il existe divers degrés de mobilité. La notion de *portable* suppose que vous puissiez déplacer un objet facilement sur quelques dizaines de mètres. Par exemple, ma première télévision était portable. Elle disposait d'une poignée me permettant de la déplacer d'une pièce à une autre de mon appartement. Son poids ne m'aurait pas permis de me balader en forêt avec elle, car outre ses dimensions, sans prise de courant et sans antenne à proximité, il aurait été bien difficile de capter des images. Le *sans fil* implique un degré de liberté supérieur, mais qui nécessite une station d'accueil toujours connectée à une prise de courant. Au-delà de cette station, le périphérique sans fil ne peut pas fonctionner. Toutefois, il existe aussi une dimension supplémentaire qui porte le nom de *réseau sans fil*. Il s'agit de la mobilité la plus aboutie que nous connaissions actuellement. Elle suppose une absence totale de câble, une importante miniaturisation des composants, et une légèreté proverbiale.

Par conséquent, votre tablette Galaxy est un pur produit sans fil au sens de *réseau non câblé* (bien sûr, vous devez quand même la brancher sur une prise de courant électrique pour recharger sa batterie). Le plus important ici est que, pour exécuter la plupart de ses tâches, votre tablette est capable de se connecter au réseau Wi-Fi de votre réseau local ADSL ou câblé.

Ce chapitre explique comment profiter pleinement de ces fonctionnalités sans fil.

Votre tablette Galaxy et les réseaux sans fil

Bien que vous ne puissiez pas les voir, les communications sans fil sont tout autour de vous. Il suffit qu'un tel signal soit intercepté par un périphérique compatible tel qu'un téléphone cellulaire, une tablette, ou un ordinateur portable pour en apprécier l'existence. Votre tablette utilise ces signaux pour vous permettre de discuter et de communiquer via Internet et par l'intermédiaire d'autres réseaux.

Utiliser un réseau numérique

Dans cette section, nous allons surtout nous intéresser aux tablettes capables de servir en même temps de smartphone, autrement dit qui peuvent accéder aux réseaux de données cellulaires, téléphoniques. Certes, peu d'acquéreurs de tablettes font ce choix. Il faut dire qu'une tablette de 10 pouces de diagonale dans une poche de veste, ou même dans un sac à main, c'est tout sauf pratique ! Les autres, donc l'immense majorité d'entre vous, peuvent passer directement à la section « Comprendre le Wi-Fi », puis filer directement vers le Bluetooth.

Pour utiliser toutes les fonctionnalités d'un appareil cellulaire, vous payez un abonnement auprès d'un opérateur. En général, son prix couvre deux secteurs bien spécifiques : le premier concerne le service de téléphonie en lui-même, et le second un service de gestion des données que votre tablette/smartphone Android obtient par l'intermédiaire d'Internet. On parle alors de *réseau de données cellulaires.*

Il existe plusieurs types de réseaux de données cellulaires. Lorsque votre tablette en utilise un, une icône apparaît dans la partie supérieure de l'écran tactile. Elle permet de savoir à quel réseau accède votre système. Voici quelques explications :

- **4G :** identifie la quatrième génération des réseaux de données cellulaires dont la vitesse est approximativement égale à celle d'un accès Internet Wi-Fi. Force est de constater que ce type de réseau est particulièrement rapide (mais aussi parfois décevant). Il permet de transmettre simultanément la voix et des données.
- **H+ :** pour HSPA+. C'est normalement plus rapide que la 3G et que la 3G+.
- **3G+ :** comme la 3G, mais plus…
- **3G :** identifie la troisième génération des réseaux de données cellulaires, beaucoup moins rapide que l'actuel 4G. Il permet cependant de surfer sur le

Web, de regarder des vidéos sur YouTube et de télécharger des informations depuis Internet. Toutefois, la régularité du débit des données n'est pas assurée.

- **E :** pour Edge. Il s'agit de la connexion la plus lente.

Votre appareil utilisera toujours la meilleure technologie avec laquelle il est compatible. Par conséquent, si vous utilisez un appareil 4G, il utilisera le réseau 4G disponible (à condition bien entendu d'avoir souscrit le bon abonnement). Si, dans la zone géographique où vous vous situez, ce réseau est indisponible, il utilisera alors un réseau 3G, 3G+ ou HSPA, à moins que vous ne soyez particulièrement défavorisé et que vous en soyez réduit à communiquer en Edge (ou, pire encore, qu'aucun réseau ne soit accessible).

- Quand aucun réseau de données n'est disponible, vous ne voyez pas d'icône dans la barre des notifications. Dans ce cas, vous risquez fort d'être limité aux numéros d'urgence !
- L'accès au réseau de données cellulaires n'est pas gratuit. Il nécessite un abonnement spécifique. La plupart des opérateurs de téléphonie mobile proposent des forfaits adaptés aux besoins des utilisateurs. Comparez bien les offres pour choisir celle répondant à vos pratiques personnelles.
- Votre opérateur peut limiter le nombre de mégaoctets téléchargeables via le réseau de données cellulaires. De ce fait, vous êtes surfacturé au-delà de la limite pour laquelle vous avez souscrit votre abonnement.

Comprendre le Wi-Fi

Le Wi-Fi est devenu le standard du réseau sans fil. Il est utilisé par des ordinateurs pour communiquer entre eux et pour accéder à Internet. Pour que votre tablette Galaxy utilise ce type de réseau, vous devez suivre une procédure à deux étapes. La première consiste à activer la fonctionnalité Wi-Fi ; et la seconde à vous connecter à un réseau sans fil.

Activer le Wi-Fi

Voici comment activer l'accès au réseau Wi-Fi de votre tablette Galaxy :

1. Ouvrez l'application Paramètres. Cette procédure ne devrait plus avoir de secret pour vous.
2. Dans l'écran Paramètres, repérez la rubrique Wi-Fi sous l'onglet Connexions (c'est la première).

3. Sur la ligne Wi-Fi, touchez si nécessaire le gros bouton qui se trouve à droite de manière à ce qu'il passe au vert. La fonctionnalité Wi-Fi de votre tablette est maintenant active.

L'étape suivante consiste à vous connecter à un réseau Wi-Fi détecté par cette fonctionnalité.

> NOTE : Vous pouvez généralement accéder à l'activation du Wi-Fi dans le panneau des notifications. Pour cela, il suffit de le faire glisser vers le bas pour afficher un ensemble de boutons, dont l'activation Wi-Fi, comme le montre la Figure 17.1.

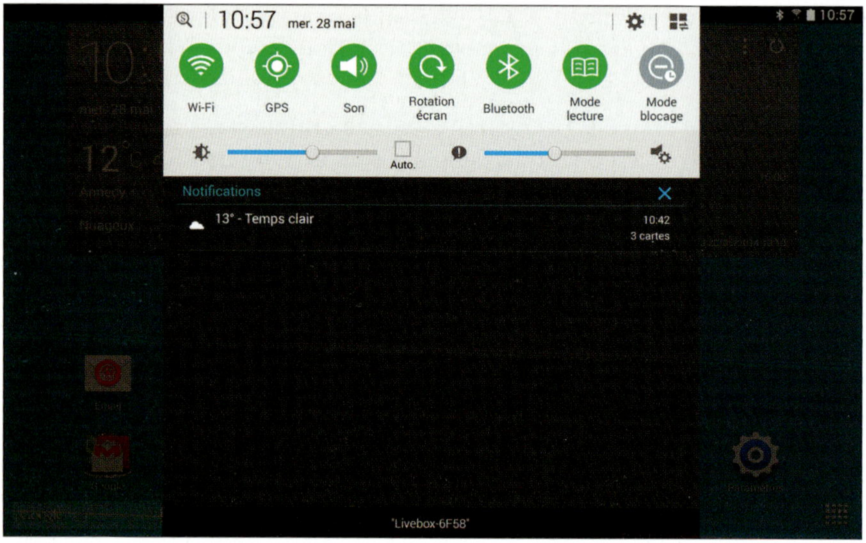

Figure 17.1 : Activer et désactiver le Wi-Fi depuis la barre des notifications.

Le bouton Wi-Fi permet d'activer et de désactiver cette fonctionnalité. Lorsque l'icône est de couleur verte, l'accès aux réseaux sans fil est possible. Lorsque cette icône est grisée, l'accès en question est impossible.

- Lorsque vous vous connectez à Internet par une connexion Wi-Fi, vous ne passez par aucun réseau de données cellulaires. C'est donc l'idéal pour surfer sur Internet, transférer des fichiers ou encore mettre à jour les applications installées sur la tablette.
- L'activation du Wi-Fi consomme de l'énergie, notamment pour rechercher des réseaux disponibles à proximité. Par conséquent, lorsque vous êtes dans une zone où le Wi-Fi n'est pas accessible, désactivez cette fonctionnalité.

Accéder à un réseau Wi-Fi

Une fois que vous avez activé la fonctionnalité Wi-Fi de votre tablette Galaxy, vous devez vous connecter à un réseau sans fil disponible pour pouvoir profiter d'Internet et des périphériques réseau de votre domicile, ou de tout autre endroit où vous avez la possibilité d'accéder au Wi-Fi. Voici comment procéder :

1. Si vous avez quitté la page de connexion au Wi-Fi, reprenez les étapes de la section précédente. Comme le montre la Figure 17.2, la section réseau Wi-Fi liste les réseaux sans fil détectés dans votre zone géographique.

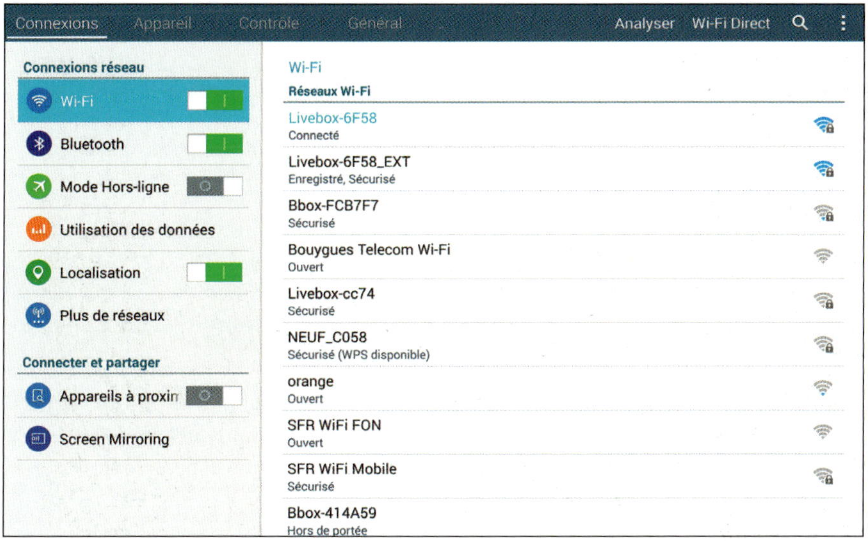

Figure 17.2 : La chasse aux réseaux sans fil est ouverte.

2. Appuyez sur le nom du réseau auquel vous désirez vous connecter.

3. Si l'accès au réseau est sécurisé, vous devez taper le mot de passe voulu (il est de type WPA ou WEP). Dit autrement, si vous êtes chez vous, il vous suffit de saisir la clé WPA ou WEP de votre propre box Internet.

> NOTE
>
> Si vous ne connaissez pas ce mot de passe, vous ne pourrez pas l'inventer. Cela évite d'entrer dans le réseau local d'une personne habitant votre zone géographique, et qui ne vous a pas autorisé à vous connecter à son réseau. Ce mot de passe ou clé de sécurité vous est communiqué par votre fournisseur d'accès Internet. *A priori*, vous seul en avez connaissance.

4. Touchez le bouton Connexion.

Dès que vous êtes connecté à un réseau sans fil, l'icône Wi-Fi s'affiche dans la barre des notifications.

Si votre réseau ne figure pas dans la liste, appuyez sur bouton commande Ajouter un réseau Wi-Fi. Vous devez alors entrer le SSID du réseau, c'est-à-dire le nom sous lequel vous ou quelqu'un d'autre l'avez créé. Parfois, ce nom vous a été communiqué par votre fournisseur d'accès Internet. (Mais sachez qu'il est possible d'en changer.) Ensuite, indiquez son mode de sécurisation. Il s'agit en général d'une clé WPA.

- Tous les réseaux sans fil n'exigent pas un mot de passe. Dans ce cas, on dit que le réseau n'est pas sécurisé. Si c'est votre cas, sachez que c'est une *très* mauvaise idée.
- Certains réseaux sans fil publics sont ouverts à tous. Il suffit de vous y connecter pour accéder à Internet.
- Les problèmes de sécurité sont très importants lorsque vous vous connectez à des réseaux Wi-Fi publics, c'est-à-dire ouverts à tous. C'est souvent le cas dans des bibliothèques, des restaurants, ou encore des cafés. Dans ce cas, ne communiquez jamais d'informations personnelles lorsque vous accédez à ce type de réseau.
- Votre tablette Galaxy garde en mémoire les réseaux sans fil auxquels vous vous êtes connecté. Vous n'avez donc fort heureusement pas à entrer la clé de sécurité à chaque fois.
- Pour vous déconnecter d'un réseau sans fil, désactivez cette fonctionnalité sur votre tablette. Vous pouvez aussi demander à retirer, ou oublier, un point d'accès de la liste.
- Contrairement à un réseau de données cellulaires, le signal Wi-Fi est très limité en distance (en général, une centaine de mètres autour du point d'accès).

Utiliser le Wi-Fi Direct

La fonctionnalité Wi-Fi permet de connecter la tablette avec un autre appareil en Wi-Fi Direct. Il ne s'agit pas vraiment de se connecter à Internet, mais plutôt de partager des contenus avec d'autres appareils mobiles.

Voici comment utiliser la fonctionnalité Wi-Fi Direct pour connecter votre tablette Samsung Galaxy à un autre appareil disposant de la fonctionnalité Wi-Fi Direct :

1. Ouvrez l'application Paramètres.

2. Sous l'onglet Connexions, choisissez Wi-Fi.

3. Touchez le bouton Wi-Fi Direct, en haut et vers la droite de l'écran. La tablette recherche d'autres appareils Wi-Fi Direct.

4. Sur l'autre appareil mobile, sélectionnez la commande Wi-Fi Direct, puis votre tablette Galaxy dans la liste des appareils disponibles. Par exemple, sur un mobile Android quelconque, choisissez la commande Wi-Fi Direct puis recherchez le nom et l'ID de votre tablette Galaxy dans la liste des réseaux disponibles.

> NOTE
>
> Si la recherche s'arrête pendant que vous préparez l'autre appareil, touchez le bouton Analyser en haut de l'écran pour relancer la recherche.

5. Sur votre tablette Galaxy, touchez le bouton Connexion. La liaison est établie.

Sur les deux appareils, dans leur écran Wi-Fi Direct respectif, vous verrez l'autre appareil listé et marqué comme connecté.

- L'activation du Wi-Fi Direct se signale par l'apparition d'une nouvelle icône dans la barre des notifications.
- Dans vos applications, mieux vaut utiliser l'icône Partager pour faire fonctionner Wi-Fi Direct. Par exemple, pour partager une photo, visualisez l'image dans la Galerie, et touchez l'icône Partager. Sélectionnez Wi-Fi Direct comme mode de partage. Choisissez ensuite l'autre appareil dans la liste des appareils connectés via Wi-Fi Direct, puis touchez le bouton OK. Sur l'autre appareil, acceptez si nécessaire la demande de transfert. Une notification apparaît à l'écran.
- Une autre méthode, bien meilleure, de partage de fichiers d'une tablette à un ordinateur est la connexion USB. Reportez-vous au Chapitre 18 pour en savoir plus.
- Le nom de votre tablette est défini lors de sa première configuration. Vous pouvez le redéfinir en choisissant À propos de l'appareil dans l'application Paramètres (sous l'onglet Général) Choisissez Nom de l'appareil dans le panneau droit, puis saisissez un nouveau nom.
- Certaines imprimantes sont compatibles avec le Wi-Fi Direct, ce qui permet de lancer le tirage de photos ou de documents sans qu'il soit besoin de branchements supplémentaires.

Connexion Bluetooth

Il existe un autre type de réseau informatique qui peut prêter à confusion, je veux parler ici du Bluetooth. Il n'a absolument rien à voir avec la couleur bleue et une quelconque hygiène dentaire. (Si vous ne comprenez rien à l'anglais, cette blague va irrémédiablement tomber à plat.)

Bluetooth est un protocole sans fil qui permet de communiquer entre deux ou plusieurs périphériques mobiles équipés de cette technologie. Comme la nature même d'une tablette Galaxy est d'être équipée en Bluetooth, elle est donc capable d'utiliser des périphériques compatibles. Il peut s'agir par exemple d'une oreillette permettant d'écouter de la musique dans la rue en montrant ostensiblement sa tablette, et de passer pour un parfait idiot ou un frimeur patenté. Ou tout bêtement de se faire agresser

Activer le Bluetooth

Avant d'utiliser une oreillette Bluetooth (ou tout autre dispositif compatible), vous devez activer ce protocole de communication sur votre tablette. Voici comment procéder :

1. Ouvrez l'application Paramètres.
2. Sous l'onglet Connexions, touchez si nécessaire le bouton qui se trouve sur la droite de la ligne Bluetooth pour l'activer (le faire passer au vert).
3. Vous venez d'activer la fonction Bluetooth.

Il est en fait plus simple et plus rapide d'activer la fonctionnalité Bluetooth en utilisant les widgets de la barre des notifications. Il suffit pour cela de faire glisser le panneau des notifications pour en afficher les icônes et de toucher le bouton Bluetooth (reportez-vous à la Figure 17.1). Pour désactiver ce protocole de communication, répétez cette procédure.

- L'icône Bluetooth apparaît dans la zone de notification.
- Le Bluetooth consomme une quantité non négligeable d'énergie. Par conséquent, n'utilisez cette fonctionnalité que si elle est vraiment indispensable.

Utiliser une oreillette Bluetooth

Le Bluetooth permet à votre tablette de communiquer avec un grand nombre de périphériques comme un smartphone, un ordinateur, des enceintes, voire des imprimantes embarquant cette technologie. Toutefois, l'oreillette Bluetooth est un accessoire classique, et donc un bon exemple générique.

Voici comment établir une connexion Bluetooth entre votre tablette et une oreillette :

1. Vérifiez que le Bluetooth est bien actif sur votre tablette.
2. Allumez votre oreillette Bluetooth.
3. Ouvrez l'application Paramètres.
4. Sous l'onglet Connexions, choisissez Bluetooth.
5. Appuyez sur l'option Analyser,
6. Pour que la recherche soit opérationnelle, vous devrez vraisemblablement toucher le nom de votre tablette, en haut de l'écran, pour qu'elle accepte d'être visible par tous les appareils Bluetooth qui se trouvent à proximité (voir la Figure 17.3).

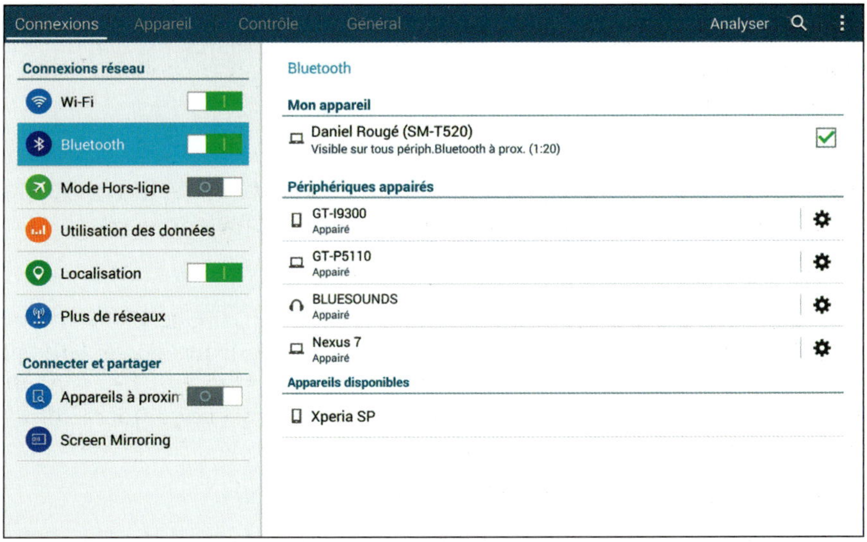

Figure 17.3 : Appairer des dispositifs Bluetooth.

7. Si nécessaire, appuyez sur le bouton principal de votre accessoire Bluetooth. Il est souvent nécessaire de maintenir ce bouton enfoncé pour établir la connexion avec votre tablette.
8. Sélectionnez le périphérique.

9. Si nécessaire, tapez le code du périphérique. Ce code se limite généralement à quelques chiffres très simples.

Lorsque le périphérique est connecté (on dit en fait *appairé*), vous pouvez mettre en place l'oreillette et appuyer sur le bouton permettant de l'activer. Après quoi, vous pourrez par exemple ouvrir votre *playlist* préférée sur votre tablette, et écouter la musique tout en vaquant à d'autres occupations.

Pour ne plus utiliser l'oreillette Bluetooth, touchez simplement le bouton Bluetooth sur l'écran d'accueil afin de désactiver cette fonctionnalité.

- Tant que la fonctionnalité Bluetooth est active, la tablette identifie automatiquement l'oreillette (ou n'importe quel autre dispositif) Bluetooth.
- Pour interrompre la communication avec un périphérique Bluetooth (l'oublier, si vous préférez), localisez-le dans la page Bluetooth. Appuyez le bouton Paramètres correspondant (la roue dentée) à droite du nom du périphérique. Choisissez alors la commande Dissocier.
- N'oubliez pas d'éteindre votre périphérique Bluetooth quand vous ne l'utilisez plus. En effet, il continuera à consommer de l'énergie s'il reste constamment allumé, même sans l'utiliser.
- Parmi les appareils qu'il est possible de connecter à une tablette, il faut mentionner en particulier les claviers et souris Bluetooth. Si vous n'êtes pas à l'aise avec le clavier virtuel pour saisir vos multiples emails, statuts et autres posts, c'est un achat que vous devriez sérieusement envisager.

Chapitre 18

Connecter, stocker, échanger

Dans ce chapitre :

- Établir une connexion USB
- Configurer la connexion USB
- Transférer des contenus
- Les mystères du stockage et des fichiers
- Connecter une clé USB (et autres dispositifs)

Je ne pense pas que votre ordinateur soit jaloux de votre tablette. En revanche, celle-ci est certainement jalouse de mon imprimante laser, car elle refuse de communiquer avec elle. Mais qu'en est-il de l'ordinateur ? Eh bien, cette absence potentielle de communication peut être résolue par une connexion USB. Dès lors, les deux appareils pourront discuter comme de vieux amis et passer de longues heures l'un en compagnie de l'autre. Nous savons que votre tablette Galaxy dispose d'incroyables fonctionnalités de partage qu'elle pourra mettre au service d'un ordinateur. Ce chapitre en explique le fonctionnement.

La connexion USB

La manière la plus simple d'établir une communication entre votre tablette Galaxy et un ordinateur consiste à utiliser un câble USB. Ce type de connexion est parfait, et votre tablette est d'ailleurs livrée avec un tel câble.

Connecter la tablette à un ordinateur

La communication est bien plus rapide lorsque la tablette et l'ordinateur sont physiquement connectés l'un à l'autre par un câble USB. Ainsi, la prise USB la plus large et la plus plate se branche sur un port USB de l'ordinateur, tandis que le *connecteur micro USB* s'insère dans la prise femelle correspondante de la tablette.

> La prise USB d'un ordinateur s'appelle un *port*.

Les câbles USB sont munis d'un détrompeur, c'est-à-dire d'un système qui évite de les insérer dans le mauvais sens.

Lorsque votre tablette est connectée par un câble USB à un ordinateur, une icône de notification apparaît dans la partie supérieure de l'écran tactile. La prochaine section explique comment configurer la connexion USB.

- Si possible, connectez le câble USB à une prise idoine de votre ordinateur et non pas à un hub (concentrateur). En effet, la connexion directe sur un port USB de l'ordinateur facilite l'identification de la tablette et accélère (si possible) le chargement de sa batterie.
- Lorsque vous connectez la tablette Galaxy à un PC, la boîte de dialogue Exécution automatique peut apparaître. Elle propose un certain nombre de tâches à réaliser avec ce périphérique. Il est aussi possible que vous voyiez une fenêtre affichant la progression de l'installation du pilote de votre tablette. Ce pilote permet à votre ordinateur d'identifier celle-ci comme une unité de stockage amovible. Cette procédure ne devrait se produire que lors du premier branchement.

Configurer la connexion USB

Un menu de configuration peut apparaître dès que la connexion USB est établie. Sinon, vous pouvez utiliser la notification du branchement USB pour configurer cette connexion. Il vous suffit pour cela d'ouvrir la barre des notifications et de toucher la zone qui indique Connecté. Vous disposez alors de deux options (voir la Figure 18.1) :

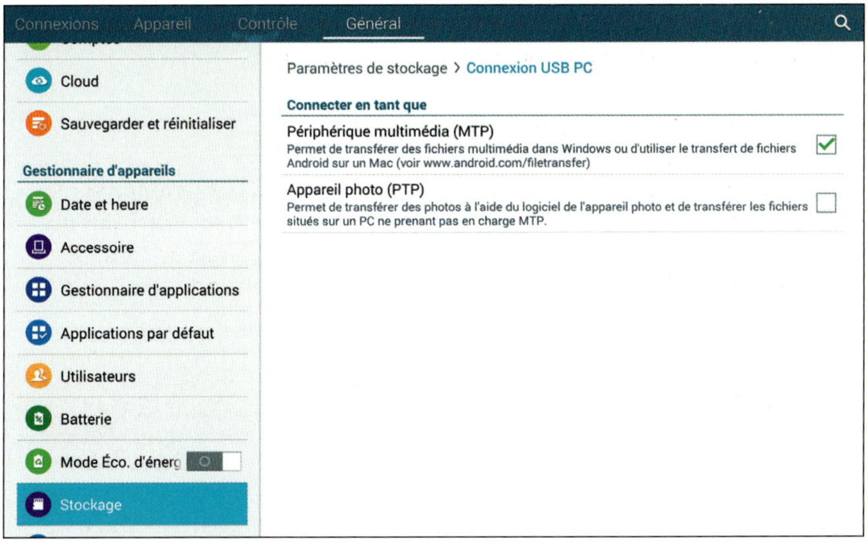

Figure 18.1 : Définir le mode de connexion USB.

- **Périphérique multimédia (MTP) :** lorsque vous choisissez cette option, l'ordinateur considère *de facto* la tablette comme une unité de stockage amovible, au même titre par exemple qu'une clé USB ou un disque dur externe. Ceci vous permet d'accéder à la totalité du contenu de la tablette (mémoire interne et, si possible, carte MicroSD).
- **Appareil photo (PTP) :** avec cette option, un ordinateur fonctionnant sous Windows considère votre tablette comme un périphérique multimédia similaire à un appareil photo, à une caméra vidéo, voire à un lecteur MP3. Cette fonction permet surtout de synchroniser les photos de différents appareils. Seuls les dossiers liés aux photos (typiquement DCIM et Pictures) devraient (normalement) être accessibles.

NOTE

Pour passer d'un mode à l'autre, il suffit de toucher le symbole de la connexion USB dans la barre des notifications (à défaut, vous devrez peut-être voyager un peu dans l'application Paramètres et regarder du côté de la rubrique Stockage). Avec un PC, le plus simple consiste à utiliser en permanence le mode Périphérique multimédia, le plus complet.

- Si vous utilisez un Macintosh, vous ne disposerez généralement que des options de mise en charge de la batterie et de stockage de masse USB.

Le Macintosh ne reconnaît que le mode Appareil photo (dit PTP). Pour effectuer des transferts en mode multimédia (ou MTP), vous devez télécharger et installer sur l'ordinateur un programme gratuit appelé Android File Transfer. Voyez par exemple à ce sujet le site `http://www.android.com/filetransfer/`.

- Lorsque vous connectez la tablette à votre PC, une boîte de dialogue Exécution automatique peut apparaître automatiquement. Il vous suffit alors de cliquer sur le lien Ouvrir pour afficher le contenu du périphérique. Celui-ci est alors considéré comme une unité de stockage externe amovible. En revanche, il est tout à fait possible de fermer cette boîte de dialogue sans exécuter de tâche.
- L'ouverture de la boîte de dialogue Exécution automatique s'explique par le fait que votre tablette Galaxy dispose de deux unités de stockage : interne et carte MicroSD.
- Une fois que vous avez terminé tout ce que vous vouliez faire, vous pouvez déconnecter la tablette de votre ordinateur, comme cela est expliqué à la prochaine section.
- Quelle que soit l'option de connexion USB choisie, la tablette peut ou non basculer en mode charge (cela dépend des modèles, et plus précisément de la puissance de sa batterie). Bien entendu, pour que la batterie se recharge, votre ordinateur doit être sous tension. Et n'oubliez pas que rien ne vaut le chargeur livré avec votre appareil.

Déconnecter la tablette de l'ordinateur

Quel que soit votre mode de connexion USB, il est vivement recommandé de déconnecter correctement la tablette de votre ordinateur en vous conformant à la procédure suivante :

1. Fermez tous les programmes et toutes les fenêtres affichés sur votre ordinateur et qui sont associés à la liaison avec votre tablette. De cette manière, aucun fichier ne restera ouvert, et aucune tâche ne se fera surprendre.
2. Déconnectez correctement la tablette du système de stockage de votre ordinateur.

– Sur PC, vous devriez trouver une petite icône réservée aux connexions USB sur la droite de la barre des tâches. Faites un clic droit dessus, puis choisissez le nom de votre tablette et enfin l'option Éjecter ou Retirer en toute sécurité.

– Sur Mac, glissez-déposez l'icône de stockage de la tablette sur la Corbeille.

3. Débranchez éventuellement le câble USB.

Voilà qui devrait suffire à ce que tout se passe bien. Du côté de votre tablette, en effet, la connexion se coupe automatiquement et sans douleur.

> Si aucune option ne vous propose d'éjecter ou de retirer le périphérique en toute sécurité, ne vous inquiétez pas. Contentez-vous de fermer toutes les fenêtres ouvertes sur votre ordinateur et qui affichent un contenu quelconque de votre tablette. Vous pourrez alors débrancher physiquement celle-ci sans vous poser trop de questions existentielles.

Échanger des contenus

La procédure de synchronisation suppose l'établissement d'une connexion entre votre tablette Galaxy et un ordinateur afin d'échanger des informations. Cette tâche peut être exécutée automatiquement par un logiciel spécial, ou bien manuellement par vos petits doigts agiles. Toutefois, force est de constater que la méthode manuelle est fastidieuse, car relativement longue et génératrice d'erreurs.

Effectuer une synchronisation manuelle

Lorsque vous ne disposez pas d'un logiciel qui synchronise automatiquement votre tablette et votre ordinateur, vous devez recourir à la bonne vieille synchro manuelle. D'accord, c'est potentiellement assez lourd et fastidieux. Toutefois, c'est la méthode universelle pour échanger des informations entre une tablette et un système informatique.

Voici comment copier des fichiers entre votre ordinateur et votre tablette Galaxy :

1. Connectez la tablette à votre ordinateur en utilisant le câble USB.
2. (Facultatif en fonction du modèle de votre ordinateur) Choisissez l'un des modes Périphérique multimédia ou Appareil photo (voir plus haut).

Sur PC, la première option devrait être conservée en permanence, car elle vous donne accès à la totalité du contenu de votre tablette.

3a Sur PC, choisissez l'option Ouvrir dans la boîte de dialogue Exécution automatique. Si celle-ci n'apparaît pas, ouvrez tout simplement l'Explorateur de fichiers et faites un double-clic sur le nom de votre tablette dans la fenêtre Ordinateur. La fenêtre va afficher la ou les mémoires disponibles sur l'appareil, c'est-à-dire la mémoire interne, appelée Tablet, ou encore Card pour l'éventuelle carte MicroSD. Faites un double-clic sur l'une de ces deux unités de stockage pour afficher la liste de tous les dossiers qui y sont présents.

3b Sur un Mac, ouvrez l'icône du lecteur amovible pour accéder au contenu de la tablette. Le Mac ouvre alors une occurrence du Finder qui affiche la totalité des dossiers stockés dans la mémoire interne du périphérique. Une seconde occurrence peut s'ouvrir pour donner accès à la carte MicroSD.

4 Ouvrez le contenu d'un dossier. Il peut s'agir d'un dossier de votre tablette afin d'en copier les fichiers sur votre ordinateur, ou bien inversement d'un dossier de votre ordinateur pour copier des fichiers sur votre tablette.

Sous Windows, pour retrouver facilement des fichiers copiés de la tablette vers l'ordinateur, utilisez de préférence les dossiers standard Images pour les photos, Vidéos pour les vidéos, Musique pour la musique, et le dossier Documents pour tous les autres types de données.

5 Glissez les icônes des fichiers de votre tablette vers le dossier de votre ordinateur, comme l'illustre la Figure 18.2 (en l'occurrence, des photos sauvegardées vers un sous-dossier de la bibliothèque Images).

6 Une fois l'échange de fichiers terminé, déconnectez correctement l'unité de stockage externe qu'est devenue votre tablette. Ensuite, débranchez le câble USB.

Sur un ordinateur Macintosh, vous devez préalablement éjecter l'icône de stockage de la tablette avant de désactiver sa fonction de stockage de masse USB.

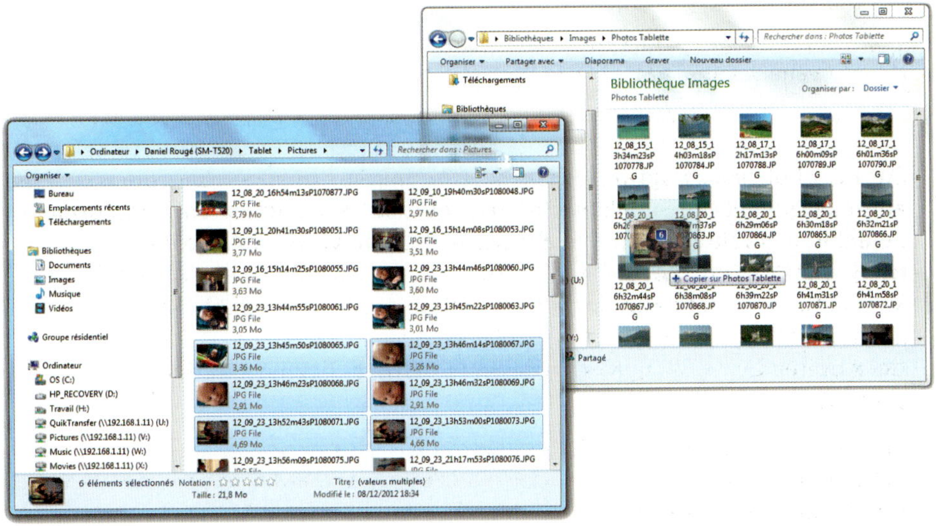

Figure 18.2 : Copier les fichiers de la tablette vers l'ordinateur.

Bien entendu, il est possible de copier des fichiers de votre ordinateur vers votre tablette en appliquant la même procédure dans l'autre sens. Dans ce cas, les fichiers seront stockés dans la mémoire interne de celle-ci, ou le cas échéant sur sa carte MicroSD.

L'utilisation des fichiers dépend des raisons pour lesquelles vous les avez copiés : afficher des images ou des vidéos, transporter des documents, utiliser la galerie, importer des données vCard, utiliser l'application Contacts, écouter de la musique, etc.

- L'emplacement de stockage des fichiers importe peu. Cependant, je conseille d'utiliser la carte MicroSD (si c'est possible), car la mémoire interne de la tablette risquerait d'être saturée plus vite que vous n'auriez cru.

> En supposant que votre tablette possède une mémoire interne de 16 Go, et que le système d'exploitation a besoin d'un espace important, vous risquez fort de ne pas pouvoir y copier plus d'un film, disons au maximum deux !

- Peu de fichiers sont stockés en racine de la mémoire principale de la tablette ou de sa carte MicroSD. Par conséquent, vous devrez ouvrir au moins un dossier pour localiser des données à échanger entre tablette et ordinateur. Servez-vous par exemple des dossiers appelés DCIM ou Pictures pour des photos, Movies pour des vidéos, Music pour de la musique, Documents ou Download pour des documents, etc.

Ne « touchez » pas à un dossier dont le nom ne vous paraît pas très parlant. Il est vraisemblablement lié à Android lui-même, ou bien à une application installée sur votre tablette. En revanche, vous pouvez parfaitement créer depuis votre ordinateur un nouveau dossier dans la mémoire interne de la tablette (et si possible de préférence sur la carte MicroSD) et y stocker ce que vous voulez, dans la limite bien entendu du raisonnable.

- Pour transférer correctement les fichiers entre un ordinateur et une tablette, vous devez savoir copier, déplacer, renommer, et supprimer des fichiers. Si vous doutez de vos capacités, ou si vous débutez en informatique, d'excellents ouvrages consacrés à Windows et à Mac OS sont disponibles dans la collection *Pour les nuls*.

Où les fichiers de votre tablette se cachent-ils ?

Les fichiers stockés sur votre tablette ne se baladent pas aléatoirement sur l'écran tactile. En effet, à l'instar de votre ordinateur, ils sont organisés dans des dossiers. Certains d'entre eux sont adressés à des emplacements spécifiques aux systèmes Android. Voici quelques exemples à connaître :

`/download` : ce dossier contient en particulier les fichiers téléchargés avec le navigateur Web.

`dcim` : dossier de stockage des photos et des vidéos.

`//documents` : un bon endroit pour y placer des fichiers inclassables par ailleurs.

`/music` : c'est ici que devraient se trouver les fichiers audio de votre tablette.

`/pictures` : c'est le cousin de /dcim.

Ces dossiers existent normalement dans l'espace de stockage interne de la tablette, plus le cas échéant sur la carte MicroSD. Donc, lorsque vous ne retrouvez pas un fichier sur l'un de ces supports de stockage, cherchez-le sur l'autre.

Transfert direct de la carte MicroSD

Une autre façon de récupérer des fichiers entre un ordinateur et une tablette Galaxy est d'utiliser sa carte MicroSD. Vous pouvez la retirer de la tablette et l'insérer dans un ordinateur. Les fichiers stockés sur la carte peuvent alors se lire directement sur celui-ci.

Reportez-vous au Chapitre 1 pour savoir comment insérer ou retirer une carte MicroSD de la tablette. Vous ne pouvez pas l'arracher. Il vous faut aussi un adaptateur SD pour insérer la carte dans le lecteur de l'ordinateur.

Synchroniser avec un utilitaire

La synchronisation de vos contacts, de vos messages, de votre agenda ou encore de vos photos peut s'effectuer automatiquement en Wi-Fi grâce à votre compte Google. Cela ne concerne en rien le stockage de vos données sur votre ordinateur ou encore sur un disque dur externe. Or, il est toujours important de conserver un double de ses données personnelles par mesure de sécurité.

NOTE

Comme nous l'avons déjà vu, pour vous assurer de ce que vous voulez faire synchroniser via votre compte Google, ouvrez l'application Paramètres. Sous l'onglet Général, choisissez Comptes, puis Google. Trouvez la ligne qui correspond à votre compte Gmail. Dans la page Paramètres sync, cochez ou décochez les cases voulues pour choisir ce que vous voulez ou non synchroniser.

Il existe évidemment des applications tierces dont le but est de vous aider à mieux gérer vos fichiers et leur transfert entre tablette et ordinateur. Parmi celles-ci, je vous conseille AirDroid.

- La synchronisation des données musicales avec un ordinateur est traitée au Chapitre 13.
- Si vous voulez vous faire une idée de l'espace mémoire déjà consommé, et donc aussi de la place dont vous disposez encore, ouvrez l'application Paramètres, puis touchez l'option Stockage sous l'onglet Général. La consommation courante vous est indiquée graphiquement pour chaque type de données (voir la Figure 18.3).

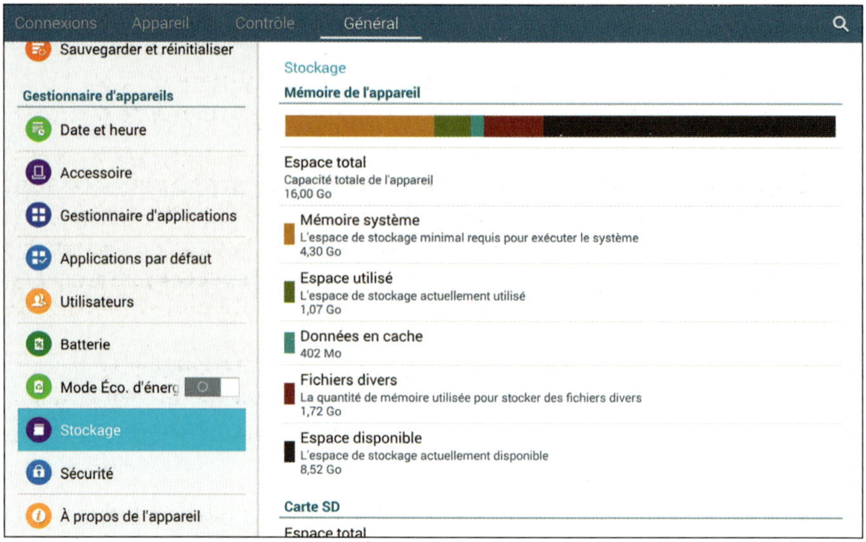

Figure 18.3 : La mémoire disponible diminue au fil du temps.

> Vous pourrez remarquer au passage que le système d'exploitation Android et sa surcouche maison TouchWiz occupe une place importante dans la mémoire interne de la tablette : plus du quart de celle-ci sur l'illustration de la Figure 18.3 !

- Pour gagner un peu de place, faites un appui sur la ligne Données en cache. Celles-ci sont utiles temporairement pour les applications actives, qui ne les effacent pas toujours lorsqu'elles sont refermées. Touchez le bouton OK dans le menu qui propose d'effacer des données ne devrait donc pas bouleverser quoi que ce soit.
- Vous pouvez aussi toucher les lignes Espace utilisé et Fichiers divers pour vous faire une idée un peu plus précise de ce que contient votre tablette.

> La fenêtre Stockage indique l'espace total et disponible de la carte MicroSD, mais aucune information détaillée n'est offerte ici. Vous devrez pour cela faire appel à Mes fichiers ou à un autre utilitaire équivalent (voir plus loin).

Les mystères du stockage

Les données stockées sur votre tablette (images, vidéos, musiques) sont localisées dans la mémoire interne de celle-ci, ou encore sur une carte MicroSD.

> En général, vous utilisez des applications spécifiques pour afficher les données, telles que Galerie ou Photos pour les images, ou bien Play Musique pour vos chansons préférées. Au-delà de cette utilisation traditionnelle d'une tablette, des applications dédiées vous permettront de gérer des données qui leur sont spécifiques.

Par exemple, vous trouverez grâce au bouton Applis une icône nommée Téléchargements. Elle permet d'accéder à la liste de tous les fichiers que vous avez téléchargés depuis Internet, et cela via l'application éponyme ou une pièce jointe à un courrier électronique.

Tout cela étant posé, la version 4.4 d'Android, dite KitKat, a introduit une gestionnaire de fichiers centralisé dont on ne peut pas dire qu'il simplifie la vie de ceux qui aiment farfouiller dans les entrailles de la mémoire. Vous le voyez apparaître dans certaines applications. Mais il est très attaché à ce que Google attend de vous : stocker le plus de choses possibles sur son nuage Internet maison, Drive (d'accord, c'est plutôt pratique, et vous disposez gratuitement de 25 Go de stockage gratuit avec votre compte Gmail, ce qui est quand même conséquent).

> Nombre d'applications ont leur propre système de gestion des fichiers qui les concernent.

Chez Samsung, et donc sur votre tablette Galaxy, le principal outil de gestion de fichiers est l'application Mes fichiers (voir la Figure 18.4). D'accord, vous détestez l'Explorateur Windows et vous n'allez pas forcément l'aimer sur votre tablette. Mais elle est capable d'afficher et de gérer de multiples types de documents et de vous permettre d'accéder aux tréfonds de la mémoire de l'appareil (appelée ici Device Storage) et de la carte MicroSD (SD Memory card).

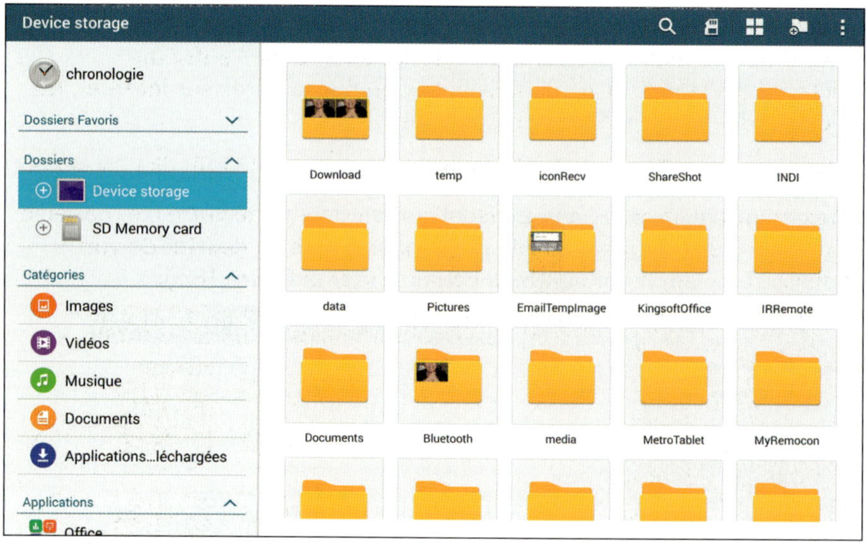

Figure 18.4 : L'application Mes fichiers.

- Pour supprimer par un exemple un dossier ou un fichier, faites un appui long sur sa vignette, puis touchez l'icône de corbeille.
- On ne le répétera jamais assez : si vous avez le moindre doute sur un fichier, n'y touchez pas. C'est peut-être quelque chose dont le système d'exploitation ou une certaine application a *absolument* besoin.

> NOTE
> Si vous voulez aller plus loin, il vous faut un vrai gestionnaire de fichiers qui ne soit pas issu des usines de Google ou de Samsung, comme ES Explorateur de Fichiers, d'excellente facture.

Connecter une clé USB (et d'autres dispositifs)

La planète USB est vaste. On y trouve des tas de matériels en tous genres, dont les célèbres clés USB. Pratique pour transporter facilement des fichiers divers et variés, et pour les transférer vers et depuis son ordinateur.

Bien. Mais voilà, vous ne pouvez pas insérer une clé USB dans votre tablette. Non ? Et pourtant si. Enfin presque. Voyons comment cela est possible.

1. Achetez un câble dit OTG (On The Go) possédant d'un côté un connecteur micro USB qui va venir s'insérer sur votre tablette, et de l'autre un connecteur USB femelle. Un tel câble coûte quelques euros sur Internet, les modèles coudés étant préférables à l'usage.
2. Branchez le câble OTG sur la tablette, et insérez votre clé USB de l'autre côté.

Vous pouvez maintenant parcourir et visualiser le contenu de votre clé (appelée UsbDriveA), ou encore le copier ou bien le déplacer vers un dossier de votre convenance grâce à l'application… Mes fichiers (voir la Figure 18.5).

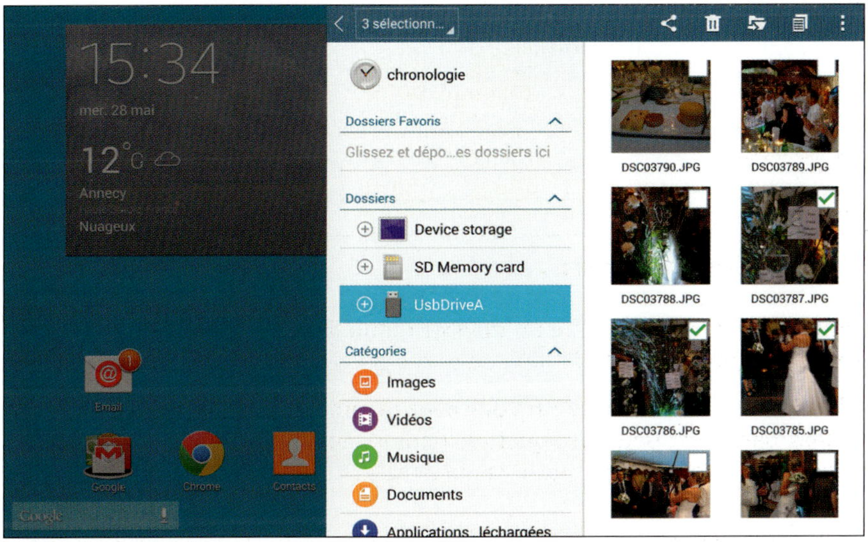

Figure 18.5 : Connecter et gérer le contenu d'une clé USB.

> **NOTE** Pour déplacer par exemple des photos de la clé vers votre tablette, faites un appui long sur une vignette d'aperçu pour passer en mode sélection. Touchez les autres vignettes que vous voulez retenir, puis enfin le bouton Déplacer (le dossier fléché) en haut et à droite de l'écran (reportez-vous à la Figure 18.5). Vous pouvez de la même façon partager ou effacer des fichiers, voire les compacter dans un fichier Zip.

> **NOTE** Pour éviter tout souci, ouvrez la barre des notifications et touchez la ligne qui indique Stockage de masse USB connecté avant de débrancher la clé USB.

Sachez enfin que votre câble OTG peut rendre bien d'autres services :

- Connectez une souris USB et vous pourrez cliquer comme sur votre ordinateur.
- Connectez un clavier USB, et vous pourrez écrire avec de vraies touches.
- Connectez un hub USB offrant plusieurs ports, et vous pourrez connecter à la fois souris, clavier, mais aussi clé USB et ainsi de suite (pour un appareil photo numérique, cela peut être plus délicat).
- Plus fort encore, certaines tablettes Galaxy sont capables d'alimenter un dispositif USB qui leur est connecté. Ceci peut par exemple valoir pour un disque dur externe (mais formaté uniquement en FAT32, pas en NTFS) ou encore un casque audio initialement conçu pour que les *gamers* sur PC puissent profiter d'un son 5.1 ou 7.1.

NOTE

Le casque en USB, c'est magique, mais le niveau sonore, même poussé au maximum, est quand même un peu faible…

Index

H

I

J

K

L

M

R

S

T

U

V